THOMAS J. WEIHS

Das entwicklungsgestörte Kind

Heilpädagogische Erfahrungen in Camphill-Gemeinschaften

VERLAG FREIES GEISTESLEBEN

Die englische Originalausgabe erschien 1971 unter dem Titel
„Children in Need of Special Care" bei Souvenir Press Ltd., London.
Übersetzung: Ulla Küster, unter Mitarbeit von Hans Müller-Wiedemann
Einband: Walter Krafft

Zweite Auflage 1980
© 1974 Verlag Freies Geistesleben GmbH Stuttgart
Gesamtherstellung: Greiserdruck Rastatt
ISBN 3 7725 0640 2

Inhalt

Vorwort

Dieses Buch ist ein Versuch, Behinderungen in der Kindheit nicht nur als pathologische Zustände zu beschreiben, die geheilt oder, besser noch, verhindert werden müssen, d. h. nicht nur als eine Not, der begegnet werden muß, sondern vielmehr als eine Aufforderung zur Selbsterkenntnis und Selbsterziehung der Lehrer, Therapeuten oder Eltern. Ich möchte zeigen, wie aus der Wandlung unseres Verständnisses und der Art unseres In-der-Welt-Seins dem Behinderten wirkliche Hilfe entgegenkommen kann.

Ich richte mich an Menschen, die behinderten Kindern begegnen und mit ihnen zu tun haben. Ich möchte niemanden mit erwiesenen oder dokumentierten Fakten überzeugen, sondern persönliche und damit subjektive Erfahrungen mit behinderten Kindern anregen. Ich habe deshalb auch meine Beschreibungen oder Feststellungen nicht durch Fachliteratur belegt, sondern nur eine allgemeine Bibliographie am Schluß des Buches angefügt.

Meine eigene Tätigkeit mit behinderten Kindern wurde vom Lebenswerk Rudolf Steiners und von dem verstorbenen Arzt und Heilpädagogen Dr. Karl König inspiriert, dem Begründer einer Reihe von Einrichtungen für behinderte Kinder und Erwachsene in England und anderen Ländern.

Dieses Buch ist die Frucht eines dreißigjährigen engen Zusammenlebens mit behinderten und gestörten Kindern, die ich unterrichtet und behandelt habe. Daß es geschrieben werden konnte, verdanke ich der unermüdlichen Hilfe meiner Frau und meines Freundes Graham Calderwood.

Camphill/Schottland, Frühjahr 1970

Thomas J. Weihs

Vorwort zur deutschen Ausgabe

Die Camphill-Rudolf-Steiner-Schulen in Schottland, von Karl König begründet, dem der Autor 1956 als Leiter nachfolgte, haben durch ihre Arbeit mit entwicklungsgestörten Kindern und Jugendlichen seit über 30 Jahren dazu beigetragen, daß sich das gesellschaftliche Verständnis gegenüber dem behinderten Kind geändert hat. Darüber hinaus haben sich dort, wie auch in anderen Einrichtungen der Camphill-Gemeinschaft neue Formen des Zusammenlebens mit entwicklungsgestörten Kindern, Jugendlichen und Erwachsenen gebildet. Diese schließen die schulische Förderung auch schwer behinderter Kinder ein sowie das Prinzip einer gemeinsamen Erziehung von Kindern mit den verschiedensten Arten von Behinderung.

Die Erfahrungen, die der Autor von dieser Arbeit mitteilt, sind, vor allem im einführenden Kapitel, von den besonderen Verhältnissen des Landes geprägt; sie stellen jedoch als Ganzes gesehen einen wesentlichen Beitrag zu der auch in der Bundesrepublik begonnenen grundsätzlichen bildungspolitischen Diskussion dar, vor allem dort, wo die Lebensformen von Gemeinschaften, die den behinderten Menschen einschließen, beschrieben werden[1]. Es wird dabei deutlich, daß „Integration" solange ein ideologischer Begriff bleibt, bis sich der einzelne oder Gruppen von Menschen *frei* zu einer neuen sozialen Haltung und zur erkennenden Verbundenheit mit dem Behinderten als Partner entschließen. Dazu werden praktische Wege gezeigt, die zur Einsicht führen können, daß sich Symptome als Ausgestaltung eines individuellen Schicksals erweisen, welches nicht einfach in bestehende Normen integriert werden kann, sondern dem der Wandlungswille des einzelnen und der Gesellschaft entgegenkommen muß, um heilpädagogisch wirksam zu werden.

Im Zusammenhang damit legt der Autor seiner Diagnostik auch den aus dem englischen Sprachgebrauch stammenden und in Deutschland weniger bekannten Begriff der „Empathie" zugrunde. Er bezieht sich auf eine praktizierte Haltung, welche über bloße Klassifikation hinausführt und die mit-leidende Anteilnahme am Schicksal eines behinderten Kindes in die Diagnose einbringt. Dadurch verändern sich auch die Darstellungen dieses Buches von einer „objektiven" Wissenschaftlichkeit zu einer um-

---

[1] Empfehlungen der Bildungskommission zur pädagogischen Förderung behinderter und von Behinderung bedrohter Kinder und Jugendlicher. Stuttgart 1974

8

fassenden *Phänomenologie menschlicher Beziehungen.* Die spezialisierte Fachkenntnis gewinnt eine Dimension, die sich sprachlich durch jene Schlichtheit auszeichnet, die von all denen verstanden werden kann, die täglich mit entwicklungsgestörten Kindern verbunden sind. Die Übersetzer haben deshalb auch versucht, sich möglichst genau an den englischen Text zu halten, um die auf das Wesentliche gerichteten Begrenzungen in der Darstellung des Autors zu wahren.

Auch der in diesem Buch verwendete Begriff der „therapeutischen Gemeinschaft" entstand durch lebenspraktische Versuche in der westlichen Welt, soziale Zusammenhänge, in denen Behinderte leben, als *innergesellschaftliche* und zugleich therapeutisch wirksame Organismen zu verstehen. In den Schulen und Dörfern der Camphill-Gemeinschaft in vielen Ländern und so auch in der Bundesrepublik hat dieser Versuch von Anfang an eine entscheidende Rolle gespielt. Die grundlegenden Ansätze Rudolf Steiners zur Erneuerung des sozialen Lebens haben die Richtungen bestimmt, in denen der Begriff der „therapeutischen Gemeinschaft" in diesem Buch beispielhaft dargestellt wird. Dabei handelt es sich nicht nur um die Beziehungen der Mitarbeiter zum behinderten Menschen, sondern vor allem um solche Lebensformen der Mitarbeiter untereinander, die Voraussetzungen für die therapeutische Wirksamkeit einer Gruppe von Menschen schaffen können.

Schließlich gewinnt der Begriff „Behinderung" oder „geistige Behinderung" im Sinne einer sozialen und diagnostischen Festlegung durch den vom Autor gebrauchten Begriff der „Entwicklungsstörung" eine neue Interpretation und Dynamik. Er hält einen Bereich des Lebens offen, der mit Wandlungen rechnet, sowohl hinsichtlich der eigenen Erfahrungen des älter werdenden Kindes als auch der Einstellungen und Haltungen der sozialen Umwelt. Denn auch die Würde des entwicklungsgestörten Kindes gründet in den Möglichkeiten der Wandlung. Die Ausgangspunkte und Ziele anthroposophischer Heilpädagogik werden aus der Nähe gelebter Erfahrung sichtbar.

Es ist dem Verlag zu danken, daß er in einer Zeit, in welcher die Gesellschaft auf allen Gebieten des Lebens nach neuen Werten sucht, die Herausgabe dieses Buches in deutscher Sprache ermöglicht hat. Das Dasein des entwicklungsgestörten Menschen – dies ist eine der Botschaften dieses Buches – ist eine Herausforderung und Verpflichtung zugleich auf dem Wege zu gesellschaftlichen Erfahrungen, durch welche jede Entwicklungsstörung uns in den Spiegel unserer eigenen Existenz schauen läßt und neue Lebensformen gegenseitiger Anteilnahme vermittelt.

Dr. med. Hans Müller-Wiedemann

9

I

Einführung

Dieses Buch ist den Kindern gewidmet, an denen wir verzweifeln, obwohl wir sie lieben. Es kann mein eigenes Kind sein, vielleicht eines, das mir im Unterricht anvertraut ist, oder das Kind meines Freundes, das mir in seinem Haus begegnet. Ich möchte es lieben und seine guten Eigenschaften erkennen können. Doch – warum ist es so, wie es ist? Weshalb kann es nicht sein wie andere Kinder? Liegt es an seinem Können oder an seinem Wollen? Warum muß es immer wieder Dinge tun, die abschreckend und verletzend wirken? Wie kann ich es gern haben? Wie kann ich mit der Beklemmung, der Angst, der Enttäuschung fertig werden, die es mir bereitet? Gibt es mehr solche Kinder, oder ist es das einzige, das so ist? Gehört es zu den Tausenden behinderter Kinder, für die Sonderschulen und Übungsstätten eingerichtet sind? Wie ist die Diagnose seines Zustands? Kann es geheilt werden? Wie behandelt man es? Wie kann es erzogen werden?

All diese Fragen treten auf, und damit erhält die Problematik auch generelle Aspekte der Klassifikation, die über das individuelle Problem der einzelnen Kinder hinausgehen. Obgleich das Problem der Klassifizierung individueller Behinderungen in der ganzen zivilisierten Welt ein gleiches ist, wird es doch von Land zu Land verschieden gehandhabt. Diese Verschiedenheit zeigt sich weniger im Medizinisch-Diagnostischen, wo in der ganzen Welt ähnliche Kriterien angewendet werden, sondern vor allem in administrativer Hinsicht.

In den meisten Ländern, einschließlich England, unterscheidet man zwischen körperlich und geistig behinderten Kindern. Eine dritte Gruppe sind die sogenannten verhaltensgestörten (maladjusted) Kinder. Natürlich finden wir auch Überschneidungen und Kombinationen aller drei Arten von Behinderung bei einem Kind. In der Praxis erweist sich jedoch, daß die Unterscheidungsmerkmale dieser drei Kategorien auf ein individuelles Kind nicht zutreffen, sondern daß sie Abstraktionen darstellen, die auf

Gruppierungsmöglichkeiten hinweisen. Trotzdem wollen wir zunächst klarzulegen versuchen, welche Bedeutung die Klassifizierungskriterien für unsere Bemühung um das Verständnis einer kindlichen Individualität haben.

Die Unterscheidung zwischen körperlicher und geistiger Behinderung ist lange von einer alten Vorstellung getragen worden, die sagt, daß der „primäre" geistige Defekt etwas Eigenständiges, d. h. unabhängig von einem physischen oder organischen Hintergrund sei. Infolgedessen wurde die Auffassung begünstigt, das physisch behinderte Kind sei nur körperlich dem normalen und gesunden unterlegen; das geistig behinderte Kind dagegen sei nicht nur „geistig", sondern seiner ganzen Person nach minderwertig, und seine körperlichen Anomalitäten seien eben nur der Ausdruck dieser Minderwertigkeit. Einen „primären" geistigen Defekt können wir aber heute genauso wenig akzeptieren, wie wir „Fieber" als medizinische Diagnose noch gelten lassen können. Unglücklicherweise lebt jedoch der überholte Begriff „primärer geistiger Defekt" wie ein Gespenst im menschlichen Denken, und viele Eltern und Kinder sind seine Opfer. Der dritte Aspekt, das Schlecht-angepaßt-Sein als eine Störung der Beziehungen des Kindes zur Umwelt, verleitet dazu, das geistig behinderte Kind als objektiv behindert und sein Verhältnis zur Umwelt im besten Falle als zweitrangig anzusehen. Damit wird der Einfluß der Umwelt auf das behinderte Kind verharmlost. Entsprechendes gilt bei körperlicher Behinderung. Wir werden zeigen, daß diese Ansicht hinderlich ist, die Probleme, welche das geistig behinderte Kind uns stellt, ganz zu verstehen.

Gerade das Kind, das unser Mitgefühl und Interesse erregt hat, scheint nicht leicht in eine der drei Gruppen zu passen: Oft scheint es unfähig zu sein, etwas zu tun, was seinem Alter entspricht. Liegt das vielleicht an einer *körperlichen* Behinderung? Seine Bewegungen erscheinen weniger gut koordiniert und gewandt, als man erwarten könnte. Sie sind oft befremdlich, etwas unbeholfen und manchmal sogar bizarr. Aber das Kind ist weder gelähmt noch blind oder taub. Es scheint kein besonderer physischer Defekt, keine körperliche Behinderung erkennbar zu sein; und doch, in bezug auf seine Intelligenz, von der man annehmen könnte, daß sie nicht angegriffen sei, war es ihm offensichtlich unmöglich, schreiben oder lesen zu lernen.

Andererseits zeigt dieses Kind gelegentlich und unerwartet intelligente Leistungen. Es erscheint zeitweise ausgesprochen wendig, ja, es versteht ganz gut, was man von ihm will, so gut jedenfalls, daß es das Gegenteil tut. Trotzdem ist es nicht schlecht angepaßt etwa im Sinne delinquenten Verhaltens, obgleich sich seine Handlungsmotive von denen anderer Kinder gleichen Alters und in gleichen Situationen zu unterscheiden scheinen. Man hat den Eindruck, als sei das Kind innerlich dazu gezwungen, seine Umgebung zu irritieren, zu provozieren und sogar zu quälen. Die Probleme, die es auf diese Weise innerhalb der Familie und in der Schule hervorruft, können kaum anders beschrieben werden als diejenigen, die bei sozialen Anpassungsstörungen auftreten.

Damit mag deutlich geworden sein, daß die grobe Einteilung in „geistig behindert", „körperlich behindert" und „verhaltensgestört" – so nützlich sie verwaltungstechnisch im Hinblick auf eine mögliche Erziehung sein mag – bei näherer Betrachtung auf das individuelle behinderte Kind und seine Situation nicht anwendbar ist.

Wir werden ferner selbstverständlich ein Kind für körperlich behindert halten, das in seinen frühen Lebensjahren durch Poliomyelitis verkrüppelt wurde und dessen Beine etwa so gelähmt sind, daß es an Krücken gehen muß oder an den Rollstuhl gefesselt ist. Die Ursache für die zentralpersönlichen Schwierigkeiten, unter denen ein solches Kind leidet, können jedoch wesentlich emotional bestimmt sein, obgleich sie das Kind nicht sichtbar machen kann. Andererseits sind wir vielleicht nicht einfühlend genug, um diese Probleme wahrzunehmen, weil wir durch die physische Behinderung überbeeindruckt und so vom zentralen Problem abgelenkt sind.

Ebenso kann ein Kind, das in der Schule versagt und geistig so zurückgeblieben ist, daß es auch nicht dem Lehrstoff einer Sonderschule folgen kann, sehr wohl als Wurzel seiner Schwierigkeiten eine organische Behinderung oder Schwäche haben. Möglicherweise hat sich früh ein entzündlicher Prozeß im Gehirn abgespielt, oder es liegt ein organischer Zustand vor, der die Funktion des zentralen Nervensystems beeinträchtigt hat; körperlich aber scheint dieses Kind völlig normal und leistungsfähig zu sein. Ein solches Kind wird aber nun, im allgemeinen geradezu gewaltsam, als „geistig behindert" eingestuft. Es liegt jedoch offensichtlich eine physische Schädigung des zentralen Nervensystems vor. Wenn auch diese Schädigung sich nicht so offenbart wie bei einem Rollstuhl-Fall – in welchem Sinne kann die Diagnose einer physischen Behinderung als unzutreffend abgetan werden?

Die dritte Klassifikation der „Verhaltensstörung" bezeichnet ein Scheitern des Kindes an den gesellschaftlichen Forderungen. Diese Verhaltensstörung kann die Folge eines körperlichen Handicaps oder einer eigentümlichen persönlichen Veranlagung sein oder aber die Reaktion eines Individuums auf eine ihm nicht gemäße Umgebung darstellen. Eine Schädigung jedoch, die Störungen in allen drei behördlich anerkannten Kategorien einschließt, kann nicht als nur einer dieser Kategorien angehörend diagnostiziert werden, d. h. als Fehlanpassung (maladjustment). Eine derartige Klassifizierung entstellt die Tatsachen und zeigt die Begrenzung administrativer Einstufungen.

Nachdem wir den *qualitativen* Aspekt der Klassifizierung berührt haben, wollen wir uns dem *quantitativen* zuwenden; hier ist der Begriff meßbarer Intelligenz vorherrschend.

Gegen Ende des letzten Jahrhunderts kam die Meinung auf, man könne durchschnittliche Intelligenzgrade in Kurven darstellen, so wie man dies mit den Variationen der Körpergröße tun kann. Der Begriff „Intelligenz-Test" wurde geprägt, und mit Akribie wurden Maßstäbe für testbare Fähigkeiten ausgearbeitet, mit denen Schulkinder gemessen werden konnten. In einer zunehmend mechanistisch orientierten Gesellschaft nimmt es nicht wunder, daß eine Skala enthusiastisch aufgenommen wurde, an der geistige Fähigkeiten, als „Intelligenz" verstanden, gemessen werden; schließlich wurde der Begriff des „Intelligenzalters" von der ganzen zivilisierten Welt akzeptiert.

Dieser Begriff, für administrative Zwecke brauchbar, wurde aber fehlinterpretiert und so dargestellt, als sei dieser Altersbegriff der einzige, mit dem man rechnen müsse; in Wirklichkeit ist er nur insofern signifikant, soweit Intelligenz *testbar* ist, d. h. im gleichen Sinne, in dem Körpergröße für körperliche Leistungsfähigkeit signifikant sein kann. Ebenso wenig, wie man annehmen kann, daß Körpergröße das Maß des wirklichen Alters eines Menschen ist, kann man behaupten, daß das Intelligenzalter ein Maß für die Stufen der Reifung oder der Entwicklung sei.

Man hat darüber diskutiert, ob ein konstanter Faktor bei testbarer Intelligenz angenommen werden könne oder ob sich dieser Faktor im Lauf der kindlichen Entwicklung ändere. Diese Fragestellung ist aus der modernen Erziehungswissenschaft entstanden. Wir können eine grundlegende Konstante beim Intelligenzquotienten insofern anerkennen, als die Skalen, mit denen Intelligenz gemessen wird, so eingeteilt sind, daß die *durchschnittliche* Entwicklung der Intelligenz eines *durchschnittlichen* Kindes ermittelt werden kann. Diese Skalen demonstrieren die Konstanz der Intelligenzentwicklung oder, anders ausgedrückt, zeigen den konstanten Faktor der chronologischen Entwicklung eines Kindes. Es ist selbstverständlich, daß dieser Faktor nur als ein Durchschnittswert festlegbar ist und daß die individuelle Entwicklung immer von der Norm mehr oder weniger abweichen muß.

Es scheint, daß der konstante Faktor bei der meßbaren Intelligenz leichter und deutlicher zu erkennen ist als der konstante Faktor beim Längen- und Gewichtswachstum des Durchschnittskindes. Die entscheidende Frage jedoch ist: Was wird mit Intelligenztests tatsächlich gemessen?

Konstanz und gleichmäßige Progression in der Entwicklung von Intelligenz gibt es nur bis zum 15. oder 16. Lebensjahr. Diese allgemein anerkannte Tatsache scheint so wichtig, daß wir sie näher betrachten wollen. Mißt man wirklich Intelligenz, wenn eine Zunahme nach dem 15. oder 16. Lebensjahr nicht mehr festgestellt werden kann? Kein Erwachsener würde zögern zu bestreiten, daß seine Intelligenz sich nach diesem Zeitpunkt nicht weiter entwickelt hätte, sofern man mit Intelligenz das bezeichnet, was man gemeinhin darunter versteht. Offensichtlich ist also mit testbarer Intelligenz etwas anderes, Spezifischeres gemeint als das, was man gewöhnlich Intelligenz oder Verstand nennt. Überdies werden Verstand oder im weiteren Sinne Persönlichkeit üblicherweise mit dem Begriff des „Intelligenzalters" in Verbindung gebracht. Es ist deshalb von großer Bedeutung, eine realistische Erklärung dafür zu finden, was wirklich mit dem gewöhnlichen Intelligenztest gemessen wird.

Wahrscheinlich sind die meßbaren Qualitäten rein neurologischer Natur, und wir können sie am ehesten, allgemein verständlich, als Bewegungsabläufe feinster und differenziertester Art beschreiben. Wir werden in einem späteren Kapitel darauf zurückkommen.

Man fragt sich nun, weshalb das Messen gerade dieser Qualitäten eine so dominierende Rolle bei der Einstufung und bei der Erziehung behinderter Kinder spielt. Sagen wir es gleich: Der Intelligenztest ist für ein *behindertes* Kind am wenigsten aufschlußreich.

In einer wissenschaftsgläubigen Gesellschaft wird die Erziehung mehr als eine Wissenschaft, weniger als Kunst betrachtet. Erziehung als *Kunst* hegt und leitet ein Kind als sich entfaltende Persönlichkeit. Dabei ist testbare Intelligenz von geringer Bedeutung; dies ergibt sich aus der Tatsache, daß sie beim Heranwachsenden stationär bleibt, gerade dann, wenn die Reifung der Persönlichkeit mit raschen Schritten voranschreitet.

Erziehung als *Wissenschaft* vermittelt Wissen und entwickelt Können und Gewandtheit bei Kindern im Schulalter. Dies ist zweifellos eine wichtige Aufgabe der Erziehung, aber keinesfalls die einzige.

Der testbaren Intelligenz ist übertriebene Bedeutung beigemessen worden, weil sie als eine besondere Fähigkeit des menschlichen Geistes anscheinend besser zu den Informationstheorien und deren Modellen paßt, und weil diejenigen, die entsprechend geschult und orientiert sind, sich leichter einer computerisierten Automation anpassen. Deshalb beruht auch die Ausbildung für Industrie und öffentliche Dienste zunehmend auf normativer Einschätzung von Intelligenzleistungen.

Da die Idee einer durchschnittlichen Verteilung ebenso auf die Intelligenz als auch auf Größe oder Gewicht anwendbar ist, so folgt daraus, daß der Intelligenzquotient eines bestimmten Teils der Bevölkerung am oberen oder am unteren Rand des Durchschnittes liegt. Der Teil der Bevölkerung, der an der unteren Grenze der Verteilungskurve liegt, wird demzufolge stärker benachteiligt, als es angebracht ist. Das zeigt sich praktisch darin, daß in Zeiten von Arbeitslosigkeit Menschen in Kliniken für geistig Behinderte eingewiesen werden, die bei Vollbeschäftigung wieder vom Arbeitsmarkt aufgenommen werden.

Hier liegt der Grund für die offensichtliche Benachteiligung eines Kindes mit geringerer als der Durchschnittsintelligenz, und das Kriterium testbarer Intelligenz erhält zu Unrecht ein überragendes Gewicht.

Die vornehmlich soziale Bedeutung testbarer Intelligenz zeigt sich auch darin, daß die quantitative Einstufung der Erziehbarkeit von Land zu Land verschieden ist. In England sieht man einen I.Q. von 80 aufwärts als normal für die Erziehung an, I.Q. zwischen 50 und 80 gelten als unternormal und erfordern Sonderschulerziehung, I.Q. unter 50 werden als stark unter-normal bezeichnet, auch wenn diejenigen, die im oberen Teil dieser Kategorie liegen, durchaus noch erziehbar sind.

In den Vereinigten Staaten ist die Einstufung anders: Kinder mit I.Q. bis hinab zu 68 werden als „Langsam-Lerner" bezeichnet und in den allgemeinen Erziehungsgang einbezogen. Unter I.Q. 68 gibt es vier Gruppen von Retardierung: leicht, mittelmäßig, schwer und sehr schwer zurückgeblieben („retarded"). (In der amerikanischen Terminologie bedeutet „retarded" das gleiche wie im Englischen „handicapped" oder „mentally handicapped".)

Hier muß man fragen: Können wir ein Kind, das nur weniger intelligent oder langsamer im Begreifen als ein Durchschnittskind ist, wirklich als behindert bezeichnen? Sind all die vielen Kinder mit I.Q. unter 80 in englischen Schulen behinderte Kinder? Viele von ihnen haben den gleichen Intelligenzquotienten wie ihre Eltern und Großeltern. Viele werden ehrbare Bürger, gründen Familien, übernehmen Verantwortung in ihrer gesellschaftlichen Sphäre, im Beruf wie im öffentlichen Leben. Manche haben als Kinder einen I.Q. zwischen 60 und 50, und doch lernen sie, als Erwachsene ihr Leben menschenwürdig und zufriedenstellend ohne fremde Hilfe zu gestalten.

Hat unter diesem Aspekt die Einstufung der Behinderung nach dem Intelligenzgrad überhaupt einen Sinn? Gibt es vielleicht gar keine *behinderten* Kinder? Oder sind nur die ganz schweren Fälle mit zusätzlichen ernsten physischen Schäden als behindert anzusehen? Offensichtlich ist diese provokative Frage von quantitativen Gesichtspunkten aus nicht zu beantworten.

Der oberste Medizinalbeamte im englischen Erziehungsministerium machte schon vor siebzehn Jahren eine wichtige Feststellung: Er forderte, daß man unterscheiden müsse zwischen Kindern mit angeborener mangelhafter Intelligenz (dies sind in meiner Darstellung jene normalen und gesunden Kinder, die infolge ihrer genetischen Ausstattung oder durch Fehlen adäquater sozialer Stimulierung zwar weniger intelligent sind, aber doch den ihnen eigenen Intelligenzgrad erreichen, der nun einmal niedriger ist als die durchschnittliche Intelligenz) und denjenigen, die auf Grund äußerer Einwirkung an einer verminderten Intelligenz leiden (das dürften die wirklich „behinderten Kinder" sein).

Das Erziehungsministerium forderte, daß die erste Gruppe gemäß ihrer testbaren Intelligenz erzogen werden solle, die zweite aber bedürfe der Heilpädagogik. Daß diese fundamentalen Erkenntnisse bis heute in England noch nicht in angemessener Weise verwirklicht worden sind, ist befremdlich. Trotz ernsthafter Versuche, andere, humanere und individuellere Formen der Einstufung zu finden, trotz der Zweifel der Wissenschaft an der testbaren Intelligenz als unveränderlicher Größe und trotz der allgemeinen Tendenz, den Wert von Intelligenztests nicht zu überschätzen, ist in England testbare Intelligenz das entscheidende Kriterium für die Behörden bei der Einstufung von sogenannten „geistig behinderten Kindern" geblieben. Obwohl man weiß, daß die drei Kategorien – geistig behindert, körperlich behindert und schlecht angepaßt oder verhaltensgestört – sich in einem Kind überschneiden und mischen, werden sie doch künstlich als grundsätzliche Kriterien beibehalten.

Welche andere, zutreffendere und sinnvollere Klassifikation könnte man aber einführen? Um dieser Frage näher zu kommen, möchte ich die Idee der „Entwicklung" zur Diskussion stellen und anregen, nach einer Möglichkeit zu suchen, die Lebenssituation eines Kindes nicht nach seinen Fähigkeiten und seinen meßbaren Leistungen, sondern von der Idee der Entwicklung ausgehend zu bestimmen.

Es besteht ein grundlegender Unterschied zwischen jenen Kindern, denen eine unterdurchschnittliche Intelligenz – nach dem Gesetz der durchschnittlichen Verteilung – angeboren ist, und denjenigen, die ursprünglich ein höheres Potential besaßen, jedoch früh einen allgemeinen oder vielleicht auch spezifischen Rückschlag erlitten haben, so daß ihre testbare Intelligenz merklich herabgesetzt ist.

In heilpädagogischen Schulen finden wir stets eine beträchtliche Anzahl von Kindern mit relativ normaler oder sogar guter Intelligenz. Sie haben oft nach einem entzündlichen Prozeß, der das zentrale Nervensystem angegriffen hat, einen Intelligenzquotienten zwischen 90 und 110, was dem Durchschnitt der Bevölkerung entspricht. Wären diese Kinder nicht von einem solchen Prozeß etwa in der frühen Kindheit befallen worden, so läge ihre meßbare Intelligenz weit über dem Durchschnitt. Diese Kinder sind nun oft schwer behindert, auch wenn sie einen durchschnittlichen I.Q. haben; er entspricht aber nicht ihrer angeborenen Intelligenz, sondern ist durch eine Entwicklungsstörung verursacht, so daß diese Kinder oft sogar in Sonderschulen scheitern.

Wenn wir davon ausgehen, daß behinderte Kinder nach Gesichtspunkten ihrer Entwicklung einzustufen und zu klassifizieren sind, wird testbare Intelligenz nur zu einem der vielen physischen oder seelischen Faktoren, die zu berücksichtigen sind. Die Entwicklung des Leistungsantriebs, d. h. der Motivationen, der Fähigkeit zu sozialen Beziehungen und der Gefühlsreifung erhalten dann die gleiche Bedeutung im Reifeprozeß der Persönlichkeit wie testbare Intelligenz oder das Intelligenzalter.

Wir möchten vorschlagen, daß die Diagnostik von Formen gestörter Entwicklung Grundlage der Beurteilung behinderter Kinder wird. Dazu bedürfen wir der Einsicht in die kindliche Entwicklung im Hinblick auf ihre pathologische Modifikation. Zur Illustration seien vier diagnostische Bilder kurz beschrieben: die Zerebralparese, das post-enzephalitische Syndrom, der Mongolismus und der frühkindliche Autismus.

Die Erfahrungen des Verhaltens zerebralparetischer Kinder hat eine wichtige und bedeutende Rolle hinsichtlich der Veränderung der gesellschaftlichen Haltung gegenüber behinderten Kindern überhaupt gespielt. Wir verdanken dies vor allem einem schwerstgelähmten Jungen in den USA, der zwischen den beiden Weltkriegen Arzt wurde und Entwicklung und Schicksal zerebralparetischer Kinder zu erforschen begann: Dr. Phelps. Er verstand es, der Öffentlichkeit deutlich zu machen, daß viele zerebral gelähmte Kinder, unter ihnen auch schwerstbehinderte, eine hohe Intelligenz besitzen können und daß man lernen kann, sich mit ihnen zu verständigen und ihre oft überragende seelisch-geistige Empfindsamkeit zu erleben. Hier, wo eine körperliche Behinderung vorliegt, ist der Intelligenztest nützlich, da man mit ihm demonstrieren kann, welches intellektuelle Potential diese Kinder besitzen, auch wenn sie zunächst wenig sozial sinnvollen Gebrauch davon machen können.

Das Aufsehen, das die Erkenntnis von der seelisch-geistigen Unversehrtheit vieler dieser Kinder erregte, verleitete Ärzte auf der ganzen Welt dazu, viele behinderte Kinder als zerebral gelähmt zu diagnostizieren. Dieses interessante Phänomen trug wesentlich dazu bei, die frühkindliche Behinderung in das gesellschaftliche Bewußtsein zu bringen, das mitfühlende Interesse der Öffentlichkeit zu erregen und diese Kinder in schulische und soziale Aktivitäten einzubeziehen. Diesen gelähmten Kindern sind wahrscheinlich Hunderte und Tausende behinderter Kinder heute zu Dank verpflichtet und mit ihnen dem Arzt Dr. Phelps. Ein Großteil von ihnen hätte nicht das mitfühlende Interesse der Öffentlichkeit in dem Ausmaß gefunden, wie dies heute in der ganzen zivilisierten Welt der Fall ist.

Wir wollen nun den medizinisch-diagnostischen Aspekt der Zerebralparese betrachten: Niemand zweifelt daran, daß die zerebrale Parese die Folge eines Gehirnschadens ist, der im allgemeinen bei der Geburt durch eine Verletzung während des Geburtsvorganges oder durch Anoxämie, d. h. Sauerstoffmangel im Gehirn entsteht. Eine solche Schädigung kann auch vorgeburtlich auftreten. Obwohl die Erkenntnisse über die Ursachen der Zerebralparese unwidersprochen feststehen, tritt uns das merkwürdige und verblüffende Phänomen entgegen, daß ein zerebralgelähmtes Kind. welches einen Gehirnschaden entweder vor oder unmittelbar nach der Geburt erlitten hat, in den ersten Wochen oder sogar Monaten seines Lebens keine erkennbaren Anzeichen von Lähmung zeigt. Man braucht sehr viel Erfahrung, um in dieser frühen Periode das Vorliegen einer Zerebralparese diagnostizieren zu können. Wie können wir das verstehen? Warum zeigt sich eine Verletzung des Gehirns, die vor oder während der Geburt eingetreten ist, erst so viel später?

Tatsächlich wird eine Lähmung bei einem Kind oft erst im Verlauf seines ersten Lebensjahres deutlich erkennbar. Man weiß von vielen gelähmten Kindern, die nicht lernen, ihre Nahrung richtig zu schlucken, die nicht aus einer Tasse oder mit einem Strohhalm trinken lernen, daß sie als Neugeborene normal saugen konnten. Ebenso können viele Kinder mit schwersten spastischen Erscheinungen, die weder gehen noch das koordinierte Bewegen ihrer Gliedmaßen lernen, in ihren ersten Lebenswochen normal strampeln und sich bewegen. Eine andere merkwürdige Erscheinung, die oft übersehen wird, besteht im folgenden: Von der häufigsten Form der Zerebralparese, der spastischen, scheint ein Kind während des ganzen Tages ergriffen zu sein bis zu dem Augenblick, da es einschläft. Im Schlaf erscheinen spastische Kinder entspannt und zeigen keinerlei Verkrampfung oder Entstellung der Gliedmaßen. Wenn eine Entstellung sich während des Schlafes nicht löst, so handelt es sich um sogenannte Kontrakturen, sekundäre Fixierungen einer länger bestehenden Spastizität, wie bei einem Glied, das zu lange durch einen Gipsverband in einer bestimmten Stellung fixiert war.

Diese Tatbestände sind vor allem deshalb so bemerkenswert, weil der Begriff „Zerebralparese" oft nicht richtig interpretiert wird. Das Wort bedeutet „Gehirnlähmung" und wird dann auch gleichzeitig als eine Unfähigkeit sich zu bewegen verstanden, was beinhaltet, daß die Bewegungsstörung kausal mit einer fehlerhaften Funktion des Gehirns auftritt. Das Gehirn „macht" jedoch eine Bewegung im eigentlichen Sinne nicht. Es steuert vielmehr Bewegungen, leitet sie oder gibt ihnen ihre Richtung.

Im Unterschied zur nicht-zerebralen, d. h. peripheren Lähmung gibt es
bei zerebralgelähmten Kindern keine Bewegungsunfähigkeit an sich oder
ein Versagen der muskulären Leistung, sondern vielmehr die Unfähigkeit,
muskuläre Bewegungsabläufe zu steuern. Haben wir einmal erkannt, daß
die Zerebralparese auf einem Versagen der Bewegungssteuerung durch
das Gehirn beruht, werden wir auch verstehen, warum Lähmungserscheinungen erst einige Zeit nach der Geburt erkennbar werden und
warum sie während des Schlafes verschwinden.

Wenn ein Kind geboren ist, verfügt es über eine Menge von unwillkürlichen Bewegungen, darunter die sogenannten Strampelbewegungen und
eine Reihe von Grundreflexen. Der früheste und ausgeprägteste Reflex
ist das Saugen, einen weiteren kann man bei kleinen Babies beobachten:
Wenn man ein Kind unter den Armen hält und es mit den Fußsohlen
eine feste Unterlage, z. B. eine Tischplatte berühren läßt, kann man eine
Art Schreiten beobachten. Das Kind setzt einen Fuß vor den anderen,
aber immer mit einer Tendenz, die Beine zu kreuzen, so daß eine Art
Scherengang entsteht. Bei Kindern, die sich normal entwickeln, hört diese
frühe Schreitbewegung auf, wenn das Kind zu stehen und zu gehen anfängt. Die Unfähigkeit, dieses reflexive Schreiten zu überwinden und in
den ersten Lebensmonaten die willentliche Steuerung der Bewegungen
zu erreichen, ist ein typischer Aspekt der Zerebralparese.

Wenden wir uns nun dem postenzephalitischen Syndrom zu: Hier
zeigt sich besonders deutlich, wie sich eine medizinische Betrachtungsweise von derjenigen unterscheidet, die von Einsichten in die Entwicklung bestimmt ist. Der Begriff „Post-Enzephalitis" bezeichnet einen Zustand, der als Folge einer Enzephalitis auftritt; der zugrundeliegende
entzündliche organische Prozeß im Gehirn wird im allgemeinen von einer
Infektion verursacht oder auch von einer allergischen Reaktion auf eine
Schutzimpfung.

Enzephalitis in der frühen Kindheit verursacht meist das sogenannte
„hyperkinetische Syndrom", das mit extremer Ruhelosigkeit, eventuell auch
mit Zerstörungswut, Selbst-Aggression, forcierter Atmung und schwerem
Zurückbleiben der Intelligenzentwicklung verbunden ist. Bei einem Kind,
das die Erkrankung im frühen Schulalter durchmacht, kann die Folge der
Erkrankung als moralische Störung in Erscheinung treten. Hier ist die
Entwicklung des Intellekts, wenn überhaupt, nur leicht beeinträchtigt;
jedoch sind sittliche Mängel wie Lügen und Stehlen so vorherrschend,
daß man von „moral insanity" spricht.

Beim Heranwachsenden und jungen Erwachsenen zeigt sich das post-
enzephalitische Syndrom in Gedächtnisschwund und dem Rückfall in
frühkindliches Verhalten; bei Erwachsenen tritt das Parkinsonsche Syn-

drom auf: die Verlangsamung aller Bewegungen, maskenhafter Gesichtsausdruck, Fingerzittern und trippelnder Gang. Während die akute Enzephalitis als Infektionskrankheit deutlich bestimmte und erkennbare Symptome aufweist und der Verlauf der Krankheit von der Schwere und Lokalisierung des Infekts, von der Konstitution und der Widerstandskraft des Patienten und von der Behandlung abhängt, ist das postenzephalitische Syndrom als Folgezustand nicht so definitiv beschreibbar; es tritt in sehr unterschiedlichen Formen von Behinderungen auf, die wenig Ähnlichkeit miteinander haben und die spezifisch nur für bestimmte Altersgruppen und verschiedene Entwicklungsphasen sind.

In der Kindheit entstehen sehr unterschiedliche Formen von Folgezuständen, wenn die Krankheit in schon verhältnismäßig gering voneinander abweichenden Altersstufen ausbricht. Beim Erwachsenen spielt das Lebensalter des Krankheitsausbruches für die auftretenden Folgezustände kaum eine Rolle. Es zeigt sich hier, daß die Behinderung eines Kindes zwar oftmals von einer Krankheit oder der Schädigung einer organischen Funktion *verursacht* wird, nicht aber mit der Krankheit selbst identisch ist; sie ist vielmehr eine Entwicklungsstörung, die eher vom Entwicklungsalter zur Zeit der Krankheit als von dieser selbst verstehbar wird.

Der Mongolismus, dem wir uns jetzt zuwenden wollen, ist wahrscheinlich die größte einzelne diagnostische Gruppe unter den Behinderungen im Kindesalter. Lange blieb vieles an dieser Behinderung rätselhaft, und manche Einzelheiten sind bis heute noch nicht geklärt. In den letzten zehn Jahren konnte man nachweisen, daß Mongolismus genetisch-pathologische Ursachen hat, und viele Untersuchungen über den Entstehungsmechanismus des Mongolismus wurden durchgeführt.

So hat man entdeckt, daß mongoloide Kinder nicht nur ein spezifisches physiognomisches Aussehen haben, sondern daß auch jede einzelne Zelle ihres Körpers eine eigentümliche Struktur aufweist. Obgleich der Mechanismus dieses Strukturunterschiedes bekannt ist, konnte man die Ursache dafür bis jetzt noch nicht feststellen; nur in seltenen Fällen ist die genetische Abweichung der Chromosomenstruktur erblich.

So interessant der genetische Aspekt des Mongolismus auch ist und ungeachtet der Notwendigkeit einer wissenschaftlichen Abklärung, hilft uns der kausale Erklärungsversuch wenig, wenn wir einem mongoloiden Kind gegenüberstehen. Allerdings kann uns ein Phänomen in unserem Bemühen, diese Kinder zu verstehen, helfen: Mongoloide Kinder haben ganz allgemein physiognomische und morphologische Züge, die an die Gestalt des menschlichen Embryo im zweiten Monat erinnern. In dem Kapitel über den Mongolismus wollen wir darauf zurückkommen.

An dieser Stelle können wir uns aber schon fragen, ob Mongolismus nicht so etwas wie ein Stehenbleiben der Differenzierung in der Entwicklung während der frühen embryonalen Periode ist. Hier begegnen wir wieder dem Unterschied zwischen der medizinischen Betrachtungsweise und derjenigen, die sich an der Entwicklung orientiert.

Die vierte und letzte diagnostische Gruppe, die hier erwähnt werden soll, ist unter dem Namen frühkindlicher Autismus oder „kindliche Psychose“, wie diese Entwicklungsstörung in England genannt wird, bekannt geworden. Das klassische Symptom des kindlichen Autismus ist der Versuch des Kindes, der Begegnung mit einem anderen Menschen auszuweichen bis zur visuellen und auditorischen Vermeidung, während das Interesse an unbelebten Dingen erhalten und oft außerordentlich stark entwickelt ist. Das Sprachvermögen fehlt oft, oder die Sprache erscheint maniriert, häufig auf Echolalie beschränkt; die Personalpronomen werden umgekehrt („ich“ statt „du“ oder „du“ statt „ich“). Angst, Abhängigkeit von räumlichen und situativen Gewohnheiten, bizarre Bewegungs-Schemata und zwanghaftes Verhalten treten bei diesen Kindern auf. Intelligenztests zeigen eine breite Streuung zwischen Versagen und Leistung.

Über die bisher beschriebenen drei diagnostischen Gruppen (Zerebralparese, Postenzephalitis und Mongolismus) besteht hinsichtlich der Verursachung generelle Übereinstimmung. Dies gilt nicht für den frühkindlichen Autismus. Über seine Entstehung gibt es zwei offensichtlich widersprüchliche Ansichten: Die eine sieht den Ursprung im Psychologischen, d. h. eine Verhaltensreaktion auf ungünstige Umwelteinflüsse, die andere hält den Autismus für die Folge von Stoffwechselstörungen oder von pathologischen Veränderungen der Gehirnfunktionen. Zweifellos gibt es sowohl psychologische wie organische Entstehungsgründe. Wir hoffen, verständlich machen zu können, daß der offensichtlich unvereinbare Gegensatz zwischen diesen beiden Theorien bis zu einem gewissen Grade überwunden werden kann.

In unserer Betrachtung werden wir versuchen zu zeigen, daß das Problem des autistischen Kindes auf einem Versagen der seiner Altersstufe entsprechenden Motivation und des Sich-Selbst-Erlebens beruht und auf dem damit verbundenen Mangel der Erfahrung, daß der andere Mensch ein individuelles Ich besitzt.

Wir kommen zum Ausgangspunkt unserer Betrachtungen zurück: Die diagnostischen Gruppen, mit denen wir uns bisher beschäftigt haben, werden im allgemeinen administrativ als „körperbehindert“, „geistig behindert“ und „schlecht angepaßt oder verhaltensgestört“ klassifiziert. Man muß sich aber fragen, wie sinnvoll die Bezeichnung „körperlich behindert“ etwa für ein Kind ist, das infolge einer Zerebralparese völlig unfähig ist, sich zu bewegen oder Sprache zu entwickeln, obwohl es vielleicht das gesprochene Wort versteht. Ein solches Kind ist so schwer behindert, daß sein zentrales Problem die Störung seines emotionalen Gleichgewichts ist; die damit verbundene Behinderung kann die Problematik eines sogenannten „geistig behinderten" Kindes weit übersteigen. Ebenso kann ein mongoloides Kind mit verhältnismäßig niedrigem I.Q., aber guter Anpassungsfähigkeit unter Umständen viel besser eine Aufgabe erfüllen als das körperlich schwer behinderte Kind. Und ein autistisches Kind, das als verhaltensgestört eingestuft wird und eine hohe testbare Intelligenz hat, kann schwerer in seiner Handlungsmotivation gestört sein als ein mongoloides Kind mit einem niedrigen I.Q. und hat gegenüber diesem mongoloiden Kind sehr viel größere Schwierigkeiten, seinen Platz in der menschlichen Welt einzunehmen.

Ich hoffe gezeigt zu haben, daß die üblichen Differenzierungen auf Grund medizinischer Diagnostik uns ebenso wenig wie die sozio-administrativen Klassifizierungen leiten können, wenn wir uns auf ein individuelles behindertes Kind einstellen wollen. Selbstverständlich müssen Erziehungs- und Sozialbehörden ihre Maßnahmen auf eine generelle Basis stellen können. Ebenso muß die medizinische Forschung die gründliche Untersuchung von Entstehungsursachen beitragen. Nachdem ich diese Aspekte erwähnt habe, will ich mich nicht weiter damit befassen; denn sie scheinen sich für unsere Aufgabe, uns um das Verständnis des behinderten Kindes zu bemühen, mehr am Rande zu bewegen. Für dieses hier gemeinte Verständnis möchte ich auf der Grundlage der Entwicklung einen Weg bahnen. Das nächste Kapitel soll Stationen und Bilder der frühkindlichen Entwicklung schildern. Diese Darstellungen erheben keinen Anspruch auf Wissenschaftlichkeit. Sie zielen darauf hin, eine engagierte persönliche Haltung dem behinderten Kind gegenüber zu ermöglichen, während wir lernen, mit ihm zu leben und es zu lieben.

II

Gesichtspunkte zur Entwicklung des Kindes

Wir sind gewohnt zu sagen, daß Kinder „aufwachsen". Aber trifft das wirklich zu? Stimmt es, daß ein Kind *aufwächst?*

Sehen wir, wie ein neugeborenes Kind wirklich ist, und nicht, wie wir es uns vorstellen, so sehen wir es vielleicht in den Armen der Mutter, in der Wiege oder in seinem Bettchen, aber wir finden es nie auf dem Boden oder auf der Erde.

Ein neugeborenes Kalb oder Fohlen dagegen fällt, wenn es „geworfen" wird, auf die Erde. Es ist zunächst ein unbeholfenes Etwas, eingehüllt in glänzenden Schleim. Nachdem das Muttertier die umhüllenden Häute und die Nachgeburt verzehrt hat, leckt es das Junge trocken. Das neugeborene Tier fängt an, sich hin und her zu wälzen und sich mühsam auf seine langen und verhältnismäßig kräftigen Beine zu stellen. Beim Kalb und beim Fohlen sind Rumpf und Kopf im Verhältnis zu den Beinen schmächtig. Wie wunderbar ist es, wenn wir ein neugeborenes Kalb auf der Wiese oder im Stall beobachten, wenn es sich bemüht, auf die Beine zu kommen, wie es ein wenig schwankt, stolpert, sich aufrichtet und den Hals nach dem Euter der Mutter ausstreckt, um zu trinken.

Kälber oder Fohlen wachsen im wahrsten Sinne des Wortes *„auf".* Gleich nach der Geburt erscheint, peripher in den Gliedern, Bewegung, sie erfaßt den Rumpf und richtet ihn vom Boden auf. Schließlich wird der Kopf erhoben, und dann steht das neugeborene Tier fest und sicher auf seinen vier Beinen. Mit jeder Stunde und jedem Tag wird das junge Tier größer und erhebt sich immer mehr über die Erde. Ist dies aber beim Menschenkind ebenso? Haben wir jemals ein neugeborenes Kind gesehen, das sich am Boden hin und her wälzt, um auf die Beine zu kommen, und das seinen Kopf hebt, um zu trinken? Dauert es nicht recht lange, bis das Kind den Grund, den Boden erreicht? Verstreichen nicht sechs, neun, vielleicht zwölf Monate, bis es „auf die Erde kommt"? Wäre es nicht viel richtiger zu sagen, ein Kind „wächst herab"?

Diese Frage stellt sich uns, wenn wir Kinder mit einfühlendem Verständnis und unvoreingenommen betrachten, so als sähen wir sie zum ersten Mal.

Ein Kind wird unter Wehen und Schmerzen geboren. Es wird aus dem dunklen umhüllenden Mutterschoß in den kalten, offenen Raum dieser Welt hinausgestoßen. Es tut seinen ersten Atemzug, stößt den ersten Schrei aus, und nach der großen Anstrengung des Geborenwerdens fällt das Kind in Schlaf.

Ist es wach, so bewegt es seine Hände, strampelt, und seine Augen bewegen sich zunächst unabhängig voneinander. Manchmal schreit es, meist aber schläft es und wacht nur auf, um zu trinken.

Ein neugeborenes Kind ist hilflos und von seiner Mutter völlig abhängig. Die einzige koordinierte Bewegung, die es beherrscht, ist der Saugreflex. Schon in den ersten Tagen und Wochen beginnt aber die Steuerung der Bewegungen, in denen es zunächst wie in einem Meer zu treiben scheint.

Wir wollen nun etwas tun, was wir nur imaginativ tun können: Wir wollen beobachten, wie sich die Bewegungen eines Kindes während seines ersten Lebensjahres entwickeln. Alles andere, was wir bei der Begegnung mit sehr kleinen Kindern in unsere Erfahrung aufnehmen können, wollen wir einmal außer acht lassen und versuchen, uns auf das zu konzentrieren, was wir bei der Entwicklung der Bewegungssteuerungen, der willentlich koordinierten Bewegungen, erkennen können, die ein Kind im Lauf der ersten zwölf Lebensmonate zustande bringt.

Wir sagten, daß ein Kind eingetaucht sei in ein Meer von unkontrollierten, spontanen, nicht koordinierten Bewegungen. (Jeder, der gelähmte Kinder beobachtet hat, könnte Ansätze frühkindlicher Bewegungstypen in einigen dieser merkwürdigen gewundenen Bewegungen bei athetotisch Gelähmten wiedererkennen.)

Die allererste Bewegungssteuerung, die wir bei einem Kind beobachten, häufig schon einige Tage nach der Geburt und nicht später als wenige Wochen danach, ist das Koordinieren der Augenbewegungen. Ein Säugling lernt die Bewegung beider Augen so zu koordinieren, daß er ein bestimmtes Objekt fixieren kann. Er lernt recht schnell, einem Gegenstand, der sich bewegt, mit den Augen zu folgen. Im zweiten Lebensmonat beginnen Kopf und Gesicht der Richtung des Blickes zu folgen. Das Baby lernt, seinen Kopf zum Licht oder in Richtung eines Geräusches zu drehen. Meistens erlangt ein Kind im Laufe seiner ersten drei Monate Kontrolle über seine Kopf- und Nackenbewegungen; in einem Zeitraum also, in dem sein übriger Körper noch in einen Ozean von unkoordinierten Strampelbewegungen getaucht ist, hebt sich aus ihm der Kopf heraus und erwirbt mit dieser Kontrolle die dem Menschenhaupt eigene Erhabenheit und Würde.

Im Lauf der nächsten Monate steigt die vom Willen gelenkte Bewegung vom Nacken in die Schultern und in die Arme. Bis zum sechsten Lebensmonat lernt das Kind, mit den Händen die Dinge zu ergreifen, die es bis dahin nur mit den Augen erfaßt hatte. Es kann nun Gegenstände halten, sie drehen und wenden und sie allmählich auch von einer Hand in die andere nehmen; es kann die Hände falten. Und während das Kind sich die willentliche Kontrolle über die Bewegungen von Händen und Armen erwirbt, steigt die Bewegungssteuerung von den Schultern weiter abwärts über den Rumpf in die Hüften.

Dann setzt es sich auf, wenn auch anfangs nur mit Unterstützung. Hat es das erreicht, so ist es in der Lage, einen gewissen begrenzten Raum mit Blick und Griff, mit Auge und Hand zu beherrschen.

Zu Beginn der zweiten Hälfte des ersten Lebensjahres kann ein Kind meist frei sitzen und innerhalb seiner eigenen kleinen Welt seine Bewegungen beherrschen, so weit seine Arme und Hände reichen. Im Lauf der nächsten Monate steigt dann die willentliche Koordination weiter in die Oberschenkel hinab, und im siebten, achten oder neunten Monat hat ein Kind gelernt, sich in eine Krabbelhaltung aufzurichten, zu krabbeln, sich mit Armen und Beinen fortzubewegen oder auf seinem Hinterteil zu rutschen, wobei es koordinierte Bewegungen von Armen, Händen und Beinen gebraucht. Im allgemeinen zieht sich ein Kind im neunten oder zehnten Monat in die aufrechte Haltung hoch.

Wir sehen die Bewegungskontrolle von den Knien in die Waden, Knöchel und Füße hinabsteigen, und gegen Ende des ersten Lebensjahres ist endlich die aufrechte Haltung erworben. Das Kind steht nun frei auf seinen kleinen Füßen und versucht seine ersten Schritte.

Geradezu rührend und eindrucksvoll ist es immer wieder, wenn man einem Kind zusieht, das seine ersten Schritte macht. Vergleichen wir damit, wie wir etwa aus einem Sessel aufstehen oder aus dem Bett nach einer langen Krankheit, um die ersten Schritte zu tun. Vorsichtig setzen wir unsere Füße auf den Boden, rutschen an die Kante des Bettes, und wenn wir unsere Füße vorwärts gestreckt haben, verlagern wir unser Gewicht von hinten auf unsere Beine. Welch ein Unterschied zu den ersten Schritten eines kleinen Kindes! Es steht frei, sein verhältnismäßig großer Kopf bewegt sich zuerst nach vorn, sein Hals, die Schultern und sein Körper folgen. Beine und Füße bleiben wie angewurzelt auf der Stelle. Kurz bevor das Kind zu fallen droht, setzt es einen Fuß vor und wirft sich auf Zehenspitzen in die ersten zwei oder drei Schritte, ehe es sich wieder hinsetzt.

Wovon waren wir Zeuge? Wir haben erlebt, wie die Bewegungskontrolle vom Auge durch den ganzen Körper hinabsteigt bis in die Füße. Wir waren Zeuge vom Bewegungsabstieg bei einem kleinen Kind; das Kind ist *hinabgewachsen*.

In unserer Betrachtung haben wir zwei der differenziertesten Entwicklungen motorischer Bewegungskontrolle des ersten Lebensjahres ausgelassen. Das erste ist das Lächeln des Säuglings. Es erscheint etwa mit der sechsten Woche, wenn der Kopf anfängt, seine führende Rolle zu übernehmen; dies ist eine der bemerkenswertesten Erscheinungen in der frühkindlichen Entwicklung. Wir werden später darauf zurückkommen, wenn wir uns damit befassen, wie die Lebenserfahrung eines kleinen Kindes sich entwickelt. Die zweite ist die Entwicklung von gesteuerten Bewegungen beim Plappern, bei der Babysprache; sie setzt etwa zu der Zeit ein, wenn das Kind zu greifen gelernt hat. Es verwendet darauf außerordentlich viel Anstrengung, Übung und Intensität, und das Plappern zieht sich fast durch die ganze zweite Hälfte des ersten Lebensjahres.

Das Plappern oder Lallen wird oft fälschlicherweise als Anfangsstufe des Sprechens angesehen. Das ist begreiflich, weil die ersten Worte aus Silben in bestimmten Sequenzen geformt zu werden scheinen – deren typischste etwa mi-mi-ma, oder da-da-da sind. Anders gesehen ist Plappern jedoch offensichtlich eine andere Form von Bewegungskontrolle, die in gewisser Hinsicht schon bei der Geburt mit dem ersten Schrei einsetzt und während der zweiten Hälfte des ersten Lebensjahres in eine Phase tritt, in welcher der Sprach-Bewegungsapparat durch Aneinanderreihen von Silben intensiv geübt wird.

Eine der erstaunlichsten Entdeckungen, die man in diesem Jahrhundert auf dem Gebiet der kindlichen Entwicklung gemacht hat, ist die, daß Babysprache sich nicht nach der Sprache des Landes richtet, in dem ein Kind geboren ist, sondern daß sie bei allen Babies gleich ist, in Englisch, Französisch, Deutsch oder Russisch, auch in Afrika, bei den Chinesen oder den Eskimos. Es scheint also, daß eine sprachliche Urform in früher Kindheit die Menschheit vereint.

Ein Kind verliert diese „Universalsprache", wenn es sich mit dem Erlangen der aufrechten Haltung während des zweiten Lebensjahres seine Muttersprache aneignet. In der Genesis wird uns berichtet, daß die Menschheit früher eine universale Sprache besaß. Sie ging beim Bau des Turmes von Babel verloren und spaltete sich in verschiedene Sprachen.

Nachdem wir uns ausführlich mit der Entwicklung der Bewegung eines Kindes im ersten Lebensjahr beschäftigt haben, wollen wir nun weiter die Entwicklung seines Sprechens im Lauf des zweiten Lebensjahres betrachten. Der Erwerb der Muttersprache durch ein Kind ist natürlich nicht zu trennen von dem Prozeß, der die originale Baby-Sprache hervorbringt; wir wollen aber anfänglich einmal so tun, als sei dies der Fall und beobachten, wie ein kleines Kind im Lauf seines zweiten Lebensjahres seine Muttersprache zu gebrauchen lernt.

Hier können wir die interessante Feststellung machen, daß das Kind während der ersten Monate seines zweiten Lebensjahres nur Hauptwörter benutzt. Etwa von seinem fünfzehnten Monat an fügt es den Hauptwörtern Adjektive hinzu. Das ist die Phase, in der ein Kind „liebe Mami", „guter Hund" und so weiter sagt. Seine ersten Zwei-Wort-Sätze sind also Kombinationen von Hauptwörtern, die es bereits benutzt hatte, mit neuerworbenen Adjektiven.

Im allgemeinen fängt das Kind erst am Ende des zweiten Lebensjahres – vom 20. bis 23. Monat – an, Verben zu benutzen. Damit hat es sich die drei Grundtypen von Wörtern, welche die Sprache ausmachen, angeeignet. Hauptwörter, Eigenschaftswörter und Verben hat es in dieser Reihenfolge unter seine Herrschaft gebracht.

Hier sehen wir eine zweite Art des Hinabsteigens: dieses Mal nicht abwärts durch den physischen Organismus, sondern durch den dreifältigen Organismus der Sprache, von der qualitativen *Bestimmung* der Hauptwörter über das qualitative *Erfühlen* der Eigenschaftswörter zum qualitativen *Handeln* der Verben.

Im Lauf seines dritten Lebensjahres entwickelt und entfaltet ein Kind seine Denkfähigkeit. Durch unaufhörliche Wiederholung des Wahrnehmungsakts bildet sich das Erinnerungsvermögen als neue Fähigkeit. Gleichzeitig damit entsteht das Vorstellungsvermögen, und aus dem Zusammenspiel dieser beiden Fähigkeiten kristallisieren sich Fragen, wie Gestalten, die aus der Dämmerung auftauchen. „Warum?" „Wann?" „Wer?" „Wo?" Solche Fragen führen das Kind zum Erleben der eigenen Individualität, zum Aufdämmern seines eigenen Ich.

Fassen wir das bisher Dargestellte noch einmal zusammen. Wir sahen, daß das Hinabsteigen der Bewegungskontrolle sich im Laufe des ersten Lebensjahres vom Kopf über den Rumpf hinunter in die Gliedmaßen vollzieht. Im zweiten Jahr entwickelt sich die Sprache hinabsteigend vom Bestimmen über das Erfühlen zum Handeln, und schließlich im dritten Lebensjahr steigt die Denkfähigkeit hinab über das Erinnerungs- und das Vorstellungsvermögen zum Fragenstellen, welches seinen Höhepunkt im Erleben des eigenen Ich findet.

Bis hierher haben wir die Entwicklung eines Kindes einseitig betrachtet. Wir haben eigentlich nur von mehr oder weniger äußerlich zu beobachtenden Stufen der Bewegungskontrolle gesprochen, mit anderen Worten: vom *Verhalten* des Kindes.

Wir wollen nun untersuchen, ob wir auch beobachten können, wie sich die kindlichen Erfahrungen entwickeln.

Können wir die Erfahrungen und Erlebnisse früherer Kindheit überhaupt verstehen und werten?

Dazu müssen wir zu dem zurückkehren, was wir das Hinabsteigen der Bewegungsentwicklung im ersten Lebensjahr genannt haben. Es ist offensichtlich, daß die Bewegungskontrolle vom Kopf abwärts in die Gliedmaßen steigt, bis das Kind die Fähigkeit gewonnen hat, sich frei zu bewegen. Der Bewegungsbereich eines Kindes vergrößert sich während seines ersten Lebensjahres beträchtlich und erweitert sich auch im zweiten Lebensjahr, wenn das Kind umherzutollen, zu spielen und herumzurennen beginnt. Gleichzeitig verzweigt sich das Bewegungsvermögen nicht nur, sondern seine Kontrolle tritt verfeinert und differenzierter in Erscheinung, wenn das Kind die feineren Muskeln der Lippen, der Zunge, des Kehlkopfes und des Mundes, die insgesamt seinen Sprech-Apparat ausmachen, zu beherrschen lernt und zu sprechen beginnt.

Schließlich entwickelt sich im dritten Lebensjahr die Gedanken-Bewegung des Kindes, bei der wir es aber nicht mehr mit Muskeln zu tun haben, sondern mit der Bewegung von Wahrnehmung, Gedächtnis und Vorstellung zu Begriff, Frage und Idee. Die Vergrößerung des Bewegungsraumes ist also von einer bemerkenswerten höheren „Verfeinerung" und Verinnerlichung begleitet. Dadurch erweitert sich der Raum, weil das gesprochene Wort weiter reicht als die Bewegung von Hand oder Fuß. Die wachsende Fähigkeit zu denken schließt Raum und Zeit ein und reicht in Vergangenheit und Zukunft.

Beim sehr kleinen Kind ist es schwierig, mehr als die augenscheinlichen Handlungen zu beobachten. Dennoch können wir von dem Zeitpunkt an, da das Kind Sprache und Sprechen ausbildet, die Entwicklung der Bewegung und der Erfahrung kaum länger voneinander trennen.

Denn Sprechen bedeutet ja nicht nur Sprechen-*Können;* es beinhaltet vielmehr auch Hören und Verstehen und ist mehr als die bloße Aneignung von Worten.

Um erkennen zu können, wie ein kleines Kind von der Baby-Sprache zum Sprechen, in dem es sich auch später verständigt, kommen kann, müssen wir uns mit der Entwicklung seiner Sinneserfahrungen befassen, auf denen ja sein Erleben und letztlich, wie ich meine, sein Bewußtsein beruht.

Hier sind wir darauf angewiesen zu beobachten, auf welche Art und Weise sich ein Kind äußert. Bis zum Zeitpunkt der Sprech-Entwicklung, die wir verstehen und auslegen können, ist es außerordentlich schwierig, das Erleben des Kindes zu beurteilen. Eine Erlebnis-Äußerung, die uns dazu verhelfen kann, haben wir aber schon angeführt: das Lächeln des Kindes als Antwort auf unser Lächeln. Man hat das erste Lächeln als früheste Form der Nachahmung gedeutet, in der Annahme, daß das Kind das Lächeln eines anderen Menschen sieht und es erwidert.

Jedoch tritt das erste Lächeln zu einer Zeit auf, da das Kind seine Mutter noch nicht in der Weise kennt, in der *wir* einen Menschen oder eine Sprache wiedererkennen. Ist das Lächeln ein Ausdruck von Freude? Und wenn es das auch zu sein scheint, was oder wer verursacht diese Freude?

Ein Kind kann uns nicht sagen, weshalb es lächelt; und auch wir können uns ja nicht mehr daran erinnern und darüber Auskunft geben, wie und was wir als kleine Kinder gefühlt und erfahren haben. Dichter wie Traherne, Jean Paul, Wordsworth und Adalbert Stifter haben ihre frühen kindlichen Erlebnisse geschildert. Diese Schilderungen haben eines gemeinsam: daß die Dinge nicht auf einen Mittelpunkt bezogen, sondern gleichsam von außen, in einer allumfassenden peripheren Wahrnehmung gesehen werden.

Zum besseren Verständnis des frühkindlichen Erlebens können auch Aussagen beitragen, die Menschen unter Hypnose oder psychoanalytischer Behandlung machen. Wenn sie als kleine Kinder das Lächeln ihrer Mutter gesehen hätten, „sei es gewesen, als sähen sie sich selbst".

Vor einigen Jahren bekamen junge Freunde von mir ihr erstes Kind. Ich wurde in das Zimmer, in dem die Wiege stand, geführt, um den Ankömmling zu bewundern. Ich zog den Wiegenvorhang zurück, und das Kind, es mochte sechs oder acht Wochen alt sein, begann mit strahlendem und lebhaftem Ausdruck von Freude zu lächeln. Da ich selbst nicht lächelte, war ich erstaunt; denn ich wußte, daß Babies im allgemeinen nur das Lächeln eines anderen zurückgeben. Ich wunderte mich über den Ausdruck von Wonne, Freude, Stolz und Genugtuung, der sich über das Gesicht des Babys ausbreitete. Jedoch fühlte ich jemanden hinter mir stehen, und als ich mich umsah, blickte ich in das Gesicht des strahlenden stolzen Vaters, dessen Ausdruck sich im Gesicht des Kindes widerspiegelte.

Beobachtungen wie diese legen die Annahme nahe, daß das Bewußtsein eines Säuglings oder sehr kleinen Kindes allumfassender Art und peripherisch ist. Das würde heißen, daß ein Säugling sich nicht selbst empfindet wie Erwachsene, sondern daß er eins ist mit seiner Mutter und anderen Menschen seiner nächsten Umgebung; deshalb lächelt er *unser* Lächeln und äußert *unsere* Freude und *unseren* Stolz.

Wahrscheinlich ist das Bewußtsein eines Säuglings in all seiner Unbestimmtheit eher universal als individuell und eher ausgeweitet als eingeengt.

Folglich müssen wir auch die Baby-Sprache in einem neuen Licht sehen. Ich habe schon gezeigt, daß sie universal ist und die Grenzen zwischen Völkern und Rassen übersteigt. Eine Mutter, die weiß, ob ihr Kind vor Schmerzen, Hunger und Enttäuschung schreit oder aus Zufriedenheit und Wohlbefinden, wird ebenso verstehen, was der Schrei afrikanischer oder indischer Babys ausdrückt.

So wie der Säugling schrittweise sein eigenes Sein von dem seiner Umgebung löst, geht er auch allmählich von der globalen Baby-Sprache zu seiner Muttersprache über. Am Ende des ersten Lebensjahres, wenn das Kind sich aufgerichtet hat und laufen lernt, kann es die charakteristischen Laut-Eigenschaften der Sprache, die in seiner nahen Umgebung gesprochen wird, unterscheiden und sie in seine eigene, werdende Sprache einarbeiten. So findet es den Weg von der ursprünglich umfassenden peripheren Baby-Sprache zur differenzierten und begrenzten Sphäre seiner Muttersprache.

Wenn das Bewußtsein eines sehr kleinen Kindes mehr umfassend als zentriert ist, wenn es überhaupt mehr „Menschheit" als Individuum ist, so muß daraus folgen, daß sein Lernen nicht ein Aneignen neuen Wissens oder neuer Fertigkeiten ist, sondern vielmehr das Ergebnis eines langwierigen Prozesses der Entfremdung von einem allumfassenden Bewußtseinszustand.

Im Anfang dieses Kapitels habe ich darauf hingewiesen, daß ein Kind nicht „aufwächst", sondern daß seine Bewegungskontrolle durch den Leib, dann durch Sprache und Denken „hinabwächst", während es im Zusammenhang mit seiner Sinnesentwicklung „hinaus"-geführt wird in das Erleben der Erweiterung von Raum und Zeit. Nun fügen wir eine dritte Richtung hinzu: Wir nehmen an, daß das Bewußtsein eines Kindes den entgegengesetzten Weg geht, d. h. von einem Zustand der Expansion zu einem der Einschränkung und Zentrierung.

Wir wollen nun versuchen, der Entwicklung eines Kindes zu folgen, wenn seine Ich-Erfahrung aufdämmert. Ein neugeborenes Kind erscheint uns völlig hilflos und abhängig, aber wir wissen, daß es auf eine Umwelt angewiesen ist, die es in sich selbst vorfindet und von der es in seinem Erleben nicht zu trennen ist. Obwohl es sich in einem Dämmerzustand des Bewußtseins befindet, *ist* das Kind die Umwelt selbst, von der es abhängt. Deshalb ist sein erstes verschwommenes Erlebnis, nicht hilflos abhängig, sondern eher allmächtig zu sein. Das Kind selbst ist es, das füttert, seinen Hunger stillt und sein Unbehagen lindert. Diese Erklärung des frühkindlichen Erlebens mag befremdlich und ungewöhnlich sein, aber sie entspricht intuitiver menschlicher Erfahrung. Das Gefühl, hilflos und abhängig zu sein, entsteht bei einem heranwachsenden

Kind während des ersten Lebensjahres erst dadurch, daß es sich von diesem Allbewußtsein löst.

Wahrscheinlich bildet dieses kindliche Ur-Erleben das Fundament für grundlegende seelische und geistige Kräfte wie Zuversicht, Vertrauen und Glauben. In dieser wichtigen Phase wird ein Kind so orientiert, daß es sich zu einem viel späteren Zeitpunkt entweder isoliert und sinn-los oder als Teil eines sinnvollen und größeren Ganzen erlebt.

Hieraus kann man schließen, daß religiöse Gefühle, Ideen und Überzeugungen ursprünglich nicht aus dem Verlangen entstehen, etwas zu erklären oder einer unbefriedigenden Situation abzuhelfen, sondern eher aus der verschwommenen Erinnerung daran, daß man einmal eins gewesen ist mit all dem, was man erlebt, und daß man nicht einer feindlichen oder freundlichen Welt angehörte, sondern das All selber war.

Das schrittweise Sich-Lösen von diesem All, das wir ursprünglich *sind*, ist von fundamentaler Bedeutung für die Bildung unseres Ich. Bei diesem Prozeß spielt das Mutter-Kind-Verhältnis natürlich eine beherrschende Rolle. Das Stillen an der Brust, das Füttern überhaupt, das Baden, Pflegen, Ankleiden und vor allem die Art, mit dem Kind umzugehen, es zu halten, sind entscheidend für die schrittweise Trennung von dem ursprünglichen Eins-Sein; hierbei beginnt die Ich-Werdung heraufzudämmern. Es ist besonders wichtig, daß ein Kind sich gehalten, getragen und bewahrt fühlt, wenn es schrittweise zu erkennen und hinzunehmen hat, was nicht „Ich", sondern endgültig das „Du" des anderen ist.

In unserer Zeit werden junge und unreife Eltern immer häufiger durch das Benehmen und das Wesen ihrer Kinder so frustriert, daß sie die Selbstbeherrschung verlieren, was dazu führen kann, daß ein Baby geprügelt wird. Wahrscheinlich ist der Grund für die Frustrierung dieser Eltern, daß sie mit der archetypischen Allmacht ihres Kindes konfrontiert werden und unfähig sind, sich darauf einzustellen, weil sie selbst durch ihre Erziehung den Glauben an ihre eigene Ursprünglichkeit verloren haben. Sie fühlen sich herausgefordert und bis zum Unerträglichen gereizt von etwas in ihrem Kind, das souverän und ihnen völlig unbegreiflich ist.

Die Ich-Werdung ist nicht im ersten Lebensjahr abgeschlossen. Sie setzt sich während der ganzen Kindheit bis in die Jugendzeit und in das Erwachsenenalter fort. Wie ein Kind die Mutter erlebt, die es zu trösten kommt, gehört immer noch zu seiner Erfahrung von Omnipotenz. Aber die stetige Zunahme seiner Beweglichkeit läßt den Sinn des Kindes für seine eigene Macht und Unabhängigkeit wachsen und damit auch das Gefühl, immer mehr auf sich gestellt zu sein.

Wenn ein kleines Kind seine Händchen vor den Augen gegen das Licht eines Fensters oder des Himmels hin und her bewegt, so ist sein Erleben unserem Empfinden ähnlich, wenn wir den ziehenden Wolken am Himmel zusehen.

Im zweiten Lebensjahr fängt ein Kind an, seine Hand als Hand – eben *seine* Hand – zu sehen, nachdem es vielleicht schon die Hand seiner Mutter als Hand wahrgenommen hat.

Allmählich dämmert dem Kind, daß es nicht nur selbst sehen, sondern auch *gesehen werden* kann. Gleichzeitig macht es die grundlegende Erfahrung, daß es Teile seines eigenen Körpers gibt, die es selbst nicht sehen kann, sondern die nur andere sehen. „Vorn" und „hinten" werden neue Dimensionen, aber keinesfalls nur in räumlichem und objektivem Sinn, sondern auch als ein existentielles Erleben des eigenen So-Seins. Qualitative Eigenschaften tauchen auf, die den Charakter des Magischen haben.

In der Zeit, in der ein Kind seine Sprache entfaltet, können wir bemerken, daß seine Worte anfänglich eine weite und allumfassende Bedeutung haben; sie wird allmählich immer mehr eingeschränkt, bis sie im Lauf der Zeit dem Wortgebrauch des Erwachsenen entspricht.

Ein Kind lernt ursprünglich nicht die Erwachsenensprache, sondern scheint durch verschiedene Sprachstufen zu gehen, die möglicherweise Ähnlichkeiten mit früheren Formen der Menschheitsentwicklung haben. Deutlicher als aus der Sprachentwicklung kann man aus dem kindlichen Spiel erkennen, wie Tatsachen-Elemente immer mehr in seine persönliche Welt von Phantasie und Magie einbezogen werden. Ein Stück Holz kann ein Schiff sein, ein Haus oder der Vater. Jedes kann alles darstellen. Jeder Stoff ist im Spiel eines Kindes beseelt. Ein Kind ist der Schöpfer-Gott. Es ist Vater und Mutter seiner Kinder, Arzt, der die Kranken heilt, und Städtebauer. Zur gleichen Zeit kommt dem Kind immer mehr seine Abhängigkeit von seinen Erzeugern – seinen Eltern – zum Bewußtsein. Eine ganz neue Welt der Überlegenheit und des Widerstands steht vor dem heranwachsenden Kind.

Um deutlich zu machen, was ich meine: Eine Bekannte von mir hatte als kleines Mädchen in der rasch hereinbrechenden Dämmerung am Strand eine Welt von Bergen und Flüssen aus Sand „geschaffen". Sie erinnert sich, wie sie sich selbst identisch mit der allmächtigen Gegenwart dessen fühlte, der die Welt geschaffen hat, und sie legte die Hand über die von ihr errichteten Berge. Gleichzeitig aber überfiel sie die Angst, sie könne im schwindenden Licht den Weg zum Hotel nicht alleine finden, und sie streckte ihre Hand nach dem sie begleitenden Kindermädchen aus.

Die Entwicklung des Kindes ist eine dramatische Reise, die durch archetypische Stufen führt, von der Universalität der Sinnzusammenhänge, von Magie und Mythos in die kausale Tatsachenwelt der Erwachsenen.

34

304827

Zwischen früher Kindesentwicklung und der Geschichte der Menschheit, wie sie von den alten Völkern erfahren und in ihren Mythen und Religionen überliefert wurde, scheinen Beziehungen zu bestehen: Der Sündenfall, wie er in der Genesis (Kap. 11, 7–10) beschrieben ist, ist ein Urbild des dramatischen Erlebens aller Kinder, wenn sie bemerken, daß sie nicht nur sehen, sondern auch gesehen werden – geradeso wie Adams Augen geöffnet werden und er sieht, daß er gesehen wird und nackt ist. Als ein anderes Beispiel haben wir bereits den Turmbau zu Babel und die Sprachverwirrung, die ihn begleitete, als ein Urbild für die Differenzierung der verschiedenen Sprachen aus einer ursprünglich globalen Sprache erwähnt.

Was ich in vereinfachter Form als Polarität dargestellt habe, möchte ich nun zusammenfassen: Wir sahen, daß im Gegensatz zur Entwicklung der kindlichen Fähigkeiten, seiner Vorstellungswelt und seines Verhaltens das kindliche Erleben und sein Bewußtsein von einem weitgespannten, aber vagen und verschwommenen Zustand immer enger, immer zentrierter, immer differenzierter und auf einen Brennpunkt konzentriert wird. Wie können diese beiden Bewegungen miteinander in Einklang gebracht werden?

Man könnte sagen, daß bei der Geburt nur der Körper eines Kindes geboren wird. Ist die Nabelschnur einmal durchschnitten, erscheint das Neugeborene am geheimnisvollen Höhepunkt eines in der Zeit sich erstreckenden genetischen Prozesses. Dies gilt aber nur für seinen Körper selbst. Im Hinblick auf die Funktionen dieses Körpers ist das Kind im Grunde noch gar nicht „geboren". Es kann sich nur mit Hilfe seiner Mutter von der Stelle bewegen. Tatsächlich ist das ganze Potential des Kindes noch *ungeboren*. Dieses „Noch-nicht-geboren-sein" zeigt sich offenbar darin, daß seine Fähigkeit des Erlebens noch im Schoße der Menschheit ruht.

Es scheint mir wesentlich, die Geburt als eine Trennung oder Loslösung eines individuellen Wesens von einem größeren Ganzen des Ursprungs zu sehen.

Bei der Entwicklung des Kindes sind wir auf zwei Tendenzen aufmerksam geworden: Die eine führt von der Geburt des Leibes zur funktionalen Expansion, bei der anderen entwickelt sich das Bewußtsein von einem expansiven Zustand zur Kontraktion oder Konzentration. Diese beiden Tendenzen sind charakteristisch dafür, wie wir uns selbst erleben, nämlich einmal als physisch-organische Konstitution, zum anderen als Persönlichkeit.

Die Ganzheit unserer Existenz setzt sich aus diesen beiden Extremen zusammen, die im folgenden in einem neuen Licht gesehen werden kann.

Die Entwicklung des Kindes kann als Verschmelzung zweier Prozesse angesehen werden, deren einer mit dem vererbten genetischen Hintergrund zusammenhängt und mit der Trennung des individuellen Leibes von der Mutter bei der Geburt beginnt. Der andere Prozeß steht in Verbindung mit der mythologisch-historischen Evolution der Menschheit, die nicht einen zentrierten, individuellen und isolierten Anfang hat, sondern aus weitem, peripherem Schöpfungsfeld stammt. Die fortschreitende Integration dieser beiden Prozesse vollzieht sich in einer Umgebung, die sowohl physisch als kulturell ist und zunächst durch Mutter, Vater und die Familie und später durch die Lehrer und andere Menschen repräsentiert wird. Hinzu kommen jene Institutionen, Konventionen und Traditionen, in die ein Kind hineingeboren wird, als auch die besonderen geographischen, klimatischen und biologischen Bedingungen.

Wenn man verstehen lernt, daß es diese drei Faktoren in der Entwicklung eines Kindes gibt, erhebt sich die Frage, in welcher Art und Weise und in welchem Ausmaß sie von Bedeutung für Behinderungen im Kindesalter sind. Welche Möglichkeiten für das Verständnis bieten diese Faktoren, um dem behinderten Kind zu helfen?

Ich möchte den folgenden Bemerkungen einige Gesichtspunkte vorausgehen lassen, weniger als intellektuelles Argument denn als moralisches Bekenntnis: Das Genetische beeinflußt in der Entwicklung eines Kindes wahrscheinlich nur Unterschiede der Körpergrößen und -proportionen, der Gewebebeschaffenheit und wohl auch der testbaren Intelligenz. Es scheint, als spiele die Vererbung nur bei jenen normalen Abweichungen vom Durchschnitt eine Rolle, die nicht kindliche Behinderungen sind, worauf ich im ersten Kapitel dieses Buches aufmerksam gemacht habe. Untersucht man, welchen Einfluß genetische Faktoren bei effektiver Behinderung haben, wie beim Mongolismus, so scheinen moderne Forschungsergebnisse darauf hinzudeuten, daß Veränderungen oder krankhafte Vorgänge in der genetischen Struktur im Zusammenhang mit Umwelteinflüssen auftreten, z. B. Alter oder Gesundheitszustand der Mutter oder andere Faktoren, die im einzelnen noch unbekannt sind.

Wir kennen jedoch noch einen weiteren Bereich, bei dem Umwelt und genetische Faktoren sich gegenseitig beeinflussen. Man nimmt an, daß ungünstige Umweltbedingungen auf die genetischen Eigenschaften selektiv wirken, und zwar nach dem Prinzip des „Überlebens der Anpassungsfähigsten". Wir müssen heute die Tatsache akzeptieren, daß die beträchtlichen hygienischen Errungenschaften durch den technischen Fortschritt diesem Mechanismus entgegenwirken und für genetische Abweichungen eine größere Überlebenschance hervorbringen. Die Tatsache wiederum gibt den Anstoß zu weiteren technischen Anstrengungen, die Überlebenschance der genetischen Abweichungen zu beeinflussen, sowohl durch frühe Verhinderungsmaßnahmen als auch durch Mittel einer selektiven Biologie. Solche Bemühungen säen Mißtrauen und Furcht gegenüber einer Wissenschaft, die in ihrer Forschung einseitig nach Ursachen sucht.

Ich möchte dagegen anregen, daß man die zahlenmäßige Zunahme behinderter Kinder als Folge der größeren Überlebenschance aus kulturellen Gründen als *positiv* wertet, durch ein neues Verständnis für den Sinn der Behinderungen im Kindesalter.

Physische Umwelteinflüsse scheinen mir als Ursache für Störungen der kindlichen Entwicklung die weitaus größte Rolle zu spielen. Obgleich Fortschritte in der Medizin und in anderen Wissenschaftszweigen pathogene Umweltfaktoren ständig vermindern, schaffen sie doch immer wieder neue, sowohl durch Zufall wie auch dadurch, daß man Behinderungen in Kauf nimmt, wo früher der Tod dazwischentrat. Man gerät leicht in die Gefahr, die zivilisatorischen und emotionalen Einflüsse der Umwelt überzubewerten, wenn man in ihnen zu ausschließlich den Grund für die Behinderungen eines Kindes sucht. Deshalb werden Eltern häufig in Ungewißheit und Schuldgefühle gedrängt, während dagegen dadurch die positiven Kräfte emotionaler Umwelteinflüsse verhältnismäßig unwirksam bleiben.

Man kann wichtige und bisher noch nicht erkannte Möglichkeiten für Verständnis und Hilfe dadurch gewinnen, daß man kindliche Behinderungen nicht mehr als nur eine Krankheit ansieht, die geheilt werden muß. Nur wenn wir viele unserer vorgefaßten Meinungen überwinden, können wir ein wirklich neues Verständnis für die Behinderungen im Kindesalter finden. Bei Bemühungen in dieser Richtung kann es eine Hilfe sein, wenn man sich klar macht, daß die dritte Stufe in der kindlichen Entwicklung, das Werden des individuellen Bewußtseins, sich von den beiden anderen unterscheidet und daß dieser Faktor nicht so schutzlos und verletzbar Umwelteinflüssen ausgesetzt ist. Diesem dritten Faktor scheint eine gewisse Unangreifbarkeit und Unverletzbarkeit eigen zu sein, obgleich seine Manifestation von der Integration der beiden anderen Faktoren in einer gegebenen Umwelt abhängig ist. Der folgende Vergleich macht meine Argumentation vielleicht deutlicher:

Stellen wir uns vor, das behinderte Kind sei ein Künstler, der auf einem schlechten Musikinstrument spielen soll. Auch wenn wir den besten Pianisten bitten würden, auf einem schlechten Klavier, das verstimmt ist, zu spielen, so bliebe sein Spiel doch armselig, und sei er auch noch so begabt und fingerfertig. Zuhörer mit wenig musikalischem Verständnis werden ihn für einen schlechten Künstler halten. Mißfallen und Enttäuschung werden sich auf ihren Gesichtern zeigen, und entmutigt wird der Pianist nicht imstande sein, sein Bestes zu geben. Dennoch wird er vielleicht lieber eine schlechte Vorstellung geben als aufhören.

Wenn aber ein paar Menschen unter den Zuhörern musikalisches Verständnis haben und das Stück, das der Künstler spielt, kennen, werden sie seine Absichten und seine Interpretation dennoch verstehen. Sie haben vielleicht sogar große Freude und Genuß an seinem Spiel, weil sie gerade dieses Musikstück mit dem Künstler mitempfinden können. Dieser wiederum bemerkt die Gesichtszüge seiner Zuhörer und die Anzeichen von Zustimmung und Verständnis, und er wird dadurch angeregt, sein Allerbestes zu geben. Sein Spiel wird davon gewinnen, und das „Konzert" kann zu einem schönen und bemerkenswerten Erfolg werden.

Die Beziehung zwischen uns und einem behinderten oder gestörten Kind ist ähnlich wie die zwischen dem Künstler und seinem Publikum. Wir bleiben für das behinderte Kind eine „unmusikalische" Zuhörerschaft, wenn wir nur an dem „Instrument" Interesse haben und nicht in der Lage sind, seine Persönlichkeit oder seine geistige Natur zu erkennen, unabhängig davon, wie die Unzulänglichkeit seines Körpers dem behinderten Kind es erlaubt sich auszudrücken. Unser Mangel an Verständnis und Anerkennung wird sich folglich nicht nur auf seinen Willen, sich darzustellen, auswirken, sondern auch seine Ausdrucksmöglichkeit weiter beschränken.

Wenn wir uns daran gewöhnen, dasjenige, was in einem Kind unverletzt und unvollkommen ist, als seine geistigen Qualitäten zu sehen, so wird das seine Entwicklung und seine Fähigkeit zur Selbstdarstellung günstig beeinflussen.

Wenn wir ein behindertes oder gestörtes Kind verstehen und ihm helfen wollen, müssen wir uns deshalb klar machen, daß wir einerseits Teil der Umgebung sind, in der dieses Kind leben und aufwachsen muß; andererseits müssen wir versuchen, sein Verhalten, seine Leistung, seine Fähigkeiten und Unfähigkeiten in Verbindung mit dem zu sehen, was immer vollkommen in ihm ist: das Erleben seiner eigenen Persönlichkeit, sein eigenes Ich. Vor allem dürfen wir nicht in den Irrtum verfallen, die augenscheinliche körperliche Behinderung getrennt für sich zu betrachten. Wir müssen sie in enger Beziehung zu seinem seelischen und geistigen Werden sehen. Wenn wir das können, werden wir schrittweise verschiedene Formen von Entwicklungsbehinderungen oder -störungen bei Kindern als übertriebene Formen dessen erkennen, was wir gemeinhin für normale menschliche Merkmale halten.

Wenn wir es lernen, in uns selbst die Schwächen und Probleme eines behinderten Kindes zu finden, so werden wir es in neuer Sicht verstehen und würdigen können; wir werden das behinderte Kind lieben lernen, nicht nur im emotionalen oder sentimentalen Sinn, sondern dadurch, daß wir ihm Hilfe, Unterstützung und, wo immer möglich, Heilung bringen. Wir wollen dieses Kapitel mit einem Blick auf den Aspekt der Entwicklung beschließen, ohne den unsere Betrachtung unvollständig wäre: die Natur der kindlichen Motivationen und die Aneignung moralischer und sozialer Werte.

Man hat es immer als selbstverständlich hingenommen, daß menschliche Intelligenz sozial orientiert und integriert ist, seit Aristoteles den Menschen als „zoon politikon" definiert hat, d. h. als ein Wesen mit gesellschaftlicher Orientierung. Für unsere Zeit scheint es jedoch charakteristisch zu sein, daß die rationale Intelligenz sich immer mehr von überkommenen, traditionellen Konventionen und Werten löst. Dieses Lösen, so hat man festgestellt, macht die Intelligenz beträchtlich wirkungsvoller; sie ist mehr und mehr zum Selbstzweck geworden, und zwar nicht nur in den Wissenschaften, sondern auch im allgemeinen Verhalten der Menschen. Dies zeigt sich in der Anwendung von Gewalt im intellektuellen Protest (etwa der sogenannten Studenten-Revolte), aber auch in den Künsten, wo Originalität mehr gilt als ästhetischer oder gesellschaftlicher Wert. Es ist von grundlegender Bedeutung für die frühe Erziehung des Kindes, daß es während seiner Entwicklung rechtzeitig in die traditionellen und konventionellen Werte seiner eigenen Gesellschaft hineinwächst. Dieser Prozeß kann, wie wir sahen, scheitern. Deshalb müssen wir untersuchen, wie sich sogenannte normale Motivationen im Verhältnis zu traditionell überkommenen gesellschaftlichen Werten in früher Kindheit entfalten.

Die Entwicklung von Motivationen wird nicht, wie die Entwicklung des Bewußtseins oder der Bewegungskontrolle, aus eingeborenen Qualitäten des Menschen gespeist. Motorisches Sprechen und intellektuelle Entwicklung sind hauptsächlich in der genetischen Konstitution eines Neugeborenen vorgezeichnet. Ebenso scheint sich das individuelle Bewußtsein aus der geistig-historischen Vergangenheit der Menschengattung herauszubilden. Obgleich wir wahrscheinlich annehmen können, daß moralisches Bewußtsein ebenso als Kraft der geistigen Konstitution eines Menschen eingeboren ist, leitet sich die tatsächliche Wirklichkeit seiner Moralität doch offensichtlich von den Einflüssen seiner kulturellen Umwelt ab.

So hat also die Umwelt einen grundlegenderen und entscheidenderen Einfluß auf die Motivations-, d. h. Willensbildung des Kindes als auf jede andere Seite seiner Entwicklung. Oberflächlich mag es wohl scheinen, daß in früher Kindheit Moral durch einfaches Lernen erworben werden kann. Durch Belohnungen und Strafen können gewisse Verhaltensweisen und -typen einem Kind beigebracht werden; aber einfaches Lernen führt nicht zur Aneignung dessen, was essentiell für die Verankerung moralischer Werte ist, weil diese Werte für die Existenz von besonderer Bedeutung sind, wie wir zeigen wollen.

Eine Hilfe zum Verständnis dafür, wie ein Kind moralische Werte annimmt, liegt in dem Begriff der Identifikation. Ich meine damit nicht den sekundären Akt der Identifikation eines Kindes mit einer *anderen* Person, sondern eher die primäre Erfahrung des Eins-Seins, bevor Lösung und Entfremdung abgeschlossen sind.

Um das zu verstehen, brauchen wir uns nur an das zu erinnern, was oben als ursprüngliches Erleben eines Neugeborenen beschrieben wurde. Haben wir einmal das ursprüngliche Eins-Sein im Leben eines Individuums akzeptiert, so können wir ermessen, welche ungeheure Wichtigkeit die Mutter und später die gesamte Umwelt für die sogenannte moralische Entwicklung eines Kindes haben muß.

Der Prozeß, der sich während und nach dem frühkindlichen Erleben von Ganzheit und Omnipotenz abspielt und in dem der „Andere", nämlich das, was nicht das Ich ist, erscheint, muß notwendigerweise Enttäuschungen und Mißbehagen mit sich bringen. Die oberste Pflicht für eine Mutter und später für einen Lehrer ist es, sich klar zu machen, daß die Enttäuschung, von der ein Kind ergriffen werden muß, notwendiger Teil seiner Entwicklung und sinnvoll ist; das ist so gemeint, daß ein Kind zu sich selbst finden und seine Umgebung als einen Teil einer größeren einheitlichen und zusammenhängenden Welt erkennen muß. Obwohl die Willensbildung ihre Wurzeln in frühester Kindheit hat, bildet sie sich kontinuierlich während des Säuglingsalters und der Kindheit weiter bis in das Erwachsenenalter. Richtunggebend für die Formung von Motiven sollte in der frühen Kindheit „das Gute" sein, im Schulalter „das Schöne", und erst für das Kind, das durch die Pubertät heranwächst, wird „Wahrheit" das natürliche und einsehbare Element der Entwicklung seiner Motive. Eine verfrühte Einführung der intellektuellen Argumentation als richtunggebend ist schädlich für die Verankerung und Verinnerlichung moralischer Werte.

Weit verbreitete Richtungen der modernen Erziehung streben diese Entwicklung an. Sie bedeutet eine ernste Gefahr für die Entwicklung der kindlichen Moralbildung.

III

Über Entwicklungsstörungen

Dieses Kapitel handelt von Kindern, die an verschiedenen Formen von Entwicklungsstörungen leiden. Läßt man reflektierend die Gesamtheit und die Verschiedenheit medizinischer Diagnostik und pädagogischer Beurteilung kindlicher Entwicklungsstörungen an sich vorüberziehen, so sieht man sich einem düsteren, deprimierenden und beinahe makabren Bild gegenüber. Ich hoffe dagegen zeigen zu können, daß die Entwicklungsstörungen in der Kindheit insgesamt ein weites, faszinierendes und eindrucksvolles Panorama menschlichen Daseins darstellen, welches gerade in seinen extremen Formen um so mehr das Wesentliche des Mensch-Seins offenbart.

Ich habe nicht die Absicht, unpersönliche und wissenschaftliche Beschreibungen von Behinderungen zu geben. Ich will vielmehr versuchen, durch Einfühlung, d. h. durch das Vermögen, sich in das Erleben des anderen zu versetzen, besondere Störungen oder Behinderungen nachzuzeichnen.

Abweichungen in der Entwicklung sollten nicht isoliert betrachtet werden, sondern als Ausdruck verschiedener miteinander verbundener Einzelerscheinungen. Was gemeinhin als normale Entwicklung angesehen wird, ist ja nichts anderes als ein relativ harmonisches Gleichgewicht zwischen den vielen möglichen und verschiedenartigen Abweichungen und Fehlbildungen, denen jede Entwicklung ausgesetzt ist.

1. Morgen und Abend

Kleine Kinder haben stets im Verhältnis zum Körper größere Köpfe als Erwachsene. Bei manchen Kindern ist dieser Unterschied besonders stark ausgeprägt. Manchmal fängt der Kopf eines Kindes schon in den ersten

Wochen oder Monaten nach der Geburt deutlich wahrnehmbar an, sich zu vergrößern; manchmal aber wächst er auch weniger auffällig, dafür aber gleichmäßig. Wir finden es nicht ungewöhnlich, wenn ein Kind einen besonders großen und dabei oft auch sehr schön geformten Kopf hat. Man kann auch nicht unbedingt vom Kopfumfang auf Großköpfigkeit schließen. Großköpfigkeit wird eher in einer besonderen Form des Hauptes sichtbar, wie z. B. einer mächtig gewölbten Stirn oder einer breiteren Schläfenpartie. Hat man einmal seinen Blick für die Umrisse und Größenverhältnisse des kindlichen Kopfes geschult, so ist Großköpfigkeit oder ihr Gegenteil bei Kindern leicht zu erkennen.

Ein typisch großköpfiges Kind, ein Kind also, bei dem der Kopf im Verhältnis zu seinem Körper merklich zu groß ist, hat im allgemeinen kleine, schmale Hände und besonders zierliche Füße. Die Gliedmaßen dieser Kinder erscheinen gewöhnlich zarter und weniger entwickelt als üblich. Diese Kinder zeigen aber nicht nur typische körperliche Merkmale, sondern auch geistige und seelische. Sie sehen häufig wie kleine Prinzen aus und legen auch in ihrem Gehabe eine gewisse fürstliche Unnahbarkeit und Vornehmheit an den Tag. Sie neigen zum Träumen und machen leicht einen abwesenden Eindruck. Gerne hängen sie ihren Gedanken und Phantasien nach und nehmen an den lebhafteren Spielen ihrer Altersgenossen nur wenig Anteil.

In der Regel lernen diese Kinder ungewöhnlich früh sehr deutlich zu sprechen. Sie reden häufig schon, bevor sie stehen oder gehen können, wie überhaupt Bewegungen sich nur langsam und zögernd zu entwickeln scheinen. Diese Kinder neigen dazu, passive „Zuschauer" zu bleiben.

Auffallend ist die Sprachentwicklung. Selbst wenn die Kinder in einer Umgebung aufwachsen, in der wenig Wert auf eine gepflegte Sprache gelegt wird, bedienen sie sich einer derart gewählten und sorgfältigen Redeweise, daß es nicht leicht ist, das Milieu, aus dem sie kommen, nur aus der Art ihrer Sprache zu bestimmen.

Großköpfige Kinder sind oft reizbar und überempfindlich. Häufig können sie sich nicht konzentrieren oder sich längere Zeit mit etwas beschäftigen. So lange sie im Kleinkindalter sind, wirken sie wie normale, gesunde Kinder, sofern in den Familien keine seelischen Spannungen auftreten; wenn sie aber in die Schule kommen, geben sie oft Grund zur Sorge. Die Lehrer klagen über Unaufmerksamkeit, Verträumtheit, Reizbarkeit, über Mangel an Konzentration und Aufsässigkeit.

Wenn großköpfige Kinder nicht mit Verständnis behandelt werden, kann es zu beträchtlichen und ernsthaften Schwierigkeiten kommen, die heftigen Erregungszuständen oder sogar psychotischen Störungen ähneln. Diese Kinder neigen dann zu düsteren Phantasien, und ihre Gedanken kreisen besonders um den Tod und ähnliches. Es gibt Phasen, in denen sie unflätige Reden führen, und andere von völlig unkontrollierbarer Aggression und Heftigkeit.

In der späteren Kindheit und in der Jugendzeit werden die Gliedmaßen großköpfiger Kinder zwar rascher wachsen, aber die Größe und ganz besonders die Form und die Proportionen ihrer Köpfe bleiben stets auffallend. Deshalb kann es immer wieder zu ernsten Anpassungsschwierigkeiten mit allen ihren Folgen kommen, wenn das, was dieser Veranlagung zugrundeliegt, nicht erkannt und verstanden wird.

Man sollte die extremste Form der Großköpfigkeit kennengelernt haben, den Hydrocephalus, einen pathologischen Zustand, der ärztlicher Hilfe bedarf. Bei ihm nimmt die zerebrale Flüssigkeit im Kopf derart zu, daß der wachsende Druck nicht nur den Schädel vergrößert, sondern auch die Gehirnsubstanz verringert. Der Kopf kann so riesige Ausmaße annehmen, daß das Kind ihn nicht heben oder aufrecht tragen kann, während der Körper ganz klein bleibt.

Dieses Leiden führt in seiner extremen Form oft zum Erblinden und völliger körperlicher Hilflosigkeit. Man weiß aber, daß Kinder deutlich und klar gesprochen haben, bevor sie an den Folgen des ständig wachsenden Hirndruckes starben.

Wenn wir untersuchen, wie der Kopf in der frühen Kindheit oder kurz vor der Geburt aussieht, dann machen wir die eindrucksvolle Beobachtung, daß der Körper des Kindes unmittelbar vor der Geburt eine Lage einnimmt, deren Form der des Gehirns eines erwachsenen Menschen entspricht. Man könnte also sagen, daß wir alle gewissermaßen als Kopf geboren werden. Der Kopf eines Neugeborenen ist fast so groß und beinahe so schwer wie sein übriger Körper.

In diesem Zusammenhang muß erwähnt werden, was Mütter von großköpfigen Kindern berichten: während der Schwangerschaft seien sie ganz besonders glücklich gewesen, so daß es ihnen schwer gefallen sei, sich von dem Kind zu trennen, als ihre Zeit gekommen war. Dies ist von besonderer Bedeutung: Denn in der Großköpfigkeit offenbart sich das Widerstreben dieser Kinder, geboren zu werden. Offensichtlich würden sie lieber die vorgeburtlichen Größenverhältnisse von Kopf und Körper beibehalten. So tendiert der Prozeß des Herabwachsens, den wir im vorigen Kapitel als Grundlage der kindlichen Entwicklung beschrieben haben, zur Verzögerung und betrifft eigentlich nur den Kopf. Fähigkeiten, die dem Kopf zugeordnet sind, also Sprache und Phantasie, sind bei diesen Kindern zu großer Vollkommenheit ausgebildet, körperliche Geschicklichkeit und Gewandtheit dagegen bleiben stark zurück. Von einem solchen Entwicklungs-Hintergrund her gesehen, will ein großköpfiges Kind am liebsten in der kindlichen Phantasiewelt bleiben, statt in die Wirklichkeit, in die Welt der Tatsachen und der Erwachsenen hineinzuwachsen.

Der Kopf ist der Teil des Organismus, mit dem die Sinnesorgane verbunden sind. Der Körper trägt ihn und dient ihm. Wir tragen den Kopf von einem Ort zum anderen, wie ein König oder ein Staatsminister in seinem Wagen gefahren wird. Der Körper muß ihn mit Blut und Sauerstoff versorgen. Der Kopf ist der Beobachter, der Planer, der Organisator. Er ist wirklich der Prinz, der Aristokrat innerhalb der leiblichen Organisation.

Dieses prinzliche Wesen muß man dem großköpfigen Kind lassen. Weil seine Natur so gebieterisch vom Kopf bestimmt wird, kann es auch nichts daran ändern, daß er kommandiert und anordnet. Wenn wir einem solchen Kind Anordnungen oder Befehle geben und erwarten, daß es sie ausführt, so bereiten wir ihm ein derartiges Erlebnis des Nicht-Könnens, daß es zur Verzweiflung getrieben werden kann. Aus ihr flüchtet sich das Kind dann in verhängnisvolle Phantasien und Aggressionen.

Man muß sich vorstellen: Für diese Kinder ist zunächst die Aufforderung zu arbeiten geradeso grotesk und widersinnig, als wenn man von uns verlangen würde, auf dem Unterkieferknochen zu laufen, Holz mit den Zähnen zu sägen oder einen Garten mit der Nase umzugraben.

Leider reagieren viele Erwachsene auf das fürstlich-distanzierte Wesen dieser Kinder mit Verständnislosigkeit. Sie meinen, ein Kind sei eben ein Kind und müsse gehorchen. Es habe zu tun, was ein Erwachsener ihm sagt, wobei man voraussetzt, daß vom Erwachsenen zum Kind etwa die gleiche Beziehung besteht wie vom Kopf zum Körper. Beim großköpfigen Kind aber ist dieses Verhältnis des Dieners zu seinem Herrn eher umgekehrt.

Deshalb sollte man sich einem großköpfigen Kind zunächst mit verständnisvollem Takt nähern und ihm die Überlegenheit zugestehen, die es selbst zu besitzen meint. Mitempfindend muß uns klar sein, daß dies die unvermeidbare Folge seiner Entwicklung ist – erst dann können wir überlegen, wie wir ihm helfen.

Vor allem darf das großköpfige Kind nicht dadurch belastet werden, daß es durch ständiges Wiederholen lernen soll. Der Lehrstoff muß ihm in knapper und komprimierter Form dargeboten werden, so daß das Kind ihn unmittelbar erfassen und Begriffe formen kann, ohne sein Gedächtnis anzustrengen. Man sollte ihm erlauben, seiner Phantasie freien Lauf zu lassen, und es sollte seine rasche Auffassungsgabe für Symbole und Begriffe sowie sein Abstraktionsvermögen gebrauchen dürfen.

Der Lehrer muß das Verlangen unterdrücken, der Erwachsene und

Überlegene zu sein; er hat auf das Lehrer-Kind-Verhältnis zu verzichten, bei dem das Kind als Schüler, als ein untergeordnetes Wesen erscheint, das gehorchen muß. Haben wir einmal die richtige therapeutische Beziehung zum großköpfigen Kind gefunden und sein Vertrauen gewonnen, so können wir versuchen, ihm zu helfen, mit seiner einseitigen Veranlagung fertig zu werden.

Wir sollten ihm helfen, in seinen Körper weiter hinabzuwachsen. Seine Empfindungsfähigkeit muß in die äußersten Glieder, in seine Finger und Zehen „gelockt" werden. Man kann z. B. folgendes tun: Im Spiel können Gegenstände unter einem Tuch verborgen werden; das Kind soll dann herausfinden, um was es sich handelt, indem es sie mit den Fingern betastet. In einer weiteren Übung soll es dazu die Zehen benützen. Einem älteren Schulkind kann man dadurch helfen, daß man es mit einem Bleistift schreiben läßt, der mit den Zehen gehalten wird. Durch verschiedene ähnliche Übungen kann der Abstieg von Bewegungsimpulsen in die entfernten Teile des Körpers angeregt und unterstützt werden.

Bei der Erziehung des großköpfigen Kindes sollte man von der Kraft seiner Phantasie positiven Gebrauch machen, indem man sie mit Geschichten und Legenden nährt, die seinem Alter gemäß sind. Seine Sprachkraft und seine Begabung, etwas sinnbildlich aufzunehmen und darzustellen, müssen sorgfältig gelenkt werden. Abstrakte mathematische Gedankengänge kann ein großköpfiges Kind recht gut erfassen, wenn sie ihm nicht über Gedächtnis und durch Wiederholung nahegebracht werden, sondern durch Methoden des spontanen Begreifens. Natürlich müssen die Lernschritte dem Alter des Kindes angepaßt und klein genug sein, damit es sie mit Erfolg bewältigen kann. Bei richtiger Führung können solche Kinder erstaunliche Fortschritte machen.

Es ist wichtig, daß die Lehrer die therapeutische Haltung, die oben als unabdingbar im Umgang mit dem großköpfigen Kind beschrieben wurde, beharrlich beibehalten. Andernfalls wird es ihnen nicht gelingen, das Interesse dieser Kinder und ihre Bereitschaft zur Mitarbeit zu wecken und wachzuhalten.

Eine Hilfe für das Verständnis dieser Kinder kann uns die Vorstellung einer Situation werden, in der wir selbst ein Erlebnis von „Großköpfigkeit" hatten. Gibt es Augenblicke im täglichen Leben, in denen ein Mensch eher mit dem Kopf reagiert als mit dem Leib, der dabei verhältnismäßig unbeteiligt bleibt? Wann ist der Kopf besonders feinfühlig? Wann ist der Mensch leicht irritiert, weil er etwas genau hört und aufnimmt, aber nicht ausführen kann, wozu er aufgefordert wird?

Wahrscheinlich fühlen sich die meisten Menschen in gerade dieser Situation, wenn sie am frühen Morgen aufwachen. Man erwacht verhältnismäßig leicht in seine Sinne hinein, aufnahmefähig bis zur Reizbarkeit, aber man hat Schwierigkeiten, seine Gliedmaßen zu bewegen.

In dem Maße, in dem wir diesen merkwürdigen Frühmorgenzustand an uns selbst wahrnehmen können, der bei jedem Menschen und in verschiedenen Lebensaltern anders ist, haben wir auch ein intuitives Verständnis dafür, wie sich ein großköpfiges Kind erlebt.

So könnte man es sich als „Morgen-Kind" denken; wenn wir wie ein Künstler den frühen Morgen empfinden – die Dämmerung, in der die Farben noch ineinander fließen, in der Dunst alles umhüllt und Märchen, Zauber und Mythen noch nicht gewichen sind – dürfen wir das „Reich" oder die „Landschaft" des großköpfigen Kindes betreten.

Demgegenüber gibt es Kinder, deren Köpfe klein erscheinen, mit schmaler und fliehender Stirn, meist gut geformter Nase und vorspringendem Kinn; ihre Gliedmaßen sind lang und kräftig, sie haben große Hände und Füße, denen man ansieht, zu welcher Kraft sie heranwachsen werden.

Kleinköpfige Kinder gehen im allgemeinen gern aus sich heraus; sie sind hilfsbereit, diensteifrig und führen das aus, was andere planen. Ihre Bewegungen sind meistens langsam und schwerfällig; sie sind aber harte und fleißige Arbeiter, und wenn sie etwas begonnen haben, so führen sie es auch beharrlich aus. Sie sind Realisten, meist ohne Vorstellungsvermögen und Phantasie. Wenn sie als Kinder dem Weihnachtsmann begegnen, so werden sie sich darüber wundern, weshalb ihr Nachbar, Herr Müller, rote Hosen anhat und einen weißen Bart trägt. Sie haben außerordentliche Schwierigkeiten, den Sinn abstrakter Begriffe zu erfassen, sie lernen langsam. Form und Symbol scheinen ihnen unzugänglich, und trotz ihrer Gutmütigkeit sind sie leicht frustriert und entmutigt. In ausgeprägten Fällen sprechen kleinköpfige Kinder mühsam, sie neigen zum Sabbeln, ihre Artikulation ist dürftig und ihr Wortschatz gering.

Das kleinköpfige Kind hat beträchtliche Schwierigkeiten beim Lernen; was es aber einmal begriffen hat, will es auch im Handumdrehen in die Praxis umsetzen. Obgleich diese Kinder nur langsam auffassen und erkennen, haben sie ein gutes Erinnerungsvermögen, was ihnen erlaubt, durch ständiges Wiederholen zu lernen und sich Fähigkeiten durch fortgesetztes Üben anzueignen. Wenn ihre Schwerfälligkeit mißverstanden, ihre Grenzen nicht erkannt und sie als faul angesehen werden, wenn Forderungen an ihre intellektuellen Fähigkeiten gestellt werden, denen sie nicht gewachsen sind, dann sind sie rasch frustriert und entwickeln starke Gefühle von Minderwertigkeit und Versagen. Sie werden mürrisch, halsstarrig und unfähig zur Zusammenarbeit.

Ist ein kleinköpfiges Kind einmal in eine defensive Haltung getrieben worden, so ist es schwierig, ihm wieder zu Gemeinschaftsgefühl und positiver seelischer Haltung zu verhelfen. Ein großköpfiges Kind – so anpassungsgehemmt es auch sein mag – reagiert rasch auf verständnisvolle und geschickte Behandlung; ein kleinköpfiges Kind dagegen wird in seiner Verzweiflung und seiner Anpassungschwierigkeit genauso beharren wie in seiner Gutmütigkeit und Ausdauer.

Ein ausgezeichneter Ausgangspunkt für eine konstruktive Therapie kleinköpfiger Kinder liegt in der Anerkennung ihrer spezifischen Grenzen; man sollte beachten und zum Heilen Gebrauch davon machen, daß sie willig dienen und Dinge tun, die für sie vorausgeplant sind.

Beim Lernen sollten ihnen keine intellektuellen Probleme vorgesetzt werden, die kausal entwickelt werden müssen; jedoch kann man ihre Bereitschaft nutzen, durch Repetieren und Erinnerungsvermögen zu lernen. Sie müssen durch praktische Anleitungen lernen. Ein Buchstabe des Alphabets zum Beispiel, der an die Tafel oder, was noch schlimmer ist, in ein Heft geschrieben wurde, kann sich als unbegreifbar erweisen, obgleich Jahre angestrengter Arbeit daran gewendet wurden, ihn abzuschreiben und seine Bedeutung zu erfassen. Wenn dieser Buchstabe aber beispielsweise sehr groß auf den Boden gemalt ist, das Kind ihn abschreiten und mit seinem ganzen Körper aufnehmen kann, so wird es nach und nach fähig sein, die Form in sein Bewußtsein aufzunehmen.

Alle therapeutischen Maßnahmen für ein kleinköpfiges Kind sollten auf Bewegungsvorgängen beruhen und auf visuell begreifbare Formen hinzielen. Während das großköpfige Kind vom Wort und Begriff zum Fühlen gebracht werden muß und von da in den Bereich, in dem Dinge tatsächlich *getan* werden, hat man beim kleinköpfigen Kind genau das Gegenteil zu tun. Was auch immer es lernen soll, es muß sich von der Praxis herleiten. Schritt für Schritt kann es dann zum gefühlsmäßigen Begreifen gebracht werden und schließlich auch in den abstrakten Bereich von Wort und Begriff.

Bei einem kleinköpfigen Kind kann man ein zu starkes und zu frühes „Herabwachsen" in den Körper und die Glieder feststellen. Es lernt spät und langsam sprechen und bleibt im Sprachlichen zurück. Oft spricht es erst im dritten, vierten oder sogar erst im fünften Lebensjahr.

Gibt es Situationen, in denen man selbst „kleinköpfig" reagiert? In denen die Glieder bereitwillig fortsetzen, was sie tun, unser Kopf jedoch, unser Bewußtsein nicht mehr in der Lage ist, etwas zu verstehen oder zu erfassen? Ist das nicht der Zustand eines Menschen am Abend nach harter Tagesarbeit?

Bis zum Abend ist es ein langer Weg vom verheißungsvollen Heraufdämmern des Morgens. Farben haben Klarheit angenommen, der Horizont erscheint deutlicher und die Dinge stehen in ihrer Realität vor uns.

Man blickt nach Westen, der untergehenden Sonne zu. In solchen Augenblicken sind wir in der Situation eines kleinköpfigen Kindes, das man also zu Recht ein Abendkind nennen könnte.

Großköpfigkeit und Kleinköpfigkeit brauchen an sich noch keine Behinderungen zu sein, wenn sie nicht in extremen Formen auftreten. Dann jedoch können beide sehr ernste Probleme für die Entwicklung stellen. Sie wurden in ihren extremen Formen zuerst beschrieben, weil sich hier deutlich zeigen läßt, daß pathologische Entwicklungsstörungen übertriebene Gestaltungen der normalen menschlichen Konstitution sind. Großköpfigkeit und Kleinköpfigkeit gehören elementar zum Wesen des Menschen, das von anthropologischen Polaritäten geprägt ist. Wir alle schwingen zwischen diesen beiden Extremen im täglichen Rhythmus und in einem kaum merklichen „Maß".

Deshalb ist das Betrachten der polaren Erscheinungen in der Entwicklung – zwischen Kopf und Körper, oben und unten, zwischen Auftrieb und Schwere – grundlegend für ein einfühlendes Verständnis der Entwicklungsstörungen in der Kindheit. Einflüsse von Großköpfigkeit und Kleinköpfigkeit sind immer vorhanden. Jedes behinderte Kind sollte insbesondere auf diese Polaritäten hin untersucht werden, weil heilpädagogische Ansätze von hier aus verhältnismäßig einfach sind.

Ich hoffe später zeigen zu können, daß bestimmte Arten von Behinderung und Störung mit Großköpfigkeit und andere mit Kleinköpfigkeit verbunden sind. Doch sogar bei einem normalen gesunden Kind, besonders im Schulalter, empfiehlt es sich, an diese Polaritäten zu denken, weil viele Schwierigkeiten auch des *normalen* Kindes daraus verstanden werden können.

2. Links und rechts

Die Beschreibung der Großköpfigkeit und der Kleinköpfigkeit im vorangegangenen Kapitel beruhte auf der Erkenntnis, daß die Entwicklung des Kindes ein „Herabsteigen" von oben nach unten ist. Diese Richtung entspricht aber nur einer der drei fundamentalen Dimensionen des Raumes. Neben der Senkrechten gibt es noch die Dimension der Raumtiefe, von hinten nach vorn, und die der Breite von links nach rechts. Im Hinblick auf die menschliche Entwicklung haben diese drei Dimensionen verschiedene Bedeutung:

Die Dimension der Senkrechten und der Sagittalen – von hinten nach vorn – beruhen auf Polaritäten. Kopf und Körper, Vorder- und Rückseite des menschlichen Körpers stehen asymmetrisch – polar – zueinander; in der Breitendimension ist das Äußere des Organismus aber grundsätzlich symmetrisch. Die linke Seite des Körpers ist ein Spiegelbild der rechten, auch wenn es leichte Unterschiede zwischen den beiden Seiten der menschlichen Gestalt gibt.

Durch Beobachten, Einfühlen und Interpretieren wollen wir nun wieder zu erkennen versuchen, wie körperliche Eigenheiten spezifische Entwicklungsprobleme ausdrücken können, seien sie nun intellektuell, emotional oder moralisch.

Das „Links-Rechts"-Problem enthält eine eigene Polarität, die einerseits aus Symmetrie und Seitigkeit (Lateralität), andererseits aus der „Dominanz" und deren Entwicklung entsteht. Seitigkeit oder Symmetrie bezieht sich auf das *Formelement* der sich entwickelnden Gestalt des Menschen. Dominanz dagegen ist ein Element der *Funktion*. Im vorgeburtlichen Stadium entwickelt sich der menschliche Organismus zweiseitig-symmetrisch, besonders deutlich im Gesicht. Es wird aus einer linken und einer rechten Hälfte gebildet, die nach und nach in einer Mittellinie zusammenwachsen. Es ist so, als würden sich Gliedmaßen, fast wie Arme, von links und rechts zusammenfinden, sich miteinander verbinden und schließlich ein Gesicht bilden. Ganz besonders Mund, Lippen und Nase werden von diesen „Gliedmaßen"-Teilen gestaltet, die in einer Mittellinie verschmelzen. Alle Mißbildungen an der Mittellinie, wie Hasenscharte, Wolfsrachen und bestimmte Fehler der Augenbildung, entstehen durch unvollständige Verschmelzung der beiden Seiten. Auf die gleiche Weise wird eine weitere Mißbildung hervorgerufen, der sogenannte Hypertelorismus, bei dem die Augen übermäßig weit auseinanderstehen und der Nasenrücken sehr breit ist, sich aber keine Spalte oder Öffnung zeigt.

Zwillinge, besonders eineiige und die sogenannten „siamesischen Zwillinge" entstehen aus einer Besonderheit bei der embryonalen Seitenentwicklung und Verschmelzung; da diese Bildungen aber vornehmlich morphologischer Art sind, soll davon hier nicht weiter die Rede sein. Uns beschäftigt nur der funktionale Aspekt von Seitigkeit und Dominanz.

Bevor wir uns jedoch damit eingehender befassen, müssen wir etwas davon verstehen lernen, was Links und Rechts, qualitativ verstanden, eigentlich bedeuten.

Zunächst einmal müssen wir uns klarmachen, daß der Körper, der morphologisch ja symmetrisch ist, dies funktional, d. h. in bezug auf die inneren Organe, nicht ist. Das Gehirn und das Blutgefäß-System sind im großen und ganzen symmetrisch. Symmetrie besteht auch bis hinunter zur Halsregion. In der Brust beginnt der Körper im Hinblick auf seine funktionalen Organe die Symmetrie immer mehr zu verlieren. Die Lunge, die alles in allem noch als symmetrisch angesehen werden kann, hat auf der rechten Seite drei, auf der linken zwei Lungenlappen. Das Herz liegt nicht in der Mitte, sondern mehr links und ist in einer „freien" Richtung von oben rechts hinten nach unten links vorne gelagert, in einer schiefen Diagonale quer durch die Symmetrie des Körpers. Es ist in sich auch kein symmetrisches Organ; die linke Herzkammer ist sehr viel größer und leistungsfähiger als die rechte. Vom Zwerchfell abwärts haben die inneren Organe keine Symmetrie mehr. Die Leber ist auf der einen, die Milz auf der anderen Körperseite zu finden. Die Leber dehnt sich von rechts weit über die Mitte des Körpers hinaus, die Milz beansprucht nur einen kleinen Raum ganz links. Der Magen ist nach links und die Gallenblase nach rechts angeordnet, damit ist physiologisch Saures und Alkalisches auf verschiedene Seiten verteilt.

Wir sehen also deutlich, daß der Körper *morphologisch* zweiseitig gerichtet und symmetrisch, *funktional* aber mehrseitig ausgerichtet und asymmetrisch ist. Der Mensch hat dies mit den Säugetieren gemeinsam. Im Unterschied aber zu den Tieren ist die menschliche Formsymmetrie durch die Dominanz besonders qualifiziert. Jeder von uns gebraucht normalerweise eine Hand lieber als die andere. Sie ist geschickter und besser in der Lage, feinere Arbeiten auszuführen. Sie wird zum Schreiben und für die differenzierteren und komplizierteren Bewegungen benützt. Wir bevorzugen auch immer ein Ohr, mit dem wir genauer horchen und hören können. Ähnliches gilt für die Augen: Immer ist es *ein* bestimmtes Auge, mit dem man ein Ziel „anvisiert" oder mit dem man durch ein Fernrohr schaut. Ebenso führt der gleiche Fuß beim Springen oder Klettern.

Diese Bevorzugung einer Seite nennt man die Dominanz. Der weitaus größte Teil der Menschen ist in seiner Dominanz rechtshändig; dies ist relativ unabhängig von der bloßen Kraft oder Wirksamkeit des bevorzugten Organes oder Gliedes. Die Wahl der Seite ist eng mit der Entwicklung des Sprechens und der Sprache verbunden.

Obgleich die meisten Menschen rechtshändig sind, ist nur wenig über die Hälfte der Menschheit vollständig rechtsseitig; dies bedeutet einheitliche Dominanz des rechten Ohres, des rechten Auges, der rechten Hand und des rechten Fußes. Nur ein sehr kleiner Teil der Menschheit – weniger als 5 % – ist vollständig linksseitig dominant. Etwas weniger als die Hälfte aller Menschen weist eine gemischte Dominanz auf, von dieser Hälfte aber besitzt die Mehrzahl eine Dominanz der rechten Hand.

Dominanz, eine Eigentümlichkeit des Menschen, bildet sich in früher

Kindheit aus. Es ist bekannt, daß Dominanzbildung und Sprachentwicklung eng miteinander verbunden sind. Die ersten Anzeichen von Dominanz zeigen sich bei einem Kind, etwa in einem Alter von zwei Jahren, wenn sich das Sprechen entfaltet. Sie tritt zwischen dem dritten und fünften Lebensjahr wieder zurück und erscheint dann vollausgebildet im frühen Schulalter, wenn das Kind Lesen und Schreiben lernt.

Der Mechanismus der Dominanzentwicklung scheint dann einzusetzen, wenn sich im Gehirn zugleich mit der Sprech- und Sprachentwicklung die Seitigkeit ausbildet. Dies ist so zu verstehen, daß sich die beiden Hälften des Gehirns – ursprünglich bilateral und symmetrisch – durch die Entwicklung des Sprechens in einen führenden und einen untergeordneten Teil differenzieren. Obgleich morphologische und genetische Faktoren sicherlich auch eine Rolle spielen, muß man sich darüber im klaren sein, daß letzten Endes Dominanz von der Entwicklung des Sprechens und der Sprache abhängig ist. Die Seitigkeit des Gehirns ist eine *Folge* und nicht die *Ursache* der Sprachentwicklung. Wie wichtig diese Tatsache ist, muß nachdrücklich betont werden. Hier zeigt sich nämlich, daß die heute weit verbreitete Ansicht, die Manifestation von Seele und Geist sei das Ergebnis der anatomischen und funktionalen Struktur des Körpers, wie zum Beispiel des Gehirns, einseitig ist. Zweifellos sind Körperbau und Körperform das Mittel – das Instrument – und das „Material" für die menschliche Entwicklung. Aber die Art, wie ein Individuum dieses Instrument gebraucht, und die Einflüsse seiner Umwelt sind dabei von tiefgehender und richtunggebender Bedeutung.

Dies gilt ganz besonders für die Ausbildung von Sprechen und Sprache. Das heranwachsende Kind muß immer wieder angeregt werden, sie sich anzueignen, obgleich sie auch von angeborenen genetischen Anlagen abhängig sind.

Wenn einmal die Seitigkeit der Gehirnhälften festgelegt ist, besteht auch die Tendenz, jeder Änderung Widerstand zu leisten. Man weiß jedoch, daß bis zur Pubertät Wechsel von Dominanz verhältnismäßig leicht zustande gebracht werden können.

Nach dieser theoretischen Einleitung über die Dominanz können wir die zuvor gestellte Frage nach der qualitativen Differenzierung von Links und Rechts besser beantworten. Es wird uns jetzt klar sein, daß diese Differenzierung tatsächlich auf dem Unterschied zwischen Dominanz und Seitigkeit beruht; und weil die meisten Menschen rechtshändig sind, sieht man allgemein die rechte Seite als dominant und die linke als rezessiv oder nicht-dominant an. Wenn also im folgenden das Wort „rechts" benützt wird, so ist damit in den meisten Fällen die dominante, aktive Seite gemeint.

In diesem Sinne kann man von der rechten Seite als vom Tag, von der linken als von der Nacht sprechen. Mit der Rechten assoziiert man Aktivität und Tätigkeit, mit der Linken Passivität und Erdulden. Rechts heißt Angriff, links Verteidigung; rechts bedeutet Realität, links steht für Phantasie und Einbildungskraft. Rechts ist das Schwert, links ist der Schild.

Jedes Kind muß diese polaren Eigenschaften ausgeprägt, jedoch harmonisch entwickeln. Wenn ein Kind linkshändig und nicht rechtshändig ist, so liegt also darin nichts Pathologisches. Anders ist es, wenn ein Kind keine einheitliche Dominanz ausgebildet hat. Es kann sich eine gekreuzte Dominanz entwickelt haben, bei der Ohr, Auge, Hand und Fuß unterschiedlich dominant sind, oder es wurde überhaupt keine Dominanz ausgebildet, was entweder Ambidextrie (beidseitige Rechtshändigkeit) oder Doppel-Linkshändigkeit bedeutet.

Gekreuzte Dominanz oder Ambidextrie brauchen jedoch an sich noch kein Grund für eine Behinderung zu sein. Es gibt und gab berühmte Menschen, wie Leonardo da Vinci, der mit einer Hand skizzieren und mit der anderen malen konnte, der mit beiden Händen gleichzeitig in verschiedene Richtungen und in Spiegelschrift schreiben konnte. Dies ist und bleibt wohl auch immer die Leistung eines außerordentlichen Bewußtseins.

Wenn ein Kind auch anderweitig behindert ist, können gekreuzte Dominanz und Ambidextrie sehr häufig beträchtliche Entwicklungsschwierigkeiten und -probleme verursachen; dies kann manchmal auch bei einem normal entwickelten Kind auftreten; deshalb sollte man bei ihnen auch immer die Dominanz untersuchen.

Im Hinblick auf die Entwicklung hat die Dominanz von Auge und Hand größere Bedeutung als die von Ohr und Fuß, und zwar deshalb, weil dem Lesen und Schreiben in unserer Zivilisation ein so großes Gewicht beigemessen wird. Der obere rechte Quadrant muß im frontalen Feld der Aufmerksamkeit für diese Tätigkeiten als Bezugsort dienen können. Man schreibt ja von links nach rechts und von oben nach unten. Dem rechten oberen Quadranten wie der Dominanz von Auge und Hand kommt besondere Bedeutung zu, wenn man sich die Lese- und Schreibrichtung aneignet. Für ein Kind mit gekreuzter Dominanz zwischen Auge und Hand, z. B. zwischen linkem Auge und rechter Hand oder umgekehrt, ist es zwar nicht unmöglich, lesen und schreiben zu lernen, doch haben solche Kinder dabei häufig große Schwierigkeiten, auch wenn sie normal entwickelt und ausgesprochen intelligent sind.

Manchmal versagt ein Kind beim Lesen- und Schreibenlernen völlig, oder es schreibt in Spiegelschrift, oder es quält sich im Sprachunterricht ab. während es Arithmetik und andere Fächer mit Leichtigkeit meistert.

Gekreuzte Dominanz fand besonderes wissenschaftliches Interesse, als ein vielversprechender Student an einem amerikanischen College eine schriftliche Arbeit abgab, die in völlig unentzifferbaren Hieroglyphen geschrieben war. Der Professor witterte einen Schabernack und forderte den Studenten auf, die Arbeit seinen Kommilitonen vorzulesen. Dieser tat es mit großer Eloquenz. Der Student erklärte, daß er nie in der gebräuchlichen Weise schreiben konnte, und man stellte fest, daß die Dominanz von Hand und Auge bei ihm gekreuzt war. Der Student mußte sieben Jahre konsequent therapeutisch behandelt werden, um seine Dominanz auszugleichen und „richtig" schreiben zu lernen.

Für praktische Tätigkeiten hat nur die Dominanz von Auge und Hand in der Entwicklung eines Kindes wirkliche Bedeutung. Trotzdem sollte man sich bei einem Kind aus therapeutischen Gründen eine vollständige Übersicht über die Dominanz verschaffen, bevor man sich entscheidet, wie man ihm helfen kann.

Es ist nicht immer einfach, die potentielle Dominanz bei einem kleinen Kind oder einem mehrfach behinderten Kind zuverlässig festzustellen. Kann man sich aber mit dem Kind verständigen und sein Interesse wekken, so wird man z. B. in der Lage sein, schrittweise festzustellen, welches Ohr dominant ist. Man wird versuchen, ein Kind dazu zu bringen, an einem Wecker oder einer Uhr zu horchen. Um das dominante Auge herauszufinden, kann man ein Loch in ein Stück Papier schneiden und das Kind auffordern, sein Gegenüber durch das Loch anzuschauen. Ein kleines Kind, bei dem es noch keine Dominanz gibt, wird in den meisten Fällen die Nase oder den Mund an das Loch halten. Wenn aber die Ausbildung der Dominanz beim Auge begonnen hat, wird das Kind im allgemeinen ein Auge deutlich bevorzugen, wenn es durch das Loch blickt. Ein anderes erfolgversprechendes Mittel, das aber nur mit etwas älteren Kindern versucht werden kann, ist, ein Stück Papier zu einem „Fernrohr" aufzurollen und das Kind hindurchsehen zu lassen. Das Stück Papier wie die Rolle müssen dem Kind in beide Hände gegeben werden, damit die Wahl des Auges nicht von der dominanten Hand beeinflußt werden kann.

Um herauszufinden, welches die dominante Hand ist, gibt man dem Kind einen Stift zum Malen oder Schreiben, oder man beobachtet, welche Hand ein Kind beim Essen oder bei anderen Tätigkeiten benutzt, die Geschicklichkeit erfordern. Manche Kinder tun mit einer Hand das, wozu sie größere Kraft brauchen, und mit der anderen Hand führen sie feinere Arbeiten aus. Dann ist die letztere dominant.

Welcher Fuß dominant ist, kann man dadurch ermitteln, daß man ein Kind auf einen Stuhl steigen und herunterspringen läßt. Man kann es auch einen kleineren Gegenstand, zum Beispiel eine aufrecht stehende

Streichholzschachtel, mit dem Fuß umstoßen lassen. In jedem Fall ist der Fuß, der führt, dominant.

Wie schon erwähnt, sollte man die Dominanz in den vier Bereichen feststellen, bevor man entscheidet, wie man eine gekreuzte Dominanz beeinflussen oder ändern kann. Auf gar keinen Fall sollte man versuchen, die Hauptdominanz eines Kindes zu ändern. Wenn also Ohr, Hand und Fuß eines Kindes links, das Auge aber rechts dominant ist, so sollte man versuchen, das Auge auch auf linke Dominanz einzustimmen, sofern die drei anderen Dominanzen wirklich deutlich ausgeprägt sind. Wenn die anderen Dominanzen zeigen, daß ein Kind eine Vorliebe für rechts hat, sollte man ihm auch dabei helfen, rechtsseitige Dominanz von Auge oder Hand auszubilden.

Wenn Dominanz in einer Hand schon fest verankert ist, kann man sie leichter beim Auge ändern; bevor man das aber versucht, müssen die Augen auf ihre Sehschärfe hin untersucht werden. Man darf Dominanz nicht in ein Auge „hineinüben", das seiner Aufgabe nicht gewachsen ist.

Dies alles wurde nicht deshalb erwähnt, damit Eltern in die spontane Ausbildung der Dominanz bei ihren Kindern eingreifen. Das überläßt man am besten sich selbst. Anzeichen für mögliche Dominanz-Probleme zeigen sich vielleicht bei der Entwicklung des Sprechens oder später in der Schule, wenn das Kind Mühe hat, lesen und schreiben zu lernen, hauptsächlich wenn es Buchstaben umdreht – besonders b, d und p – oder Buchstaben ausläßt und an falsche Stellen setzt; oder aber das Kind hat Schwierigkeiten mit der Buchstaben-Folge beim Lesenlernen. In solchen Fällen sollte man die Dominanz testen. Wird gekreuzte Dominanz festgestellt, sollte man versuchen, sie zu korrigieren.

Die Dominanz eines Auges ist am einfachsten mit einer Brille zu ändern, die auf der Seite, auf der Dominanz unterdrückt werden soll, ein rotes Glas hat. Wenn das Kind diese Brille trägt, sollte es rote Kreide oder einen roten Stift zum Schreiben benützen. So kann es sich weiterhin durch gewöhnliches binokulares Sehen orientieren; was es aber mit dem roten Stift schreibt, kann es nur mit dem Auge erkennen, das nicht mit dem roten Glas abgedeckt ist.

Da der Lesestoff in Schulen meistens schwarz gedruckt ist, braucht das Kind zu dem roten Brillenglas noch ein Blatt grünes Cellophanpapier (grün ist ja die Komplementärfarbe zu rot). Wenn dieses grüne Blatt über das schwarz Gedruckte des Buches gelegt wird, so verschmilzt für das Auge, das mit dem roten Glas bedeckt ist, die Schrift zu einer schwarzen Fläche, und nur das unbedeckte Auge kann die Schrift durch das grüne Cellophan erkennen. Diese doppelte Methode, die Dominanz „umzuüben", ist sehr brauchbar und meistens ausreichend.

Soll die Dominanz einer Hand geändert werden, so braucht man die Mithilfe des Kindes und die ständige Unterstützung der Lehrer, wenn es zu entscheiden gilt, welche Hand ausschließlich zum Schreiben und für alle anderen komplizierten und schwierigen Tätigkeiten benutzt werden darf. Für ein aufgewecktes Kind mit gekreuzter Dominanz ist es darüber hinaus eine große Hilfe beim Schreibenlernen, wenn man ihm die Spiegelschrift in den vier vorderen Quadranten zeigt. Das geschieht, indem man ein Stück weißes Papier durch eine horizontale und eine vertikale Linie in vier Quadranten teilt. Dann zeigt man dem Kind, wie ein Wort spiegelbildlich geschrieben werden kann; man beginnt mit dem rechten oberen Quadranten, dem für das normale Schreiben, es folgt der linke obere, dann der linke untere und von da geht es hinüber zum rechten unteren Quadranten. Der linke untere Quadrant zeigt dann sowohl das Spiegelbild des über ihm stehenden wie das des zu seiner Rechten.

TЯOᖶ|FORT

TЯOᖶ|ᖶOЯT

Einige Wochen lang sollte man das Kind dazu anhalten, eine Reihe von Wörtern so in allen vier Quadranten spiegelbildlich zu schreiben. Dann sollte man die beiden unteren Quadranten streichen und das Kind einige Wochen Wörter nur links-rechts gespiegelt schreiben lassen. Zum Schluß läßt man auch den linken oberen Quadranten weg, und das Kind soll nur noch in dem rechten oberen Quadranten schreiben, der allein von nun an noch benutzt wird.

Wenn ein Kind richtige Dominanz ausbildet – wodurch es vor großen Schwierigkeiten beim Lesen- und Schreibenlernen bewahrt wird –, so ist das natürlich auch von Einfluß auf seine emotionale Entwicklung. Nicht nur der Fortfall eines Lernhindernisses wirkt auf die emotionale Verfassung des Kindes zurück, sondern das Vorliegen einer gekreuzten Dominanz stellt an sich die Ursache einer gewissen „emotionalen" Unsicherheit des Kindes dar.

Der emotionale Aspekt tritt sehr viel deutlicher bei Kindern in Erscheinung, die ambidexter, also mit beiden Händen gleich geschickt sind. Es gibt Kinder, bei denen sich trotz normaler Sprachentwicklung keine Dominanz von Hand, Auge, Fuß oder Ohr ausgebildet hat. Diese Kinder scheinen im Vorteil zu sein, wenn es heißt, Tennis zu spielen, zu fechten oder ähnliches zu tun, weil sie mit beiden Händen derart gleich geschickt sind, daß ihre Gegner dabei ins Hintertreffen geraten. Jedoch wird Ambidextrie oft weder von Eltern noch Lehrern oder den Kindern selbst überhaupt bemerkt. Scheinbar steht es in keiner Beziehung zu dieser Veranlagung, wenn ein Kind ständig lügt und stiehlt, obgleich es eigentlich ein nettes, liebenswertes, kontaktfreudiges Kerlchen ist. Eltern und Lehrer haben wohl alles versucht, dagegen anzugehen. Sie haben ihm jederzeit Hilfe und Zuneigung gewährt, sie haben dem Kind die Folgen seiner Missetaten vor Augen geführt – umsonst. Das Kind stiehlt weiter, was ihm in den Sinn kommt und wo auch immer es etwas findet; es lügt weiterhin, erfinderisch und dreist, auch wenn es noch so gut zu durchschauen ist. Tatsächlich gibt es sich nicht einmal Mühe, seine Lügen glaubhaft erscheinen zu lassen. Es erzählt einfach eine Geschichte und zögert nicht, ein anderes Mal über die gleiche Sache eine neue, völlig andere Geschichte zu erfinden, ganz gleichgültig, was der Zuhörer denkt. Ein solches Kind scheint kein Gewissen zu haben. Es verspricht, nie wieder zu lügen oder zu stehlen; bei der ersten sich bietenden Gelegenheit wird es das aber doch wieder tun – alles bleibt beim alten.

Manchmal kann man solche Kinder auf den ersten Blick erkennen. Ihre beiden Gesichtshälften sind völlig identisch gestaltet; ihre Gesichter sind eigentümlich rund, ähnlich wie bei einer Katze. Fordert man sie auf, ihre Namen mit beiden Händen gleichzeitig zu schreiben, so zeigen sie, oft zu ihrem eigenen Erstaunen, ausgeprägte Ambidextrie.

Wenn solche Kinder keine Dominanz ausgebildet haben und wenn sie noch jung genug sind, so kann man ihnen häufig Sinn für sittliche Werte dadurch beibringen, daß man ihnen zu einer bestimmten Dominanz verhilft. Ihre Schwierigkeiten kommen einfach daher, daß links und rechts sich bei ihnen nicht differenziert haben. Damit sind auch Begriffe wie Wahrheit und Lüge, Recht und Unrecht bei ihnen verschwommen und unbestimmt geblieben. Monate-, ja jahrelang muß man einem so veranlagten Kind helfen und sich ständig bemühen, daß es die Beharrlichkeit und Willenskraft aufbringt, die nötig ist, um eine klare und endgültige Dominanz auszubilden. Wenn dies gelingt, so bedeutet das einen Triumph über die sittlichen Schwierigkeiten des Kindes und einen Sieg für das Kind selbst. Leider ist nach der Pubertät ein solcher Sieg meist nicht mehr zu erringen.

Natürlich darf man nicht jede sittliche Schwierigkeit eines Kindes darauf zurückführen, daß es keine Dominanz ausgebildet hat. Nicht jedes Kind, das lügt oder stiehlt, tut das so, wie es für ein ambidexter veranlagtes Kind charakteristisch ist. Es zeigt nämlich dabei, wie wir geschildert haben, keinerlei Gewissensbisse und ebensowenig irgendeine gefühlsmäßige Anteilnahme. Sehr viel häufiger sind sittliche Probleme die Folge von anderen Schwierigkeiten, auf die Kinder in ihrem Leben stoßen, emotionale Frustrierung nach Forderungen, die nicht verkraftet werden, Enttäuschungen, mit denen ein Kind nicht fertig wurde, oder Situationen, die unbewältigt und unverarbeitet blieben. Selbstverständlich gibt es auch organische Ursachen für die sittlichen Probleme eines Kindes. Die Schwierigkeiten aber, die dadurch entstehen, daß keine Dominanz ausgebildet wurde, sind unverkennbar, wenn man einmal mit ihnen zu tun gehabt hat.

Gleichermaßen sollte man nicht denken, daß für jedes Versagen eines Schulkindes beim Lesen- und Schreibenlernen gekreuzte Dominanz die Ursache ist. Wenn aber die schulischen Leistungen eines Kindes stark hinter denen seiner Mitschüler zurückbleiben und nicht mit dem bei ihm festgestellten Intelligenzquotienten übereinstimmen, besonders aber, wenn man merkt, daß Buchstaben verdreht werden oder ähnliches, dann sollte immer die Entwicklung der Dominanz untersucht werden.

Auch treten Probleme der Dominanz und Seitigkeit meist nicht allein auf. Sie gehören gewöhnlich als Teil-Symptom zu einer großen Vielzahl von Entwicklungsstörungen.

3. Das gelähmte Kind

So weit die Menschheitsgeschichte zurückreicht, kennt man das Leiden des Gelähmt-Seins. Aber erst im vorigen Jahrhundert hat man begonnen, die medizinischen Ursachen zu erforschen. Weitgehend als Folge dieses Fortschritts ist es recht schwierig geworden, ein gelähmtes Kind, einen gelähmten Menschen in seinem ganzen Wesen zu betrachten und dadurch besser zu verstehen und zu begreifen, welche persönlichen Aspekte und Probleme mit der sogenannten zerebralen Parese zusammenhängen. Deshalb wird es uns helfen, wenn wir uns erinnern, was im ersten Kapitel dieses Buches angedeutet wurde.

Obwohl die Ursache für die Zerebralparese meist in einem bei der Geburt erlittenen Gehirnschaden zu suchen ist, wird sie nicht unmittelbar bei oder gleich nach der Geburt erkennbar. Einige Symptome der Zerebralparese, der „Scherengang" der spastisch gelähmten und die unwillkürlichen Bewegungen athetotischer Kinder, sind normale Reflexbewegungen für den zweiten und dritten Monat der kindlichen Entwicklung.

Wir wollen im folgenden versuchen, Zerebralparese nicht vom Anatomischen, d. h. von der ursächlichen Folge des Gehirnschadens her zu erklären, sondern sie als eine frühkindliche Entwicklungsstörung zu verstehen. Diese Störung ist zwar äußerlich in der pathologischen Entwicklung der Motorik und der Bewegung der Gliedmaßen erkennbar; weniger sichtbar, doch um so tiefergehend, weitergespannt zeigt sie sich in der Art des „In-der-Welt-Seins" des Kindes.

Zunächst ist es notwendig, die grundlegenden Symptome der Zerebralparese aufzuzeigen. Sie können von zwei Seiten aus betrachtet werden: einmal von den qualitativen Unterschieden der Art der Lähmung und zum anderen von einem räumlichen Aspekt: von den Teilen des Körpers, den Gliedmaßen, her, die jeweils von der Lähmung befallen sind.

Lähmungen werden unterteilt in Quadruplegie, Paraplegie und Hemiplegie. Bei letzterer ist entweder die linke oder die rechte Seite gelähmt, wobei Arm und Bein oder nur eines von beiden befallen sein können. Bei Paraplegie sind entweder beide Beine oder beide Arme gleich oder unterschiedlich stark gelähmt. Bei der Quadruplegie sind Arme wie Beine betroffen; wenn auch im allgemeinen eines der Gliedmaßen besonders stark befallen ist, so sind im Grunde doch alle vier Gliedmaßen gelähmt.

In jeder dieser drei Formen der Lähmung sind bei einem Kind das Raum-Erleben und die Raum-Wahrnehmung aufs tiefste in Mitleidenschaft gezogen. Bei der Hemiplegie ist die seitliche Orientierung beeinträchtigt, bei Paraplegie die vertikale und bei Quadruplegie die sagittale, von hinten nach vorn.

Letzteres ist besonders erschütternd. Die Störung der sicheren Selbstverwirklichung in der Orientierung von hinten nach vorn zeigt sich bei quadruplegischen Kindern im Ausdruck der Augen, die voller Angst sind; sie deutet darauf hin, daß für ein solches Kind die frontale Richtung gleichsam gesperrt ist.

Weiter kann man von vier verschiedenen qualitativen Formen der Lähmung sprechen. In der endgültigen Form, die die Lähmung annimmt, treten sie meist – um nicht zu sagen, immer – kombiniert auf. Trotzdem kann und sollte man sie voneinander unterscheiden.

Sprechen wir zuerst von der *Spastizität*. Bei ihr ist ein Körperglied oder ein Gelenk steif, die Muskeln sind verkrampft. Meistens aber kann man es – sehr langsam und behutsam – bewegen. Beschleunigt man die Bewegung oder setzt man es einem plötzlichen Druck aus, so werden sich dadurch die Muskeln noch mehr verhärten und verkrampfen. Der spastische Zustand kann vielleicht am treffendsten als ständige und starke Verkrampfung und Kontraktion der Muskeln beschrieben werden. Und so handelt es sich eigentlich – im exakten Sinn des Wortes – genau um das Gegenteil einer Lähmung, denn es besteht ja weniger ein Mangel an Muskeltätigkeit, sondern vielmehr eine Art von Gefrorensein in einer dauernden Über-Kontraktion.

Wir müssen uns darüber im klaren sein, daß Bewegungskontrolle nicht nur in der Fähigkeit besteht, Muskeln zusammenzuziehen, sondern auch darin, sie wieder zu entspannen. Außerdem müssen wir bedenken, daß absichtliche und koordinierte Bewegung nur dann möglich ist, wenn ein Muskelkomplex harmonisch im Zusammenziehen und Entspannen zusammen wirkt und dabei einem höheren Plan oder Thema gehorcht; man könnte dieses Thema die „Melodie" der Bewegung nennen. Bei der Spastizität wird nun gerade diese rhythmische Koordination von Spannung und Entspannung unmöglich, weil die Muskeln ständig kontrahiert sind.

Die zweite Form der Lähmung, die *athetotische*, äußert sich in unwillkürlichen, oft drehenden oder spiralförmigen Bewegungen, wie wir sie in der Bewegung von Würmern oder den Wachstumsbewegungen von Pflanzen sehen.

Die *Ataxie*, die dritte Form, ist durch plötzlich ausfahrende Bewegungen charakterisiert. Eine Bewegungsabsicht bewirkt an sich die richtige Muskelkontraktion, sie wird aber von den entgegenwirkenden Muskeln ungenügend ausgeglichen, so daß die Bewegung über ihr Ziel hinausschießt. Schließlich erlaubt die *rigide* Form der Lähmung nur stark verlangsamte Bewegungen, und wenn die Gliedmaßen bewegt werden, so ist es, als ob dies gegen einen bleiernen Widerstand geschähe. Bemerkenswerterweise entspricht keines dieser vier Symptome dem, was man eigentlich unter „Lähmung" versteht: die Unmöglichkeit jeglicher Bewegung.

Die zerebrale Parese beruht symptomatisch vielmehr auf pathologischen Erscheinungen der *Bewegungen*, wobei diese Bewegungen durch überstarke *Muskeltätigkeit* ungestaltet und verzerrt erscheinen im Gegensatz zu einer völligen Bewegungslosigkeit.

Vollständige Schlaffheit, also die Unfähigkeit, irgendeine Bewegung zustande zu bringen – die sogenannte *schlaffe* Lähmung – ist eher typisch für *periphere Nervenverletzungen* des Rückenmarks oder der Gliedmaßen; sie tritt bei der zerebralen Parese nicht auf.

Eine wichtige Beobachtung zur Beurteilung der Zerebralparese ist die folgende: Die Lähmungen beeinträchtigen nicht nur die Bewegungsentwicklung und verzögern oder verhindern das Sitzen, das Gehen und andere freie, koordinierte Bewegungen; sie führen auch durch die fortwährende Muskelkontraktion zu Entstellungen der menschlichen Gestalt. Lehrer wollen es oft nicht glauben, daß ein Kind mit gekrümmter, entstellter Haltung, mit stark abgewinkelten Handgelenken und Händen, mit verkreuzten Beinen, mit ausgespreizten Füßen und Zehen, im Augenblick, da es einschläft und sich vollständig entspannt, seine harmonische und normale menschliche Gestalt wiedererlangt – was Mütter und Krankenschwestern immer wieder erleben. Am Morgen jedoch, wenn ein solches Kind erwacht, erscheinen auch die Kontraktionen und die entstellten Bewegungen von neuem. In einem Alter, da Kontraktionen die Gestalt noch nicht für dauernd entstellt haben, erscheint ein noch so schwer gelähmtes Kind, wenn es schläft, einem oberflächlichen Betrachter normal gestaltet und vollkommen gesund zu sein. Die Zerebralparese ist also keineswegs nur eine Bewegungsstörung. Sie hat auch einen beträchtlichen sensorischen Anteil, der im großen und ganzen in einer auffällig hohen Überempfindlichkeit besteht.

Man kann leicht beobachten, wie ein spastisches Kind auf ein plötzliches Geräusch, oder wenn sich jemand zu plötzlich und nicht behutsam genug seinem Gesichtskreis nähert, mit verstärkten Muskelkontraktionen reagiert. Bei ganz kleinen Kindern habe ich erlebt, wie der Krampf immer heftiger wurde, als ein Sonnenstrahl durchs Fenster fiel und über das Gesicht des Kindes wanderte. Es ist erstaunlich, wie die kleinste sensorische Erregung, wenn sie unerwartet kommt, zunehmende Spastizität hervorrufen kann.

Entsprechendes gilt auch für das athetotische Kind. Bei ihm allerdings sind es anscheinend eher emotionale als sensorische Reize, die unwillkürliche Bewegungen hervorrufen. Ein solches Kind setzt Hände und Kopf in wilde rotierende Bewegungen, wenn es Sympathie und Zuneigung zu einem anderen Menschen in sich aufsteigen fühlt. Es sind mehr seine Lebensgefühle als seine Sinne, die athetotische Bewegungen auslösen.

Bei der Ataxie erfolgen an sich willentliche Bewegungen derart ausfahrend, daß das Gleichgewichtsgefühl des Kindes völlig durcheinander geraten kann.

Wenn wir uns noch einmal daran erinnern, was wir im vorigen Kapitel über die Bewegungsentwicklung gesagt haben – sie steigt vom Kopf durch den Körper hinunter in die Gliedmaßen –, so werden wir jetzt das Phänomen der Spastizität besser verstehen können. Es scheint, daß Kopf und Körper bei einem gelähmten Kind sich nicht ausreichend voneinander differenziert haben; das ist aber unbedingt notwendig, wenn die Entwicklung der Bewegung sich normal vollziehen soll. Der Mensch ist so organisiert, daß sein Kopf der Pol der Ruhe, der Gelassenheit ist; ursprünglich ist er nicht dafür eingerichtet, Bewegungen auszuführen, sondern sensorische Eindrücke aufzunehmen. Nur die diffizilen Bewegungen des Sprechens und Denkens sind dem Kopfbereich vorbehalten. Der Kopf führt keine weitausholenden Bewegungen aus wie die Gliedmaßen. Tatsächlich ist er der ruhende Pol, auf den sich die großen Bewegungen beziehen und der sie ordnet. Bei einem spastischen Kind geht diese primäre Differenzierung nicht weit genug. Anscheinend breitet sich die Sensitivität, die normalerweise im Kopf lokalisiert und konzentriert ist, bei diesen Kindern über den ganzen Organismus aus. Der ganze Körper ist überempfindlich, sozusagen „kopf-ähnlich". Umgekehrt und auf die Bewegung bezogen, ist der Kopf zu wenig vom Körper isoliert oder abgegrenzt, so daß er von impulsiven Bewegungsformen mit-ergriffen wird. Besonders ist das so bei Athetose, es zeigt sich aber auch bei anderen Formen der Zerebralparese.

Haben wir dies alles erkannt und verstanden, so eröffnen sich uns Wege, wie wir mit dem zerebralgelähmten Kind umgehen und es heilpädagogisch behandeln können. Beim Umgang mit gehirngelähmten Kindern müssen wir immer daran denken, daß sie überempfindlich sind und daß wir plötzliche, abrupte, starke sensorische, beim athetotischen Kind auch übermäßige emotionale Reize vermeiden. Viele heilpädagogische Übungen und physiotherapeutische Maßnahmen sind für das gelähmte Kind ausgearbeitet worden. Einige von ihnen gehen davon aus, den Kopf von Bewegungsvorgängen des Körpers durch Übung abzugrenzen, und sind besonders wirksam für das kleine Kind.

Physiotherapeutische Übungen und Heileurythmie – beide sehr wichtige Behandlungsmethoden – bedürfen immer des ärztlichen Rats und der ärztlichen Anleitung; sie gehen deshalb über den Rahmen dieses Buches hinaus.

Der Umgang mit einem gelähmten Kind wird uns aber ganz wesentlich erleichtert, wenn wir seine Situation, die Art, wie es sich selbst erlebt, verstehen und wenn wir nachfühlen können, wie es in seinen Sinneserfahrungen gefangen bleibt.

Ebenso kommt es den therapeutischen Bemühungen zugute, wenn man bedenkt, daß die Empfindsamkeit gegenüber Sinneseindrücken, die eigentlich auf das Gesicht und den Kopf allein begrenzt sein sollte, sich bei diesen Kindern auf den ganzen Körper erstreckt. Wir werden dann verstehen, daß wir ihre Gliedmaßen mit der gleichen Zurückhaltung, mit der gleichen Vorsicht berühren sollten wie das Gesicht eines anderen Menschen. Ebenso sollte man beispielsweise erst dann den Rollstuhl eines gehirngelähmten Kindes anschieben, wenn man in seinen Gesichtskreis getreten ist und ihm eine entsprechende Ankündigung gemacht hat. Man muß dem Kind immer im voraus klar machen, daß man da ist und was man zu tun gedenkt. Man darf sich diesen Kindern wirklich nur zart, sanft und schrittweise nähern und muß es vermeiden, übersensitive Reaktionen ihrer Körper und Glieder hervorzurufen. Hingegen sollte man jeden Versuch machen, ihre Überempfindlichkeit der Wahrnehmung gegenüber in den Kopf, in den sie nun einmal gehört, „hinaufzuziehen". Das kann man gut damit erreichen, daß man ein Kind vor dem Spiegel seinen eigenen Bewegungen zuschauen läßt. So können sich sensorische Überempfindlichkeit und Bewegung allmählich entwirren und differenzieren. Wenn wir für das Wesen eines gelähmten Kindes, wie bisher beschrieben, eine einfühlende Haltung gewonnen haben, so wird uns deutlich, daß ihm die Erfahrung seines Selbst, seines Körper-Schemas weitgehend fehlt, die der gesunde Mensch aus den Erfahrungen der Berührung, des Bewegens, des leiblichen Wohlbefindens und des Gleichgewichts entwickelt. Diese gefühlshaften Erfahrungen sind meist unbewußt oder stehen gerade an der Schwelle des Bewußtwerdens, sie sind jedoch Vorbedingung für die physische Sicherheit, für das Wohlbefinden und die leibliche Tüchtigkeit. Bei einem gelähmten Kind sind diese grundlegenden Leibes-Erfahrungen nicht entwickelt.

Für die unzulängliche Trennung der Kopf- und Sinnesfunktionen von den leiblich-körperlichen Funktionen beim gelähmten Kind ist der sogenannte „Scherengang" sehr aufschlußreich. Er ist dadurch gekennzeichnet, daß sich die Beine über Kreuz bewegen, wenn das Kind geht oder wenn es versucht zu gehen. Wir können hier leicht das wiedererkennen, was sich zu Recht in den Augen des Kindes vollzieht. Beim Sehen müssen sich die Achsen beider Augen kreuzen oder überschneiden; was jedes Auge einzeln aufnimmt, kann dadurch in ein zusammenhängendes Bild verschmelzen. Bei der Zerebralparese findet sich diese Tendenz anscheinend auf die unteren Gliedmaßen ausgeweitet als jene bekannte Erscheinung, die beim sogenannten Little'schen Syndrom als Scherengang beschrieben wird.

Normales Gehen vollzieht sich notwendigerweise in parallelen Bewegungen und nicht in Überschneidungen. Wenn Symptome der Ataxie vorherrschen, kann man gelegentlich beobachten, daß die Beine beim Gehen gespreizt werden – der Gegensatz zum Überkreuzen. Die Bewegungen eines solchen Kindes sind meist ruckartig und übertrieben. Beim Gehen wirft es die Füße nach vorn und nach außen. Es geht, als würde es rittlings auf etwas sitzen, und sein Gang zeigt genau das Gegenteil der Tendenz, die Beine zu kreuzen. Solche Kinder haben auch oft Schwierigkeiten, ihre Augen auf einen Punkt zu fixieren, sie neigen zum Schielen nach außen; es scheint, als könnten die Sehachsen sich nicht kreuzen oder doch in der Überschneidung nicht längere Zeit festgehalten werden. (Hier ist natürlich kein ursächlicher, sondern ein rein erscheinungsmäßiger Zusammenhang gemeint.)

In der Athetose, die häufig Gesicht, Nacken und Hände auffallender betrifft als die Beine, zeigt sich noch eine andere Art der Disharmonie zwischen Kopf und Leib. Athetotische Bewegungen werden, wie wir gezeigt haben, eher durch emotionale als durch sensorische Reize ausgelöst. Es liegt also hier eine Störung in der Differenzierung zwischen dem Kopf und dem „mittleren" System von Atem und Herzschlag sowie der Arme und Hände vor. Es ist, als seien die Funktionen des mittleren Systems so überwältigend, daß emotionale Reaktionen sich in Bewegungsformen äußern, die nach oben steigen und den Kopf ergreifen.

Aus der Art unserer bisherigen Untersuchung kann man erkennen, daß bei den verschiedenen Formen der zerebralen Lähmung eine Störung der natürlichen funktionalen Differenzierung des menschlichen Körpers in die drei Bereiche Kopf, Rumpf und Gliedmaßen vorliegt.

Bei der athetotischen Lähmung ist die Notwendigkeit, dem Kind wieder zur Harmonie zwischen diesen Bereichen zu verhelfen, vielleicht augenfälliger als bei den anderen Formen. Einem athetotischen Kind kann man helfen, emotionale Kontrolle in der Bewegungssphäre zu erlangen, wenn man mit ihm Übungen macht, durch die es mit Hilfe von sehr zarter, rhythmischer Musik Bewegungen lernt. Einfache gesummte, rhythmische Melodien sind besonders geeignet für anfänglich noch passive und später aktive Bewegungsübungen. Überhaupt hat vor allem die kombinierte Anwendung von Farbe und Musik eine besonders entspannende und harmonisierende Wirkung auf gelähmte Kinder. Wir haben hier eine Therapie entwickelt, bei der Bewegungen eines Eurythmisten zu geeigneter Musik in farbigen Schatten auf eine Leinwand projiziert werden. Beobachtet man dabei die Kinder, so kann man deutlich Zeichen von Entspannung und Harmonisierung erkennen.

Sowohl beim allgemeinen Umgang mit einem zerebralgelähmten Kind wie bei seiner Erziehung darf man nie vergessen, daß es immer wieder in seiner räumlichen Orientierung bestätigt und ihm dabei geholfen werden muß, sein Körperbild zu erleben. Das kann auf verschiedene Weise geschehen.

Eine weitere Störung kann, anders als die Zerebralparese, die Bewegungsentwicklung eines Kindes ernsthaft behindern. Man nennt sie Hypotonie. Ihre Ursache ist nicht genau bekannt, doch scheint sie oft auch im zerebralen Bereich zu liegen. Ein Kind, das an Hypotonie leidet, fängt nicht zum üblichen Zeitpunkt an, den Kopf zu heben oder seine Hände und Arme zu gebrauchen, sondern bleibt ausgestreckt liegen. Manchmal können solche Kinder sich noch nicht aufrichten, wenn sie im Schulalter sind. Hypotonie kann mit allgemeiner Entwicklungsverzögerung verbunden sein und eine sehr schwere Behinderung darstellen. Gelegentlich tritt dabei leichte Spastizität auf, aber das Hauptsymptom zeigt eher das Gegenteil: einen niedrigen, schlaffen Muskeltonus, allgemeine Trägheit und Kraftlosigkeit. Im übrigen macht das Kind einen verhältnismäßig normalen, wenn auch etwas verschlafenen und apathischen Eindruck.

Der Umgang mit Kindern, die an dieser Hypotonie leiden, muß anders sein als der mit gehirngelähmten Kindern. Man muß sich ständig und auch recht intensiv mit ihnen beschäftigen, damit ihre Bewegungs- und allgemeine Entwicklung überhaupt Fortschritte macht. Häufig und immer wieder muß der Primär-Reflex des Greifens und der Fuß-Reflex angeregt werden; letzteres übt man am besten, indem man das Kind barfuß auf einem runden Stück Holz stehen läßt. Solchen Kindern kann nur geholfen werden, wenn man sie beharrlich und früh zu Bewegungen anregt und immer wieder mit ihnen spricht. Aber, um es noch einmal zu betonen, eine solche Bewegungstherapie darf nur unter ärztlicher Aufsicht ausgeführt werden.

Zu einer weiteren schweren Bewegungsstörung kann es als Nachwirkung einer Poliomyelitis kommen, welche genau genommen keine Entwicklungsstörung darstellt. Poliomyelitis verursacht eine Unterbrechung der Nervenfunktionen, deren Folge schwere schlaffe Lähmungserscheinungen sein können. Häufig leidet ein Kind mit schwerer Lähmung eines seiner Glieder im Lauf seiner Entwicklung an ernsten emotionalen Störungen. Hier kann das Verständnis für die qualitativen Unterschiede zwischen links und rechts, unten und oben dabei helfen, die psychologischen Folgen dieses Leidens zu erkennen. Bei schwereren Fällen von Poliomyelitis bleibt manchmal das gelähmte Glied in der Größenentwicklung zurück und wird allmählich zu einem leblosen und passiven Anhängsel des Körpers. Wenn das Leiden nur die linke Seite, die Seite des Verteidigens und des Erduldens, befällt, wird das Kind diesen Ausfall mit stark aggressivem Verhalten kompensieren. Intoleranz, Aggressivität und Gehässigkeit können Folgen einer schweren linksseitigen schlaffen Lähmung sein.

Umgekehrt kann ein Kind, dessen rechte Seite gelähmt ist, mit übergroßer Passivität und Nachgiebigkeit reagieren. Häufig ist es unfähig, sich zu konzentrieren oder genügend Initiative aufzubringen. Bei Kindern, die an beiden Beinen gelähmt sind, kann man oft beobachten, daß sich bei ihnen dafür Kraft in den Schultern, den Armen und Händen und damit überhaupt Willenskraft und Ausdauer entwickeln. Es ist, als ob die Kraft des Willens und die Stärke, die normalerweise für die unteren Gliedmaßen wirksam ist, nun in den oberen Teil des Organismus geworfen würde, um sich dort sowohl physisch als auch in der Entwicklung der Persönlichkeit zu zeigen.

Sehr viel häufiger als diese schweren und folgenreichen Störungen der Entwicklung der Bewegung sind kleinere, oft kaum wahrnehmbare motorische Behinderungen, die ihre Ursache in sogenannten „minimalen" Gehirnschäden haben. Sie bleiben bei einigermaßen normaler Bewegungsentwicklung unbemerkt. Manchmal verläuft aber dann die Entwicklung der Motorik etwas verlangsamt, nur wiederum nicht so langsam, daß das Kind auffällt. Durch genauere Untersuchungen kann man aber feststellen, daß die Bewegungskoordination eingeschränkt und in bestimmter Weise behindert ist. Die Behinderung erkennt man möglicherweise nur, wenn das betroffene Kind schnell wechselnde Bewegungen mit den Händen oder Fingern nachzuahmen versucht. Es kann differenzierte Bewegungen dann nicht mit der seinem Alter gemäßen Geschwindigkeit und Geschicklichkeit ausführen. Es gibt Kinder, denen dann bei einem solchen Versuch übel wird, oder sie werden ohnmächtig.

Derartige leichte Bewegungsbehinderungen beeinträchtigen aber nicht nur die Fähigkeit, schreiben zu lernen oder Aufgaben auszuführen, die eine verfeinerte Bewegungskoordination erfordern, sondern sie behindern auch die allgemeine Entwicklung auf verschiedene Art. Man macht sich oft nicht genügend klar, wie sehr die volle Verwirklichung der eigenen Persönlichkeit und die innere Sicherheit des Menschen von der Wirksamkeit seines Leibes und der Koordinierung seiner Bewegungen abhängig sind. So haben wir in einem der vorigen Kapitel darauf hingewiesen, daß die Ausbildung des Sprechens und der Gedankentätigkeit von der Entwicklung der Koordination differenzierter Bewegungen abhängig ist.

Ein großer, aber auch lohnender Einsatz an Geduld und Scharfblick ist nötig, um einem Kind, das Schwierigkeiten mit der Bewegungskoordination hat, zu helfen, die Bewegungskontrolle zu verbessern und die motorische Geschicklichkeit zu erwerben, die notwendig ist, um zur Persönlichkeit heranzureifen.

4. Das unruhige Kind

Folgende Schilderung vermittelt einen Eindruck vom „hyperkinetischen Syndrom in der Kindheit", wie es oft genannt wird:

„Sobald der kleine Alec sich aufrichten konnte, gab es kein Still-Sitzen mehr; auf seinen kurzen Beinchen lief er pausenlos hin und her. Es gab keinen Augenblick Ruhe, nicht die kleinste Pause – und so ist es bis heute geblieben. Er ist immer auf dem Sprung, rastlos in Bewegung; hier nimmt er etwas, dort faßt er etwas an, stößt etwas vom Tisch oder reißt die Gardinen herunter. Wichtige Briefe vom Schreibtisch des Vaters hat er an sich gerissen und blitzschnell ins Feuer geworfen. Bei der kleinsten Enttäuschung wirft er sich auf den Boden, trampelt und schreit. Ohne erkennbaren Grund schlägt er seinen Kopf, brüllt oder beißt sich in die Handgelenke. Selbst wenn seine Aufmerksamkeit ganz gefesselt ist, bewegt er beide Hände ziellos, heftig und verkrampft vor seinem Gesicht. Wenn man ihn nicht ständig im Auge hat oder ihn sogar einsperrt, bringt er es fertig, auf die Straße zu rennen und zu verschwinden. Ohne ersichtlichen Grund kann er tags oder nachts stundenlang verzweifelt weinen. Manchmal schaukelt er beim Sitzen vor und zurück oder von einer Seite auf die andere, aber wann sitzt er schon? Er rennt vom Tisch, weigert sich zu essen und wirft seinen vollen Teller auf den Boden, daß er zerbricht. Manchmal zieht er das Tischtuch mit allem, was darauf steht, herunter. Er scheint nicht bei der Wahrheit bleiben zu können, seine Untaten streitet er rundweg ab; oft erzählt er mit Vorbedacht Lügengeschichten. Für Eigentum fehlt ihm offensichtlich jeder Sinn; er nimmt, was er will und wem es auch immer gehört – die Spielsachen anderer Kinder oder persönliche Dinge seiner Eltern."

Diese kurze und sehr drastische Schilderung gibt ein mögliches Bild von einem schwer in seiner Entwicklung gestörten Kind, und doch mag manche Mutter darin – wenn auch in übertriebener Darstellung – ihren völlig normalen, liebenswerten, fröhlichen Zweijährigen wiedererkennen. Dies müssen wir bedenken, wenn wir den beschriebenen Zustand verstehen wollen; leider fehlt es meist an einem solchen Verständnis. Wir werden darauf zurückkommen, wenn wir die Symptome und die Ursachen des hyperkinetischen Syndroms verstanden haben.

In ihrer pathologischen Form gehören diese Symptome wohl zu den anstrengendsten und quälendsten Erscheinungen, die im Lauf der kindlichen Entwicklung auftreten können. Sie werden häufig von einem entzündlichen Prozeß im Gehirn hervorgerufen, den das Kind in seinen ersten Lebensjahren durchgemacht hat, von der sogenannten Enzephalitis. Nach dieser Erkrankung kommt es als Folge häufig zu den oben beschriebenen Erscheinungen, so daß man vom „post-enzephalitischen Syndrom" gesprochen hat. Ich erwähne dies hier, weil hier eine ganz andere Symptomatik durch eine frühe Einwirkung auf das Gehirn entstanden ist, als wir sie beim zerebralgelähmten oder dem „still-gewordenen" Kind vor uns haben. Typisch für diese letztere Art der pathologischen Einwirkung auf das Gehirn ist die Anoxämie, d. h. eine mangelhafte Sauerstoffversorgung des sehr empfindlichen und rasch wachsenden Gehirns beim Fötus oder Säugling, meist durch eine Durchblutungsstörung verursacht. Die Enzephalitis ist pathologisch im Grunde genau das Gegenteil. Es handelt sich um einen entzündlichen Prozeß, bei dem das Blut – wie immer bei einer Entzündung – mit großer Heftigkeit zum Gehirn hinfließt und es mit seiner Wärme und seiner metabolischen Kraft durchflutet. Möglicherweise ist die Gegensätzlichkeit im Entstehungsprozeß der beiden Erkrankungen (sie wird vor allem deutlich, wenn man sich ihr mit Einfühlungsvermögen zuwendet) wesentlich auch für die Gegensätzlichkeiten der Folge-Symptome gerade im Hinblick auf die Entwicklung. Das ruhelose, hyperkinetische, heftige Kind scheint das entgegengesetzte Extrem des gelähmten, wie in seinen Bewegungen gefrorenen, isolierten und stillgewordenen gehirngelähmten Kindes zu sein.

Die Entwicklung des Sprechens kann beim hyperkinetischen Kind normal verlaufen, oder aber sie ist auf verschiedene Art gestört. Manche Kinder sprechen besonders laut und hemmungslos, andere nur eingeschränkt oder gar nicht. Die größeren Körperbewegungen sind meistens normal, bei feineren Bewegungsabläufen aber findet man häufig Beeinträchtigungen als Folge eines „minimal brain damage".

Krampfanfälle, meist von der Art des „petit-mal", oder epileptiforme Anfälle sind als Zeichen des Gehirnschadens bei diesen Kindern nicht ungewöhnlich. Ferner kann man bei schwerer gestörten hyperkinetischen Kindern Schaukelbewegungen beobachten: Das Kind schwingt im Stehen und Sitzen rückwärts, vorwärts oder nach den Seiten. Manchmal stützt es sich dabei auf Knie und Ellbogen und schlägt mit der Stirn auf den Fußboden oder auf die Matratze. Ein weiteres eigenartiges Symptom, das oft beobachtet werden kann, ist das Über-Atmen. In Phasen, oft eine beträchtlich lange Zeit, atmen diese Kinder rasch und übermäßig stark ein. Am Tage scheint dann der ganze Atmungsvorgang über-aktiv zu sein. Der Schlaf-Rhythmus ist oft schwer gestört – manche Kinder können am Abend nicht einschlafen, andere wachen mitten in der Nacht mit Alpträumen auf, was die Situation innerhalb der Familie weiter belastet. Bei kleineren Kindern kann es ernste Schwierigkeiten beim Füttern geben mit auffälligen Manieren und Ansprüchen, und diese Kinder behalten ihre Essens-Marotten bis ins jugendliche Alter. Es kann bei diesen Kindern zu übermäßiger Masturbation und anderen Formen von Sinnes-Reizung kommen, die zu zwangsartigen Zuständen führen können.

Manchmal nehmen diese Kinder kleine Gegenstände – ein Stück Band oder einen Stock – und bewegen sie schlenkernd vor ihren Augen oder schlagen sich mit ihnen. Oft machen sie stereotype Bewegungen mit ihren Fingern vor dem Gesicht, um besondere Lichteffekte zu erzielen. Sie spielen gerne mit Wasser, plantschen oder nehmen Wasser in den Mund, wobei Spuckversuche und ähnliches besondere Bedeutung zu haben scheinen. Manche Kinder haben Phasen, in denen das Verlangen nach einem besonderen Geschmack zu einem Tick wird, z. B. nach Zucker und Süßigkeiten oder Essig und ausgesprochen pikanten Gewürzen. Sie stehen mitten in der Nacht auf, um dieses Verlangen zu befriedigen.

Wir wollen kurz zu den Grundsymptomen des hyperkinetischen Syndroms zurückkehren, damit wir es von der Entwicklung her interpretieren können. Vorher wollen wir uns noch einmal klar machen, wie es entsteht. Am Anfang fast aller Fälle von Hyperkinese steht eine Erkrankung an Enzephalitis. Sie kann als Folge von Kinderkrankheiten wie Masern, Windpocken, Mumps, Röteln und Keuchhusten auftreten oder auch durch Virusinfektion. Unglücklicherweise gibt es auch Fälle von Enzephalitis als Impfreaktion, die aber im Verhältnis zu der großen Zahl der geimpften Kinder selten sind; dennoch findet man das hyperkinetische Syndrom als Folge einer Impf-Enzephalitis in einer Gruppe von Kindern, die meist schwer geschädigt sind.

Eine der wichtigsten ätiologischen Erkenntnisse über die Enzephalitis ist die schon früher erwähnte Beobachtung, daß sie vollkommen verschiedene Folgezustände hervorruft, je nach dem Alter, in dem sie beginnt. Drei Formen post-enzephalitischer Folgen können danach unterschieden werden. Wenn ein Säugling oder ein Kind vor dem Schulalter an Enzephalitis erkrankt, so zeigt sich das typische Syndrom des hyperkinetischen oder unruhigen, überaktiven und nicht zu kontrollierenden Kindes. Das Krankheitsbild kann durch Krampfzustände kompliziert werden, die zu erheblichen Entwicklungsverzögerungen führen können. Auch das Intelligenzniveau ist gewöhnlich beeinträchtigt.

Tritt Enzephalitis im Schulalter, besonders in der frühen Zeit zwischen dem fünften und dem neunten Lebensjahr auf, so ist das Krankheitsbild vorwiegend durch moralische Störung gekennzeichnet. Intellektuelle Aufnahmefähigkeit und allgemeine Entwicklung scheinen kaum beeinträchtigt, die moralischen Fähigkeiten dagegen schwer geschädigt.

Erkrankt ein Erwachsener an Enzephalitis, so kommt es meist zu gegensätzlichen Folgen verglichen mit dem Kleinkindesalter. Nach und nach werden alle Bewegungen langsamer; es entsteht das Krankheitsbild des Parkinsonismus, der sich in maskenhaften, ausdruckslosen Gesichtszügen, immer langsamer werdendem, stolperndem Gang, Zittern der Hände, allgemeiner Trägheit und im fehlenden motorischen Antrieb äußert. Bei hyperkinetischen Kindern im Schulalter – heute vielleicht weniger als früher – klagt man häufig über ihre besonders boshafte und negative Haltung; sie führen destruktive Handlungen derart schnell, mit so viel Geschicklichkeit und Können aus, daß man sich nicht vorstellen kann, sie hätten es nicht vorsätzlich getan. Diese Kinder tun immer das, was den anderen Menschen am meisten verletzt, sie zerstören Dinge, die nicht zu ersetzen sind, oder zerbrechen etwas, was einen persönlichen oder materiellen Wert darstellt. Die Lügen, Verstellungen und Täuschungen, charakteristisch für diese Kinder, hat man als besonders vorsätzlich und berechnend beschrieben. Obgleich die geistigen Fähigkeiten hyperkinetischer Kinder nicht unbedingt schwer beeinträchtigt sein müssen, sind diese doch immer graduell gestört. Deshalb sollte man ihr anti-soziales Verhalten nicht als vorsätzlich und berechnet interpretieren, da diese Kinder dazu nicht die intellektuellen Voraussetzungen haben. Trotzdem verursachen sie selbstverständlich Probleme, welche leicht als Kriminalität oder Delinquenz gesehen werden und vor allem bei Jugendlichen ernsthafte Formen annehmen können.

Der Grad des Intelligenz-Defizits braucht nicht mit dem der Über-Aktivität und der moralischen Störung übereinzustimmen. Bei manchen Kindern scheint die intellektuelle Kapazität relativ intakt zu sein, während die moralische Entwicklung noch nicht über infantile Phasen der Kindheit hinausgekommen ist. Diese Kinder sind selbst als Jugendliche noch ihren Impulsen, Trieben und Wünschen in einer Weise ausgeliefert, wie dies sonst nur in früher Kindheit der Fall ist. Bei anderen Kindern aber ist die Intelligenz-Entwicklung so schwer beeinträchtigt, daß sie nicht sprechen können und auch andere schwere Behinderungen zu finden sind. Zwischen diesen beiden Extremen gibt es Beispiele aller möglichen Abstufungen; wir konnten nicht feststellen, daß bestimmte Funktionen der Intelligenz oder deren Störungen spezifisch für die Symptomatik des hyperkinetischen Syndroms wären.

Obgleich hyperkinetische Kinder aggressiv und ablehnend in ihrem Verhalten sein können, finden doch einige von ihnen einen direkten und warmherzigen Kontakt zu Erwachsenen und anderen Kindern. Manche wiederum können unter Mangel an Kontakt und menschlicher Beziehung bis zu autistischem Verhalten leiden. Auch hier sind alle Abstufungen zwischen beiden Extremen möglich. Autistisches Verhalten kann sogar derart ausgeprägt sein, daß es vorherrschend im Gesamtbild wird und das Kind tatsächlich als autistisch diagnostiziert wird. Wie hinsichtlich der Intelligenzfunktionen muß aber auch hier betont werden, daß Kontaktstörungen nicht spezifisch für das hyperkinetische Syndrom sind. Wir wollen sie deshalb hier nicht weiter behandeln.

Nachdem wir den Ursprung sowie medizinische und psychologische Aspekte des hyperkinetischen Syndroms untersucht haben, wollen wir uns nun wieder jener Beobachtung einer Mutter zuwenden, welche die Beschreibung des Zustands eines hyperkinetischen Kindes als ein – wenn auch übertriebenes – Bild ihres eigenen normalen, gesunden Zweijährigen bezeichnet hatte. Daraus kann man ganz allgemein schließen, daß das Wesen hyperkinetischer Kinder ähnlich ist dem Stadium normaler kindlicher Entwicklung zwischen dem zweiten und dem fünften Lebensjahr. Kinder gehen nämlich in dieser Zeit durch eine Phase, in der Impulse meistens sehr intensiv sind, Handlungen außerordentlich übersteigert und mit viel Energie und Überschwang ausgeführt werden und in der es wenig innere Unsicherheit und Reflexion gibt. In dieser Periode haben Kinder ihre sozialen Motivationen noch nicht in dem Grad entwickelt wie später, wenn sie in die Schule gehen. Obwohl in diesen ersten Lebensjahren der Nachahmungstrieb sehr lebhaft ist, haben Kinder in dieser Zeit noch nicht die Neigung, sich anzupassen; sie sind erst später dazu bereit.

Im Alter zwischen zwei und fünf Jahren geht ein normales Kind durch ein außergewöhnlich buntes Gemisch von Reizen und Eindrücken, die gleichsam auf es niederregnen. Es hat noch nicht so viel Lebenserfahrung erworben oder sich ein eigenes System geschaffen, mit dem es die wachsende Vielfalt von Reizen und Wahrnehmungen, denen es ständig ausgesetzt ist, beherrschen kann. Das Kind lernt erst, aus all dem schrittweise ein sinnvolles und umfassendes Ganzes zu bauen. Dabei aber stehen seine Phantasie und sein Erleben der Realität in einer geradezu dramatischen Wechselwirkung, wie sie in der Regel vom Erwachsenen nicht nachempfunden werden kann.

Genauer gesagt, ein Kind kommt zu dem nur ihm eigenen Erleben seines Selbst, seines Ich zu einem Zeitpunkt, in dem seine Vorstellungen und Begriffe noch nicht so weit ausgebildet sind, daß es mit dem fertig werden könnte, was Erwachsene „die Welt der Realitäten" nennen. Wenn man sich in das Sein eines kleinen Kindes hineinzufühlen sucht, so erlebt man etwas von der dionysischen Ekstase, in die vor Jahrtausenden Menschen versetzt wurden, wenn das Erleben der individuellen „Ich-heit" ihre Seelen ergriff. In abgeschwächter Form kann man dies vielleicht in gewissen Rauschzuständen – sogar im Alkoholrausch – nacherleben; sie sind manchen Verhaltensformen des hyperkinetischen Kindes ähnlich. Dieser Vergleich ist natürlich – wie die meisten Vergleiche – nicht ganz genau und trifft auch nur begrenzt zu. Die grobe Bewegungsfähigkeit des hyperkinetischen Kindes ist im allgemeinen nicht auffällig gestört; hier besteht also keine Ähnlichkeit zu einem Berauschten oder Betrunkenen. Der Vergleich liegt eher in dem Empfinden eines übersteigerten mächtigen und vordergründigen Selbstgefühls wie in einem Stadium der Trunkenheit.

Sieht man ein hyperkinetisches oder post-enzephalitisches Kind unter diesem Aspekt, so erscheint einem dessen Erfahrungswelt in einem neuen Licht: Man hält es dann für weniger bösartig und hinterhältig; man wird nachempfinden können, daß bei ihm der Mangel an Kontrolle und Zurückhaltung sich eher von einer überstarken Sympathie und Selbstsicherheit herleitet als von negativen Gefühlen der Bosheit oder Antipathie.

Zu einem besseren Verständnis des unruhigen Kindes und der Menschen überhaupt kommen wir, wenn wir bedenken, daß zwei Ur-Kräfte in der Seele oder der emotionalen Verfassung eines Menschen am Werk sind. Die eine ist Sympathie oder Liebe; sie hält uns dazu an, offen, gutwillig und aktiv zu sein, sie erzeugt aber auch Aggressionen. Diese Sympathie ist die Grundlage aller menschlichen Gefühle und schließt Haß und Liebe gleichermaßen ein.

Im Gegensatz zur Sympathie steht die andere Ur-Kraft: Antipathie. Durch sie lehnen wir ab, halten uns Dinge fern; durch sie sind wir verschlossen und abweisend, werden nicht von Sehnsüchten und Wünschen bestimmt; durch sie sind wir eher von unseren Empfindungen abgesetzt. Sie befähigt uns wahrzunehmen, Dinge zu erkennen und schließlich Urteile zu bilden. Durch Antipathie kann unsere Begriffs- und Verstandeswelt entwickelt werden, im Gegensatz zum Reich der Gefühle und Intentionen, das von Sympathie und Aggression bestimmt wird.

Der Punkt, in dem diese beiden essentiellen Kräfte im Gleichgewicht sind, verändert sich anscheinend während der kindlichen Entwicklung in verschiedenen Phasen, von denen man die eine als extrovertierte, die andere als introvertierte bezeichnen kann. Das Gleichgewicht zwischen ihnen bestimmt immer unser Verhalten; beim hyperkinetischen Kind scheint es auf eine ganz spezifische Weise gestört zu sein: Es ist, als überschwemme die Kraft der Sympathie die der Antipathie. Dies erinnert uns daran, wie wir Enzephalitis schon als einen Prozeß beschrieben haben, bei dem das Gehirn, das Organ der Wahrnehmung, vom Blut, dem Träger der Stoffwechselkräfte, überflutet wird.

Die Kraft, die den Menschen von seinen Emotionen löst und ihm erlaubt, Begriffe und Urteile zu bilden, ist bei hyperkinetischen Kindern besonders schwach im Vergleich zu Intention und Sympathie. Man muß sich diesen Kindern deshalb therapeutisch auf zwei Wegen nähern.

Man muß die Kräfte von Sympathie und Aggression, die bei einem solchen Kind bisher wenig angesprochen und unausgeglichen sind, zu festigen suchen. Solange man diese Kräfte als negativ empfindet, kann man nicht weiterkommen. Nicht nur das Kind wird nämlich durch ständige Untersagungen und Verbote frustriert, sondern auch diejenigen, die mit dem Kinde umgehen, werden irritiert und verzweifeln. Sobald man aber das, was die Kinder zu ihrem destruktiven und aggressiven Verhalten bringt, als Kräfte der Sympathie und der menschlichen Wärme erkannt hat, kann man nach positiven Bahnen und Verwirklichungen für diese überströmende und vom Kind nicht kontrollierte Kraft suchen. Man wird langsam erkennen, daß das einzige Argument diesen Kindern gegenüber die Liebe ist. Vernunftgründe, Wahrheitsargumente oder ästhetische Werte sind dem unruhigen Kind nicht zugänglich.

Das gleiche gilt auch für das normale Kind im Vorschulalter. Man kann es nur mit Güte und Sympathie erreichen. Es tut alles, wenn es dafür Liebe empfängt, auch wenn es bis dahin noch völlig unzugänglich für Begriffe wie Recht, Unrecht oder Wahrheit ist.

Jede Mutter weiß, wie sie die normale, gesunde Rastlosigkeit und Über-Aktivität eines Vorschulkindes sinnvoll auffangen kann, indem sie es etwas holen oder bringen läßt. Sie weiß, daß es eine der größten Freuden für kleine Kinder ist, wenn sie Dinge, die man für die eine oder andere Arbeit braucht, holen oder tragen dürfen.

Das gleiche Prinzip sollte man auch anwenden, wenn man ein hyperkinetisches Kind betreut. Wir müssen Möglichkeiten suchen, daß es seine Bewegungsenergie und körperliche Kraft benützen kann, um anderen Menschen zu helfen. So kann es für seine überströmende Teilnahmefähigkeit und seine Sympathie einen sinnvollen Ausdruck finden.

Wenn das unruhige Kind seine Energie darauf verwenden soll, andere zu verteidigen und zu beschützen, muß man ihm auch das Recht zugestehen, dort, wo es notwendig ist, sein eigenes Reich und sein Eigentum zu verteidigen und zu schützen. Man kann von ihm nicht erwarten, rückhaltlos ins andere Extrem zu schwingen, wenn man ein Gleichgewicht erreichen will. Was man auch tut, alles sollte spielerisch begonnen und auf eine Art getan werden, die dem Kind angemessen ist.

Will man darüber hinaus einem hyperkinetischen Kind aber grundlegend helfen, dann muß man außerdem seine zu schwachen Kräfte des Distanznehmens und der Zurückhaltung stärken, die aus dem Bereich der Antipathie stammen. Deshalb sollte das Kind keinesfalls zu vielen und zu rasch wechselnden Reizen ausgesetzt werden. Bei anderen Kindern mag es notwendig sein, sie ständig mit neuen Anregungen und Erlebnissen zu konfrontieren; für das unruhige hyperkinetische Kind aber wären alle diese Aktivitäten Gift. Deshalb ist es auch problematisch, hyperkinetische Kinder gewöhnliche Schulen besuchen zu lassen – noch schwieriger allerdings ist es, sie in Sonderschulen zu schicken: In den meisten Fällen beruht nämlich die moderne Erziehung auf intensiver Anregung, bei der häufig visuelle und mechanische Mittel benutzt werden. So sinnvoll das für viele Kinder auch sein mag, auf das hyperkinetische Kind hat diese Art des Unterrichts eine verheerende Wirkung.

Ein hyperkinetisches Kind braucht eine gleichförmige, von allen übermäßigen äußeren Reizen abgeschirmte Umgebung. Im Idealfall sollte es nur mit Situationen und Anregungen von fest umrissenen Gehalten und Wertungen konfrontiert werden, die seine Umgebung streng einhält. Das heißt, das Kind soll nicht von einer Sache zur anderen, von einem Erlebnis zum anderen flattern und sich mit allem und jedem beschäftigen. Vielmehr sollte jeder Tag von einigen gut überlegten Ereignissen geprägt sein, bei denen man auf der Mitarbeit des Kindes besteht. Wenn seine Ausdauer zu rasch nachläßt, sollte man die Zeit der Teilnahme begrenzen.

Innerhalb der Familie sind Mahlzeiten typische Routine-Situationen, die eine gewisse äußere und festgelegte Form haben sollten. Das Kind muß sich in die Gewohnheiten und Gepflogenheiten seiner Familie einzufügen lernen. Je ausgeprägter und bestimmter die Tischsitten sind, desto besser. Ein sehr kleines normales oder ein hyperkinetisches Kind wird zunächst nicht an jeder „Zeremonie" oder jeder gewohnheitsmäßigen Sitte teilnehmen können. Wenn sein Benehmen nicht mehr tragbar ist, sollte man es aus dem Zimmer bringen; und zwar nicht als Strafe, sondern damit das Kind mit seiner Mutter oder einem anderen Familienmitglied allein seine Mahlzeit beenden kann. Wenn man den Eindruck hat, daß das Kind zum gemeinsamen Mahl zurück will und daß es sich nun ein wenig besser in die Gemeinschaft einfügen kann, sollte man ihm erlauben, ins Eßzimmer zurückzukehren.

Sehr wichtig ist es, daß solche Maßnahmen nicht als Strafe angesehen werden, sondern einfach als Konsequenz im Versuch, dem Kind zu helfen. sich allgemein den Umgangsformen der Gruppe anzupassen, in der es lebt. Da ein hyperkinetisches Kind wegen der ihm eigenen starken Kraft der Sympathie ausgesprochen gern mit anderen zusammen sein möchte, wird es von selbst gern zur Gesellschaft zurückkehren. Wenn keine unnötigen Rückschläge hinzukommen und wenn man ihm sein eigenes Tempo zugesteht, auch wenn es sehr langsam ist, dann wird es sich allmählich den Forderungen anpassen, die etwa eine gemeinsame Mahlzeit in der Familie an das Kind stellt.

Bei allem, was man tut, um dem unruhigen Kind zu helfen, ist es oberstes Gebot, ihm immer wieder die Liebe seiner Eltern und der anderen Familienmitglieder zu bestätigen. Es muß in elterlicher Liebe und Fürsorge bleiben, auch wenn es einmal ratsam erscheinen mag, daß es eine Zeitlang ausgeschlossen wird, bis es sich wieder besser einfügen kann. Für ein kleines Kind besteht ein großer Unterschied darin, ob es aus dem Zimmer hinausgeschickt wird oder ob es mit seiner Mutter zusammen hinausgeht, um seine Mahlzeit auf ihrem Schoß oder in ihrer Gegenwart in einem anderen Zimmer zu beenden. Wir brauchen nicht zu befürchten, daß ein solches Kind von nun an immer von seiner Mutter gefüttert werden will; es wird immer und gern zur Gruppe zurückkehren wollen. Sollte die Gefahr bestehen, daß es sich innerlich zu stark an die Mutter anlehnt, kann auch ein anderer aus der Familie das Kind begleiten. Schließlich wird es dann auch bereit sein, allein hinauszugehen, bis es wieder hereinkommen darf.

Man kann beim hyperkinetischen Kind die Kraft, von der jede Entwicklung des Intellekts, der Urteilskraft und der Begriffsbildung abhängt, auch noch durch einfache therapeutische Übungen stärken, durch die das Kind zum Erkennen spiegelbildlicher Formen und ihrer Umkehrung gebracht werden soll. Man läßt es z. B. stampfend vorwärts gehen, wobei es, wenn möglich, seine Schritte zählen soll. In einem bestimmten Augenblick läßt man es halt machen und die gleichen Schritte rückwärts zurückgehen, die es gemacht hatte. Solche Übungen gibt es in vielen Variationen; alle sollten darauf gerichtet sein, daß eine Vorwärtsbewegung unterbrochen und rückläufig genau nachvollzogen wird. Auf dem gleichen Prinzip beruhen die sogenannten Spiegelübungen, bei denen das Kind einen Halbkreis läuft und diesen Lauf dann in der entgegengesetzten Richtung „widerspiegelt". Man kann es unterstützen, wenn man die Formen mit Kreide auf den Boden zeichnet, so daß die Spiegel-Übungen allmählich auch visuell von dem Kind erlebt werden können.

Solche Übungen kann man weiter ausbauen, wenn das Kind älter wird und man Tafel und Kreide als Hilfsmittel heranziehen kann. Das Spiegelbild ist von besonders stärkender Wirkung für die Ausbildung von Antipathie in dem Sinne, in dem wir von ihr als der Kraft gesprochen haben, die Sinneswahrnehmungen klärt, Unterscheidungskraft weckt und die Fähigkeit der Differenzierung ausbildet. Das Spiegelprinzip läßt sich schließlich auch auf die Sprache anwenden, indem man Wörter und kleine Sätze normal und danach rückwärts sprechen läßt.

Es gibt die verschiedensten Möglichkeiten für solche heilpädagogischen Übungen; in angemessener Form können sie für ein hyperkinetisches Kind eine große Hilfe sein.

5. Der frühkindliche Autismus

Ein kleiner Junge steht am Fenster. Er hat die Gardine in der Hand und bewegt sie raschelnd und hastig vor seinem Gesicht hin und her. Plötzlich hört er auf, sonst ist an seiner Haltung keine Änderung wahrzunehmen. Er scheint nicht bemerkt zu haben, daß ich in das Zimmer trat. Ich rufe seinen Namen. Es scheint, als höre er mich nicht. Ich gehe zu ihm; als ich ihm die Hand auf die Schulter legen will, entwischt er mir. Mit einem plötzlichen durchdringenden Schrei springt er aufs Bett und vergräbt sich unter den Kissen. Er wirft sich heftig auf und nieder, dann wird er still. Das Gesicht ist verborgen; er bewegt sich nicht, er gibt kein Lebenszeichen von sich. Wenig später gleitet er vom Bett und läuft im Zimmer auf und ab. Inzwischen habe ich mich an meinen Schreibtisch gesetzt, um zu arbeiten. Er tritt heran, nimmt allerlei in die Hand, beachtet mich aber überhaupt nicht. Er zieht unter meiner linken Hand ein Stück Papier hervor; es verfängt sich an meinem Ärmel, er hebt meine Hand, als wäre sie ein lebloser Gegenstand, und nimmt das Papier.

Ich drehe mich zu ihm um, er aber schaut an mir vorbei. Sein Gesicht ist wohlgestaltet, er hat einen großen Kopf, seine Augen sind groß und schön. Sein Körper ist regelmäßig und gut gewachsen, Hände und Finger sind zart und schmal. Über dem Kind liegt etwas Zartes und Träumerisches. Es erinnert an ein präraffaelitisches Gemälde.

Der Junge geht zurück ans Fenster; dort steht er ohne Bewegung. Es scheint, als habe er alles um sich her vergessen, eine Zeitlang preßt er sein Gesicht wie erstarrt an die Scheibe. Dann wandert er wieder ziellos im Zimmer herum. Er entdeckt meinen Fotoapparat auf der Fensterbank. Er holt einen Schemel, klettert hinauf und nimmt die Kamera geschickt und vorsichtig herunter. Gewandt bedient er die verschiedenen Einstellungen, transportiert den Film, blickt durch den Sucher und dreht am Objektiv, um verschiedene Dinge im Raum ins Bild zu bekommen. Man meint, der Junge sei Fachmann für etwas so Kompliziertes wie eine moderne Kamera.

Er legt den Apparat zurück und geht von einem Lichtschalter zum anderen und knipst das Licht an und aus. Ich drehe mich auf meinem Stuhl zu ihm herum, aber jedesmal, wenn ich ihn anrede, bekomme ich keine Antwort. Doch dann kommt er zu mir, meidet aber immer noch meinen Blick. Er dreht sich um, klettert, den Rücken mir zugewandt, auf meinen Schoß und lehnt sich an mich. Ich lege meine Arme um ihn; er läßt es zu und schmiegt sich an mich.

Ich stehe auf und setze ihn auf einen Stuhl mir gegenüber. Ich sage ihm, daß ich gern seine Füße anschauen würde und daß er deshalb seine Schuhe und Strümpfe ausziehen solle. Er erfüllt diese Bitte erstaunlich geschickt und schnell. Es beeindruckt mich, wie rasch er verstanden hatte, was ich von ihm wollte. Als ich ihn – nachdem ich seine Füße gesehen habe – frage, ob er sich die Strümpfe und Schuhe wieder anziehen könne, sagt er plötzlich mit klarer Stimme: „Ich ziehe deine Strümpfe an."

Ich bücke mich und ziehe ihm die Strümpfe an. Seine Schuhe hat er ordentlich nebeneinander vor sich hingestellt und schlüpft, als die Strümpfe angezogen sind, mit beiden Füßen gleichzeitig in sie hinein. Er zögert einen Augenblick, dann stößt er einen durchdringenden Schrei aus. Jetzt aber hört er nicht sogleich wieder auf, sondern schreit weiter. Ich merke, daß er sich vor einer Schwierigkeit sieht: Er hat eine völlig symmetrische Handlung angefangen, erkennt aber nun, daß er unmöglich zwei Schnürbänder gleichzeitig binden kann. Darauf sage ich: „Ich werde eines für dich binden." Er hört mit Schreien auf, bückt sich, beobachtet, wie ich es mache, und bindet das andere Schnürband genau spiegelbildlich dazu.

Er geht zum Fenster zurück, nimmt die Gardine in die Hand und bewegt sie rhythmisch und schnell vor seinem Gesicht hin und her. Kein Anzeichen deutet darauf hin, daß er weiß, ich bin im Zimmer. Es ist, als habe unser kleines gemeinsames Erlebnis gar nicht stattgefunden. Es ist, als habe er immer am Fenster gestanden, hinausgeschaut und mit der Gardine geraschelt.

In Berichten über Kinder, die sich ähnlich wie dieser kleine Junge verhalten, wird folgendes immer wieder erwähnt: Sie vermeiden, einem anderen ins Gesicht zu blicken. Sie gehen jeglicher Art von Kommunikation aus dem Wege. Sie scheinen weder zu verstehen noch überhaupt zu hören, was ihnen gesagt wird. Im allgemeinen sprechen sie gar nicht; reden sie aber doch, so ist ihre Sprache eigenartig. Sie benutzen die Wörter, als seien sie Dinge. Sie spielen mit ihnen wie mit Murmeln, Perlen oder kostbaren Steinen. Sie wenden sie hin und her, kehren sie um und haben Spaß an verrückten Wortkombinationen. Sie benutzen die Wörter aber nicht, um sich mitzuteilen.

Auffallend an ihrer Art, Sprache zu gebrauchen, ist das Verdrehen der Personalpronomen. Kinder wie der oben beschriebene kleine Junge vermeiden es häufig, sich selbst mit „ich", „mir" oder „mich" zu bezeichnen. Sie benutzen dafür lieber ihren Namen, sehr häufig aber bezeichnen sie sich als „du" und eine andere Person beispielsweise als „ich". „Ich ziehe deine Strümpfe an" sollte heißen: „Du sollst mir meine Strümpfe anziehen."

Zeichen großer Angst zeigen sich bei diesen Kindern häufig aus Gründen, die dem oberflächlichen Betrachter unerklärlich sind. Geht man dem nach, so wird einem klar, daß solche Angstgefühle häufig aus fixen Ideen entstehen. Die Kinder sind z. B. davon besessen, daß Dinge exakt parallel stehen müssen oder daß alles in einem Zimmer seinen bestimmten Platz behalten muß, oder daß nicht von einer feststehenden Ordnung abgewichen wird. Die Abhängigkeit davon, daß alles in ihrer Umgebung „gleich" bleibt, ist bei diesen Kindern zeitweise stark ausgeprägt.

Andere auffallende Eigenschaften solcher Kinder sind ihr großes Interesse an mechanischen Dingen und ihre oft außergewöhnliche Geschicklichkeit, mit ihnen umzugehen. Das steht im Gegensatz zu ihrem offensichtlichen Desinteresse an Gesellschaft und dem fehlenden Bedürfnis, sich mit anderen Menschen oder mit ihrem eigenen Ich zu konfrontieren.

Die übertriebene Abneigung autistischer Kinder, mit einem anderen Menschen Kontakt aufzunehmen oder sich ihm mitzuteilen, wird jedoch dadurch eingeschränkt, daß sie häufig Freude haben, wenn man sich mit ihnen beschäftigt wie mit einem ganz kleinen Kind. Autistische Kinder lehnen liebkosende Berührungen nicht ab, solange man nicht darauf besteht, daß sie einen anschauen oder mit einem sprechen.

Kinder, die das Sprechen vollkommen meiden, die nie ein Wort sagen oder mit irgendeinem Zeichen zu erkennen geben, daß sie das gesprochene Wort verstehen, können sich erstaunlicherweise als vollendete Sänger entpuppen, die über ein ganzes Repertoire von Melodien verfügen. Wenn sie in einer musikalischen Umgebung aufgewachsen sind, können sie ganze Arien und Sinfonien singen; man muß ihnen nur die ersten Takte geben.

Die Bewegungsschemata autistischer Kinder sind erstaunlich vielseitig. Einerseits erscheinen ihre Gebärden besonders graziös, koordiniert und gewandt, und doch sind sie befremdend und ungewöhnlich, weil sie nicht nur mit Händen und Fingern, sondern auch mit den Beinen, ja mit dem ganzen Körper ausgeführt werden. Plötzlich und unvermutet, doch offensichtlich nicht ohne einen gewissen inneren Zwang, kommt es zu drehenden, rollenden und springenden Bewegungen. Es gibt Kinder, die sich beim Gehen erst ein paarmal um sich selber drehen müssen, bevor sie ihren Weg fortsetzen. Andere müssen anscheinend den Boden oder Dinge, an denen sie vorbeigehen, ein- oder mehrmals berühren, auch wenn dadurch das, was sie gerade tun wollen, sehr schwierig oder fast unmöglich wird. Man braucht wohl nicht zu betonen, daß solche zwanghaften Bewegungsschemata einem Kind etwas Wunderliches verleihen.

Viele dieser Kinder leiden unter schweren Schlafstörungen. Besonders das Einschlafen ist für sie immer schwierig, manchmal unmöglich. Der Zeitraum des Schlafens kann bis auf ein absolutes Minimum reduziert sein, auch gibt es keine Regelmäßigkeiten. Manche Kinder können nicht einschlafen, wenn sie allein sind, Vater oder Mutter müssen bei ihnen bleiben. Andere können nicht in ihrem eigenen Bett, sondern nur auf einem bestimmten Stuhl im Wohnraum Schlaf finden und erst dann, wenn sie eingeschlafen sind, in ihr Bett getragen werden. Wieder andere brauchen zum Einschlafen den körperlichen Kontakt mit ihren Eltern.

Auch die Nahrungsaufnahme kann bei diesen Kindern schwer gestört sein. Zeitweise wollen sie gar nicht essen. Man muß dann nach Mitteln und Wegen suchen, damit die Kinder zu gesunden Eßgewohnheiten zurückkehren oder sie sich aneignen. Ich kenne einen kleinen Jungen, der ganz plötzlich ein paar Tage lang jegliche Nahrung verweigerte und sich stattdessen Haare ausriß und sie aß. Er magerte sichtlich ab; kurz bevor man dazu übergehen wollte, ihn künstlich zu ernähren, merkte man: Wenn eine bestimmte Person einen Teller mit Essen gebracht und ihn, ohne den Buben anzublicken, unter sein Bett gestellt und sofort das Zimmer verlassen hatte, aß er in wenigen Minuten alles auf. Danach kam dieselbe Person wieder und holte den Teller unter dem Bett hervor. So kehrte das Kind allmählich zu normalen Eßgewohnheiten zurück.

Die Eltern eines kleinen vierjährigen Mädchens hatten alles Mögliche versucht, es zum Essen zu bewegen. Es lehnte alles ab, legte sich auf den Fußboden zu dem Hund der Familie, nahm genau dessen Haltung an und aß wie dieser aus dem Napf des Hundes mit dem Mund, ohne die Hände zu gebrauchen.

Jedoch dieses sind extreme Fälle. Öfters findet man zwanghafte Vorlieben für bestimmte Arten von Nahrungsmitteln. Daß diese Kinder Saures oder Pikantes bevorzugen, ist charakteristisch. Häufig geht das so weit, daß alle andere Nahrung abgelehnt wird.

Es ist deutlich, daß Kinder dieser Gruppe in mancher Hinsicht außerordentlich verschieden von anderen behinderten Kindern sind. Man kann sich kaum vorstellen, daß eine generelle Unfähigkeit vorliegt, sind sie doch in so vielen Dingen wahre Meister. Sie sind einfach anders, anders „in die Welt gestellt". Das wird durch die Ergebnisse von Intelligenz-Tests bestätigt, die man mit ihnen versucht hat. Ein normales, gesundes, aber dummes Kind wird in jedem Intelligenz-Test bis zu einem bestimmten Wert kommen, der einer gewissen Altersstufe entspricht. Dann setzt der Ausfall ein, weitere Fragen kann es nicht mehr beantworten. Bei autistischen oder psychotischen Kindern ergibt sich ein völlig anderes Bild. Ein behindertes Kind, dessen intellektuelles Zurückbleiben nicht primär ist, sondern in der Entwicklung pathologisch verursacht wurde, hat gewöhnlich eine breitere Ergebnisstreuung bei Intelligenz-Tests; sie reicht aber meist nur über ein paar Jahre. Ein zehnjähriges Kind beantwortet vielleicht nur die Fragen für Sieben- oder Achtjährige. Im Gegensatz dazu wird ein psychotisches oder autistisches Kind häufig Fragen beantworten, die weit über sein tatsächliches Alter hinausgehen, gleichzeitig kann es aber bei den Fragen der Kleinkinderstufe versagen. Es ist typisch, daß diese Kinder in ihren Intelligenz-Tests Ergebnisse von einer Streuung erzielen, die nahezu über die ganze Skala reicht. Intelligenz-Tests können also bei ihnen eigentlich gar nicht angewendet werden. Jedenfalls sind sie für das behinderte Kind weniger verläßlich als für das gesunde.

Bei manchen psychotischen Kindern kann man, wenn man sorgfältig testet, Ergebnisse erreichen, die weit über ihre Altersnorm hinausgehen; mit anderen dagegen lassen sich Tests offensichtlich gar nicht durchführen. So kann es zu Intelligenz-Quotienten zwischen unter dreißig und einhundertvierzig kommen. Bevor wir versuchen, für diese merkwürdigen Erscheinungen eine Erklärung zu finden oder sie zu deuten, müssen wir die Entwicklungs- und Umweltfaktoren autistischer oder psychotischer Kinder näher betrachten.

Hier die sehr typische Geschichte eines autistischen Kindes:

„Henry war ein erstes Kind. Sein Vater, ein ausgezeichneter und hochintelligenter Archäologe und Universitätsprofessor, ging ganz in seiner Arbeit auf. Auf seinem Gebiet war er eine Kapazität, seine meiste Zeit verbrachte er mit Forschungen. Er wirkte elegant, stattlich und vornehm.

Die Mutter war lebhafter – feinfühlig, gebildet, ausgeglichen. Sie sah gut aus, war gesellschaftlich und kulturell sehr rege und stammte aus angesehener und wohlhabender Familie.

Henry wurde in Vorderasien geboren, wo sein Vater damals mit Forschungen beschäftigt war. Seine Geburt war normal und natürlich. Die Schwangerschaft war eine schöne und unbelastete Zeit für die Mutter gewesen, sie war glücklich und ausgefüllt von gesellschaftlichen Verpflichtungen, die sich aus der Arbeit ihres Mannes ergaben.

Das Kind war bei der Geburt wohlgestaltet; es schien gut zu gedeihen, besondere Probleme gab es nicht. Die Entwicklungsstufen soll es ganz normal erreicht haben. Mit elf Monaten konnte Henry recht gut laufen, gab alle bekannten Baby-Laute von sich und fing zwischen dem vierzehnten und achtzehnten Monat an, die ersten Worte zu sprechen.

Nach den Impfungen der Säuglingszeit hatte man ihn ein wenig blaß gefunden, und um den fünfzehnten Monat herum hatte er Fieber, das vielleicht von einer in der Gegend grassierenden Darmgrippe verursacht wurde."

Diese Krankheitserscheinungen nehmen aber in Henrys Geschichte einen nebensächlichen Platz ein.

Auch wenn im allgemeinen die Entwicklung eines solchen Kindes allem Anschein nach völlig normal verlaufen ist, können im Alter von zwei bis zweieinhalb Jahren erste Symptome einer Störung beobachtet werden, beispielsweise im Zusammenhang mit der Geburt einer kleinen Schwester oder eines kleinen Bruders. Im Falle Henrys ging gerade zu dieser Zeit die Familie nach England zurück; damals bemerkte seine Mutter, daß das Kind immer weniger sprach. Hatte es bisher richtige Sätze gebildet, so sagte es jetzt immer weniger und wurde auffallend still.

Man merkte erst jetzt, daß er kaum Kontakt zu anderen Menschen suchte und daß er sogar die Eltern zu meiden schien. Er entwickelte Einzelgängerallüren, zog sich in einen Winkel zurück und äußerte häufig ohne erkennbaren Grund Zeichen großer Angst.

Kinder wie Henry machen oft auch hinsichtlich der Sauberkeitsgewöhnung Rückschritte. Daß sie normale Eß- und Schlafgewohnheiten oftmals verlieren, haben wir bereits erwähnt. Das alles deutet darauf hin, daß das Kind offensichtlich eine Streßsituation erreicht hat, die zu einer teilweisen oder vollständigen Regression führt. Wie wir schon sagten, ist die Geburt eines Geschwisterchens manchmal das auslösende Moment. Was auch immer das Sich-Zurückziehen und die Regression ausgelöst haben mag – es scheint, daß das dritte Lebensjahr die kritische Phase ist, in der sich erste Symptome zeigen.

Eine andere seltsame und ungewöhnliche Familiengeschichte soll hier folgen:

„Der Vater ist Ingenieur in einer sehr verantwortungsvollen Position, die Mutter reizbar, eine nervöse, empfindsame und labile Frau. Das Kind ist ein Einzelkind. Die Mutter berichtet, daß sie, als das Kind sich im Mutterleib das erstemal rührte, schon wußte, daß irgend etwas Schreckliches bevorstand. Obgleich ihr nichts Widriges während der Schwangerschaft zustieß, hatte sie ein unheilvolles Ahnen, daß das Kind, das in ihr wuchs, irgendwie geschädigt, krank oder nicht normal sei.

Das Kind kam zur rechten Zeit auf normale und natürliche Weise und ohne besondere Umstände zur Welt. Es schien völlig in Ordnung zu sein und wies keinerlei Fehler oder Mißbildung auf. Es tat seinen ersten Schrei gleich nach der Geburt und machte überhaupt keine Schwierigkeiten.

Trotzdem hatte die Mutter das Gefühl, daß mit dem Kind etwas nicht stimme. Sie meinte, daß es sie mit fremdem und feindseligem Blick anschaue. Sie selbst empfand große Abneigung dagegen, es an der Brust zu stillen, und deshalb wurde das Kind mit der Flasche ernährt.

Die Mutter sprach nicht nur zu ihrem Mann von ihren Befürchtungen, sondern redete auch mit Ärzten darüber. Und immer wieder wurde ihr versichert, daß das Kind völlig normal sei, daß es sich normal entwickle und daß es keinen Grund zur Sorge gebe.

Die Entwicklung des Kindes während des ersten Lebensjahres zeigte tatsächlich nichts Ungewöhnliches. Mit etwa sieben Monaten hatte es sich aufgesetzt, mit etwa zwölf Monaten stand es, und mit ungefähr vierzehn Monaten lief es ziemlich sicher; zur gleichen Zeit gab es einige Baby-Laute von sich.

Dennoch konnte die Mutter ihre Angstgefühle nicht loswerden; sie war innerlich davon überzeugt, daß mit dem Kind etwas Grundlegendes nicht stimme. Sie suchte mit ihm verschiedene Spezialisten und Kinderkliniken auf – immer bekam sie zur Antwort, daß ihre Ängste unbegründet seien.

Im Alter zwischen zweieinhalb und drei Jahren begann das Kind deutliche Zeichen von Autismus zu zeigen. Sein Sprechen beschränkte sich aufs reine Wiederholen, es redete von sich als „er" oder „du". Von anderen Menschen zog es sich zurück und antwortete nicht, wenn man zu ihm kam oder mit ihm sprach. Die charakteristischen Anzeichen des frühkindlichen Autismus entwickelten sich rasch und unverkennbar."

Henry, von dem wir zuerst berichteten, entwickelte sich trotz seines Autismus in einer verständnisvollen und toleranten Umgebung verhältnismäßig befriedigend. Er lernte, sich auf andere Menschen harmonisch und positiv einzustellen, und entwickelte später auf verschiedenen Gebieten Initiative. Das Kind aber, das wir jetzt beschrieben haben, machte nie einen Fortschritt. Es blieb als Persönlichkeit in seiner Entwicklung völlig stehen, entwickelte keinerlei Kontakte zu anderen Menschen, lernte nie einen sinnvollen Gebrauch der Sprache oder andere Mitteilungsmöglichkeiten, es blieb bizarr-eigentümlich und einsam.

Die folgende dritte Geschichte ist ebenso ungewöhnlich:

„Johnny wurde als zweites Kind eines jungen Ehepaares geboren. Der Vater arbeitete bei der Eisenbahn, die Mutter war, als sie heiratete, noch sehr jung und unerfahren. Ihr erstes Kind war noch sehr klein, als sie Johnny erwartete. Eines Tages fiel es beim Wickeln von ihrem Schoß und starb. Die junge Mutter erlitt einen schweren Schock. Johnny kam durch eine normale Entbindung, die wegen seines großen Kopfes verhältnismäßig schwierig war, zur Welt. Die Mutter beschloß, ihn niemals aufzunehmen, damit er nicht das gleiche Schicksal wie ihr erstes Kind erleide.

Sie stillte Johnny deshalb nicht an der Brust, sondern fütterte ihn in seiner Wiege; sie nahm ihn niemals hoch, um ihn frisch anzuziehen oder ihn zu waschen. Sie sorgte für sein körperliches Wohlbefinden, während er geschützt und sicher in seinem Bettchen lag.

Obwohl die Mutter sich größte Mühe gab, Johnny sorgfältig und vorsichtig auf diese Weise zu versorgen, konnte sie nicht vermeiden, daß der Schock durch den Tod des ersten Kindes sie in zunehmendem Maße belastete, so daß sie schließlich zur Behandlung in ein Krankenhaus gebracht werden mußte. Johnny wuchs zu einem gesunden, schönen, großköpfigen Kind heran, zeigte aber keinerlei Sprachentwicklung oder Kontaktfähigkeit zu anderen Menschen. Er konnte stundenlang ruhig dasitzen, sich vor- und zurückwiegen und träumerisch immer wieder die gleiche Melodie vor sich hinsummen. Er war derartig in sich versponnen, daß man eine Zeitlang annahm, er sei blind und taub. Auf Geräusche reagierte er gar nicht, und doch summte er seine undefinierbaren Melodien vor sich hin.“

Johnny ist eines der ganz wenigen mir bekannten autistischen Kinder, das von seiner autistischen Zurückgezogenheit ganz geheilt wurde. Er ist heute ein völlig offener, glücklicher, mitteilsamer kleiner Junge; sein Sprachschatz wächst immer mehr. Er ist wegen einer leichten hydrozephalischen Hirnschädigung ein wenig in seiner Entwicklung zurück, macht aber sonst einen völlig normalen Eindruck.

Wenn wir das Syndrom und die Phänomene des Autismus verstehen und deuten wollen, dürfen wir nicht nach den ursächlichen Grundlagen fragen. Es ist wahrscheinlich, daß die Symptome des Autismus sowohl organisch wie psychisch bedingt sein können. Bei den drei Fällen, von denen ich berichtet habe, kann man beispielsweise in dem letzten eine rein psychogene Form des Autismus erkennen, in dem zweiten ein psychotisches Syndrom auf der Grundlage genetischer, metabolischer oder konstitutioneller Störungen, und im ersten Fall kann es sein, daß Autismus sich aus einer leichten enzephalitischen Erkrankung oder aus anderen organischen Faktoren entwickelt hat.

Es besteht natürlich kein Zweifel darüber, daß die frühkindliche Entwicklung durch schwere emotionale oder physische Vernachlässigung stark beeinträchtigt und geschädigt werden kann. Im Gegenteil, man kann nur erstaunt sein, daß dadurch bei einem sich entwickelnden Kind nicht öfter schwere Schäden auftreten. Die Frage bleibt jedoch offen, weshalb eine falsche Einstellung der Mutter, sei es nun der Mangel an mütterlicher Wärme oder andere Gefühlsschwankungen, eher die Ursache für Autismus bei einem Kind sein soll als für andere emotionale oder „nervöse" Störungen.

Ehe wir uns dem Kern des Problems zuwenden können, muß noch ein anderer Aspekt erwähnt werden. Seit langem neigt man dazu, Autismus auf eine besondere Form von Wahrnehmungs-Störung zurückzuführen, die das Kind daran hindert, Situationen so aufzunehmen und zu erfassen, wie es für die normale Kommunikation unter Menschen notwendig ist. Solche Störungen höherer Wahrnehmungsfunktionen gibt es auf Grund von Entwicklungsstörungen; sie können beträchtliche und ernste Probleme darstellen.

Hierzu gehören besonders alle Aphasien, Wahrnehmungsstörungen im Bereich der Sprache. Es gibt jedoch auch andere Formen von Auffassungs-Störungen im Bereich der motorischen und visuellen Koordination und wieder andere, die mit dem Wahrnehmen von Begriffen über das Hören und das Erleben der Sprache in Verbindung stehen.

Wir werden darauf in einem späteren Kapitel über perzeptive Störungen zurückkommen, da diese zum Autismus wahrscheinlich nur eine kausale Beziehung haben.

Man kennt Kinder, bei denen sich Autismus aus einer ursprünglich aphasischen Veranlagung oder aus anderweitig gestörten oder unterentwickelten perzeptiven Fähigkeiten entwickelt. Gestörte, behinderte oder eingeschränkte Wahrnehmungsfähigkeit selbst kann kaum als Autismus bezeichnet werden. Sie spielt eine ähnliche kausale Rolle wie Blindsein oder Taubheit oder wie emotionale oder organische Schädigungen.

Was auch immer seine Ursache im ätiologischen Sinne sein mag, hier möchte ich versuchen, das Syndrom des Autismus selbst als eine pathologische Entwicklungsstörung aufzuzeigen und verstehbar zu machen.

Dazu ist es notwendig, die Erlebnisweisen eines autistischen Kindes zu kennen und zu wissen, in welcher Beziehung sie zu seiner Entwicklung stehen. Dafür könnte folgendes aufschlußreich sein: Man hat immer wieder geschrieben, daß es für autistische Kinder einen typischen Familienhintergrund gibt. Der frühkindliche Autismus tritt häufig in intellektuellen Kreisen und den sogenannten oberen sozialen Schichten auf, man weiß aber, daß er keineswegs auf die Gruppe beschränkt ist. Autistische Kinder gibt es in allen sozialen Schichten und heute praktisch in der ganzen Welt. Man hat sich die Frage gestellt, ob Geisteskrankheit bei den Eltern oder in der

Familie eine gewisse Rolle spielen. Doch selbst wenn das der Fall wäre, so würde das eher aufschlußreich für die Ursache des Autismus sein, als daß es uns dem Verständnis der Symptome und Erscheinungen näher brächte. Man darf jedoch nicht ganz übersehen, daß relativ häufig gebildete Menschen Eltern autistischer Kinder sind. Wir werden später sehen, daß möglicherweise das intellektuell und wissenschaftlich orientierte heutige Leben zu der Erscheinung des Autismus in spezifischer Beziehung steht.

Weiterhin ist auffallend, daß unter den an Autismus leidenden Kindern Erstgeborene und Einzelkinder besonders häufig zu finden sind. Keineswegs werden jedoch nur Erstgeborene davon betroffen, aber diese Erfahrung ist doch bedeutsam. Wir wollen später untersuchen, welchen Platz ein autistisches Kind in seiner Familie einnimmt.

Wenn wir den Autismus als pathologische Erscheinung innerhalb der Entwicklung ansehen, dann müssen wir uns wohl ganz besonders mit dem Zeitpunkt befassen, an dem tatsächlich die ersten autistischen Anzeichen bei einem Kind auftreten. Die Meinungen hierüber sind sehr unterschiedlich. Einerseits wird die Auffassung energisch vertreten, daß es Autismus vom Augenblick der Geburt an gebe oder doch wenigstens schon in frühester Kindheit. Eine andere Richtung unterscheidet primären und sekundären Autismus, wobei der primäre Autismus als angeborene Veranlagung, der sekundäre eher als Form von Verhaltensreaktion gesehen wird. In Hunderten von Berichten über autistische Kinder fand ich nur eine verschwindend kleine Zahl von Fällen beschrieben, in denen es bereits in frühester Kindheit Anzeichen für Autismus gab. Viel häufiger scheinen Eltern nichts Auffälliges an ihren Kindern bemerkt zu haben. In anderen, seltenen Fällen zeigen sich Symptome für Autismus erst im Vorschulalter oder während der Schulzeit. Außer diesen beiden Extremen treten fast alle typischen Anzeichen des Kindheitsautismus, wie ich bereits sagte, zwischen dem zweiten und dritten Lebensjahr zum ersten Mal auf. Zu dieser Zeit zeigen sich die auffälligen und geradezu erschreckenden Symptome; wir wollen sie zu verstehen versuchen, indem wir uns über den normalen Verlauf dieser Phase der Kindheitsentwicklung klar werden.

Treffen wir auf ein autistisches Kind, so ist wohl am auffälligsten, daß es einen meidet. Es schaut einen nicht an, es schließt sich von jeder Kommunikation durch Worte oder Laute aus, und es vermeidet, sich in irgendeiner Situation zu engagieren. Und doch scheint es sehr empfindlich, geradezu preisgegeben und verletzlich zu sein. Außerdem ist es sehr gewandt und geschickt im Umgang mit mechanischen Dingen und in der Beherrschung seiner Bewegungen.

Wie kann man sich das erklären?

Es beeindruckt uns weniger, daß ein autistisches Kind verschiedene

Dinge nicht tun kann, als daß es sie mit Vorbedacht zu umgehen sucht. Und doch scheint es innerlich zu manchem gezwungen, was aus den üblichen Motivationen herausfällt.

Ein autistisches Kind scheint nicht in ein soziales Gefüge integriert zu sein, und, was noch deutlicher ist, es scheint sich selbst nicht als Person zu fühlen. Daß das Kind sein Selbst nicht in angemessener Form erlebt, ist immer wieder als typisch für die Symptomatik des Autismus beschrieben worden. Gerade dieses Phänomen halte ich für das spezifische Merkmal des sich in diesem Zeitpunkt zeigenden Autismus, dem Zeitpunkt um das zweite und dritte Lebensjahr, in dem ein Kind normalerweise zu seinem ersten „Ich"-Erlebnis kommt.

Es ist vielleicht an dieser Stelle sinnvoll, einige Aspekte der normalen kindlichen Entwicklung in unser Gedächtnis zurückzurufen, wie wir sie im ersten Kapitel behandelt haben, als wir über die Entwicklung des Bewußtseins sprachen. Wir vertraten die Ansicht, daß zunächst das Bewußtsein diffus und ausgedehnt ist, daß es sich erst sammeln, zentrieren müsse und daß die frühkindliche Entwicklung ein schrittweises Zurückziehen des Bewußtseins von seinem peripheren Zustand, in dem es den Mitmenschen einschließt, zu einem zentrierten Bewußtseinszustand darstellt, der alles ausschließt außer dem eigenen Selbst. Dieser Prozeß findet seinen Höhepunkt in dem Augenblick, da ein Kind das erste Mal von sich sagt: „Ich".

Ganz offensichtlich lernt ein Kind dieses Wort „Ich" nicht durch Nachahmung, wie es alle anderen Wörter und Bezeichnungen lernt. Es hört Wörter, mit denen Menschen, Dinge und Handlungen bezeichnet werden, und so wird allmählich aus seiner „internationalen" Baby-Sprache seine eigene Muttersprache. Wir sahen, daß die Fähigkeit zur Imitation sozusagen der Ausgangspunkt für die nächste Entwicklungsstufe ist. Im völligen Gegensatz dazu hört ein Kind niemals das Pronomen „ich" in bezug auf sich selbst, noch wird irgend jemand sonst von anderen mit „ich" angeredet. Aber wenn das Erleben des eigenen Ich heraufdämmert, gebraucht das Kind das Pronomen „ich" für sich selbst, und zwar zu einem Zeitpunkt, in dem sein Verstand noch keineswegs so weit entwickelt ist, daß es durch Ableitung zu dem logischen Schluß kommen könnte, sich selbst mit „ich" zu bezeichnen, weil andere das mit sich auch so tun.

Es ist erstaunlich, daß die Einmaligkeit dieses Sich-selbst-Erlebens in der frühen Kindheit nicht immer sogleich erkannt wird. Es ist die einzige Erfahrung, die nicht direkt durch Sinneswahrnehmungen angeregt wird. Sie entsteht rein und unmittelbar aus der individuellen Entwicklung des Kindes. Jedoch ist dieser Entwicklungsschritt nur erkennbar, wenn man versucht, ihn in Beziehung zur weiteren oder der gesamten Entwicklung zu sehen.

Bisher haben wir uns nur mit der frühen Kindheit befaßt. Wir sollten festhalten, daß das Kind sein eigenes Selbst zum ersten Mal erlebt, bevor es das Kindergartenalter erreicht. Zu diesem Zeitpunkt hat ein Kind noch keinen Sinn für irgendwelche logischen Zusammenhänge. Wie wir gesehen haben, wird es in diesem Alter mehr vom Guten als vom Wahren geleitet. Jahre werden vergehen, bevor es soweit herangereift ist – auch im Hinblick auf seinen Körper –, daß es seine Intelligenz gebrauchen und seinen Verstand einsetzen kann, um etwas auszuführen. Wenn auf ein Kind nicht ein großer Druck ausgeübt wird, seinen Intellekt auszubilden, so besitzt es bis zum fünften, sechsten, ja sogar bis zum siebten Lebensjahr eine Art des Erlebens, in der die Phantasie die dominierende Rolle spielt. Beobachtet man es beim Spiel, so erkennt man, daß der Sinngehalt noch die Frage nach „Ursache und Wirkung" überwiegt und daß es dem Kind noch frei steht, den Dingen wechselnde und ambivalente Werte kraft seiner Vorstellungsgabe zu verleihen. Denn das ist der tiefe Sinn des Spiels in der frühen Kindheit.

Auch ein Vorschulkind wird oft noch leblose Objekte beseelen; sein Selbst-Erleben hat sich noch nicht vollständig von seiner Umgebung gelöst.

Obgleich ein vier- oder fünfjähriges Kind nicht mehr den Tisch prügeln wird, weil es sich den Kopf daran gestoßen hat, wie es das vielleicht als zweijähriges tat, so wird es doch gern der Versuchung nachgeben, etwas, was es wünscht, eher als wirklich und wahr zu nehmen als das, was es tatsächlich beobachtet hat. Das ist nicht nur so, wenn das Kind sich schämt oder Strafe fürchtet, sondern auch in Situationen, die davon frei sind; man kann das häufig beobachten, wenn sich Kinder ohne jeden Zwang ausdrücken dürfen.

Erst mit dem Schulalter tritt hier ein fundamentaler Wandel ein. Zu diesem Zeitpunkt beginnt die Wirklichkeit, wie wir sie durch unsere Sinne wahrnehmen, sich dem Kind einzuprägen und sein Erleben zu beherrschen. Der Wechsel in der Art, wie ein Kind erlebt, drückt sich auch in einer Veränderung der kindlichen Gestalt aus oder fällt zeitlich jedenfalls damit zusammen. Die Körperproportionen eines Kindes im Vorschulalter sind deutlich verschieden von denen eines Schulkindes. Während beim ersteren Brust und Bauch bis hinunter zu den Hüften blockförmig ineinander übergehen, bildet sich bei Schulkindern die Taille; sie zeigen damit immer mehr die archetypische menschliche Gestalt, wie sie uns von den griechischen Plastiken her bekannt ist.

In dieser Phase, in der sich die menschliche Gestalt herausbildet – später wird sie sich noch in weibliche oder männliche Formen differenzieren –, setzt auch das Freiwerden des Geistes für intellektuelle Betätigungen ein. Ganz allgemein scheint das Kind zu dieser Zeit eine neue Stufe seiner Existenz zu beginnen. Doch in den ersten Schuljahren ist es noch ganz und gar Kind. Seine Beziehungen zu den anderen sind noch nicht die *eines* Menschen zu anderen Menschen. Es ist noch ins „allgemein Menschliche" eingehüllt.

Ohne genauere Prüfung nimmt es Informationen sowohl aus der Welt der Erwachsenen wie von älteren, erfahreneren Kameraden auf, akzeptiert sie und läßt sich von ihnen leiten. In diesem Alter hat ein Kind noch Eigenschaften, die es als Erwachsener vollständig verlieren wird. Die Eigenheiten der beiden Geschlechter haben sich noch nicht voneinander differenziert, sie sind noch nicht im Widerstreit miteinander. Diesem Alter ist ein Gefühl von Ehrfurcht eigen, es hat keinerlei Vorurteile und kann sich noch ganz einer Welt hingeben, von der es sich dereinst als ein einzelner von den anderen absetzen soll. Die Welt und andere Menschen erscheinen dem Kind in diesem Alter nicht als Wirklichkeit, sondern in der Form ästhetischer Werte. Die Frage – auch wenn sie nicht unbedingt so ausgesprochen wird – würde lauten: „Was kann ich bewundern? Welches ist das ersehnte und heroische Vorbild, dem ich nacheifern kann?" Die innere Landschaft – um es in einem Bilde auszudrücken –, durch die ein Kind im ersten Schulalter wandert, bezieht ihre Werte aus dem Gefühl des Kindes für das Schöne, das Wünschenswerte und das Ästhetische.

Erst etwa in der Mitte der Schulzeit, mit dem zwölften oder dreizehnten Lebensjahr, fängt das Kind langsam an, in die Welt der Erwachsenen hineinzuwachsen. Jetzt manifestiert sich die Trennung der Geschlechter, und zwar nicht nur physisch und biologisch, sondern auch im Seelischen. Zwar ist ein Kind von Geburt an männlich oder weiblich; für das Kind aber hat das bei weitem nicht die Bedeutung, die es für einen Erwachsenen hat. Die eigentümlichen Wechselbeziehungen zwischen Männlichem und Weiblichem entfalten sich erst im Lauf der Pubertät. (Die Phase frühkindlicher Sexualität gehört dem Unbewußten an und liegt in der Sphäre von Phantasie und Mythos.)

Die grundlegende und charakteristische Veränderung in dieser Phase vollzieht sich aber im Verhältnis des Kindes zu sich selbst und zu anderen. Es wird einsam und isoliert. Es verliert weithin die Fähigkeit, sich mit dem zu identifizieren, was es nachahmt. Es beschäftigt sich immer mehr mit sich selbst, mit seiner eigenen Identität.

Ein Kind lebt zwischen seinem fünften und dreizehnten Lebensjahr sozusagen auf Grund seiner Anlagen, wie dem Erinnerungsvermögen, der Nachahmungskraft, der Fähigkeit zu lernen und zu erfassen. Nach dieser Zeit erkennt ein junger Mensch, wie stark er von seinen Gefühlen bestimmt wird. Für ihn wird nun am wichtigsten, wie er gefühlsmäßig reagiert. In dieser neuen Form des Erlebens muß er noch das finden, was der Erwachsene als Kern seiner Existenz kennt: sein inneres Selbst. Sympathie und

Antipathie eines Kindes sind in der Pubertät und in der darauffolgenden Zeit die zentralen und bestimmenden Triebkräfte. In dieser Zeit verliert sich auch – begleitet von der geschlechtlichen Entwicklung – die Harmonie im Körperbau. Die Gliedmaßen wachsen in verschiedenen Schüben viel zu rasch; das gleiche vollzieht sich mit den Gesichtszügen, und dabei entstehen charakteristische Disharmonien in den Proportionen des Körpers. Eine neue Harmonie in seinem Körperbau findet der junge Mensch erst wieder, wenn er achtzehn oder zwanzig Jahre alt geworden ist.

In dieser Zeit vollzieht sich nun auch die Selbst-Verwirklichung und das Selbst-Erleben im Sinne des Ich-Bewußtseins. Obgleich sich die Persönlichkeit noch weiter entwickelt und ihre eigentliche Entfaltung erst beginnt, ist in vieler Hinsicht hiermit der Zeitpunkt erreicht, da der junge Mensch seine Jugendzeit abgeschlossen hat.

Wie sehr das Erleben des eigenen und zentralen Ichs zu dieser Reifezeit zwischen dem achtzehnten und einundzwanzigsten Lebensjahr gehört – es ist in der Tat ihr Charakteristikum –, können wir mitempfinden. Unglaublich verfrüht aber steht da der einzigartige Augenblick zwischen dem zweiten und dritten Lebensjahr eines Kindes, wenn es plötzlich zum Erleben seines Selbst erwacht und „Ich" sagt.

Für einen Erwachsenen ist es zunächst nicht leicht, sich in die Lage eines kleinen Kindes zu versetzen, dessen Ich plötzlich erwacht, denn diesen Augenblick hat man in seinem eigenen Leben im allgemeinen vergessen. Durch Imagination kann man aber etwa das Erleben eines Kindes in diesem Augenblick nachempfinden, wenn man sich immer wieder der allgemeinen Situation eines Kindes zwischen zwei und drei Jahren entsinnt.

Das Kind hat stehen und gehen gelernt. Es kann sich in seiner kleinen Welt bewegen und die Dinge mit Namen nennen. Es hat sich zwar aus der frühen Phase des umfassenden, omnipotenten Bewußtseins gelöst, die ihm trotz seiner Hilflosigkeit eigen war, aber die Welt um ihn herum ist immer noch „es". Immer noch kann es die Dinge beseelen und sie in alles, was es nur will, verwandeln; es kann Puppen, Holzstücken, Tischen oder Stühlen jedwede höhere Bedeutung geben. Es lebt immer noch in einer Zauberwelt. Darin ist das zweijährige Kind Herr und Gott. Sie ist sein Paradies. Seine vollkommene Abhängigkeit bedeutet gleichzeitig seine Oberherrschaft über seine Welt.

In dieses harmonische und absolute Sein bricht plötzlich dieses jähe Selbsterlebnis herein: „Ich", „Ich bin". Die Augen des Kindes werden, um mit der Schöpfungsgeschichte zu reden, geöffnet, und das Kind erlebt sein in sich zentriertes Selbst; es empfindet, daß es getrennt und abgelöst ist von der Welt, die es umgibt, und es merkt, daß diese Welt nicht länger es selbst, sondern das „andere" ist.

Außerordentlich wichtig aber ist, uns darüber im klaren zu sein, daß ein Kind in diesem einschneidenden archetypischen Augenblick in seiner Entwicklung noch weit davon entfernt ist, in seinem Erleben oder seinem übrigen Bewußtsein irgendeine Art von Zentrierung erreicht zu haben. Dazu kann es erst im Lauf vieler Entwicklungs- und Reifejahre kommen.

In der Tat bedeutet das Erleben des eigenen Ich zwischen dem zweiten und dem dritten Lebensjahr einen solchen Anprall und eine beinahe groteske Schwierigkeit, daß das Kind sie noch gar nicht bewältigen kann. Man sollte nicht fragen, weshalb hier manchmal etwas falsch läuft und zu Autismus führt; vielmehr sollte man sich fragen, wie es möglich ist, daß es überhaupt gut geht? Wie kann ein Zwei- oder Dreijähriger jemals mit dem überwältigenden Einbruch seines eigenen Ich fertig werden, für den es doch so wenig vorbereitet und gewappnet ist?

Hier möchte ich mit einer wahrscheinlich ungewöhnlichen Interpretation des Sündenfalls ein kurzes Wort zur Erklärung einflechten. Der große Mythos am Anfang der Schöpfungsgeschichte wird, abweichend vom tatsächlichen Wortlaut des Bibeltextes, gemeinhin mißverstanden, wenn man die Schuld des Menschen als ein sexuelles „Fallen" interpretiert und behauptet, daß die Vertreibung aus dem Paradies die Folge davon war. Der Mythos besagt aber, daß Adam aus dem Paradies gestoßen wurde, weil er vom Baum der Erkenntnis aß. Seine Augen wurden geöffnet, und er sah, daß er nackt war. Es wurde ihm in einem frühen, unreifen Zustand seine potentielle Göttlichkeit bewußt, und deshalb sagte Gott: „Siehe, der Mensch ist geworden wie Unsereiner und weiß, was gut und böse ist."

Wenn man den Sündenfall sexuell interpretiert, kann man das eigentlich nur tun, wenn man die Entdeckung der kindlichen Sexualität durch Freud dazu in Beziehung setzt; diese geht nicht von sexueller Betätigung aus, sondern meint mehr ein Wissen um die schöpferische Macht, die Macht, die das Kind als eigenes Ich erfährt, während es sich noch als Schöpfer, aber nicht als Geschöpf fühlt.

Die Geschichte des Sündenfalles weist vielleicht darauf hin, daß, in bezug auf die Evolution der Menschheit, zu früh dem Menschen die schöpferische Kraft verliehen wurde, eine Ansicht, die durch die Prometheus-Sage bekräftigt wird. Im Hinblick auf das Individuum entspricht dies dem existentiellen Problem, das sich jedem Kind in der Entwicklungsphase zwischen seinem zweiten und dritten Lebensjahr entgegenstellt: Es geschieht mit ihm in einem so zarten Alter etwas, mit dem es eigentlich erst achtzehn oder zwanzig Jahre später fertigwerden kann.

Wird ein Kind autistisch, so kann man das vielleicht als eine Panik-Reaktion auf das übermächtige, urplötzlich hereinbrechende Erwachen des eigenen Ich erklären.

Normalerweise hilft einem Kind während dieses einschneidenden Erlebens die Beziehung zwischen ihm und seiner Mutter sowie das Verhältnis seiner Familie zu ihm. Instinktiv haben Mütter oft – mehr oder weniger bewußt – ein Ahnen von der Individualität oder von dem Ich ihres Kindes, häufig sogar bevor es geboren ist. Dieses Ahnen haben manche Mütter sogar vor der Empfängnis, bei anderen fällt es mit der Empfängnis zusammen, oder es entfaltet sich, was öfter der Fall ist, während der Schwangerschaft.

Das instinktive mütterliche Wissen um die Art der Individualität des Kindes, das sie erwartet, ist selten deutlich und erklärbar, und es kann nicht so einfach in Worte gekleidet werden; es ist aber ausschlaggebend für die Hilfe, die eine Mutter ihrem Kind in dem entscheidenden Moment geben kann, da es zum ersten Mal sein „Ich" erlebt. Einerseits ist das Verhältnis einer Mutter zu ihrem Kind so, wie ich es gerade beschrieben habe: sie hat ein instinktives Wissen um die Individualität ihres Kindes. Andererseits aber wird das Verhältnis der Mutter zum Kind ebenso bestimmt von seiner Hilflosigkeit, seinen körperlichen Bedürfnissen und seiner vollkommenen Abhängigkeit. Diese Ambivalenz gibt dem Kind in dem entscheidenden Augenblick Halt, wenn es seine Abhängigkeit spürt, wenn es merkt, was es zum Leben braucht und was es überhaupt bedeutet, ein Geschöpf dieser Erde zu sein; das hilft ihm auch, sein Ich zu erleben und an seine körperliche und biologische Entwicklung zu binden.

(Die zweitausendjährige Geschichte der Christenheit zeugt von dem unermüdlichen Versuch der Menschen, durch tiefe Demut und Andacht dem überwältigenden Ereignis der Menschwerdung des Göttlichen in Jesus Christus gerecht zu werden, auf daß die Menschheit empfänglich würde für die Erkenntnis, daß Gott nicht länger nur im Himmel, sondern auch in jedem Menschen ist.)

Mit anderen Worten: Im Verhältnis Mutter–Kind liegt für das Kind die Möglichkeit der Harmonisierung zwischen dem Erleben seines existentiellen Selbst – man könnte sagen, es sei göttlicher Natur – und der Tatsache, daß es eine arme abhängige Kreatur dieser Erde ist.

Sieht man es so, dann wird es deutlicher, weshalb Kindheitsautismus in solchen Familien häufiger vorkommt, in denen – und das besonders im Hinblick auf die Mutter – ein gewisser intellektueller, den Wissenschaften zugeneigter Geist herrscht. Der Zwang einer modernen wissenschaftlich orientierten Lebensanschauung kann so stark sein, daß eine Mutter aus intellektueller Ehrlichkeit sich nicht zu ihren instinktiven oder intuitiven Gefühlen über eine frühe Individualität ihres Kindes bekennen kann. Dadurch werden entweder die instinktiven, intuitiven mütterlichen Gefühle geschwächt oder mit erheblicher intellektueller und bewußter Anstrengung unterdrückt. Das Ergebnis ist, daß der Teil der Mutterliebe, der durch Hilflosigkeit und Abhängigkeit des Kindes entsteht, versachlicht wird. Die Mutter betrachtet die Bedürfnisse des Kindes und seine Abhängigkeit von ihr als etwas, das pflichtgemäß und sachlich zu erledigen ist, ohne daß es dabei eines größeren Gefühlsaufwandes bedarf.

Diese Haltung, die zeitweilig sogar von der Wissenschaft unterstützt wurde, kann zu einem Schwinden oder sogar zu einem völligen Verlust der umhüllenden Liebe führen, die ein Kind so notwendig braucht, um die Phase seiner Ich-Erkenntnis erfolgreich zu bestehen.

In Lebensbeschreibungen von Einzelkindern und von Erstgeborenen kann man feststellen, daß bei ihnen die außerordentlich schwere Verantwortung bei dieser Ich-Erkenntnis noch größer und intensiver ist, weil der Erstgeborene im Lauf der Zeit den Platz des Vaters einnehmen muß. Das heißt nicht nur, daß er die Nachfolge des physischen, biologischen Vaters antreten soll, sondern es impliziert das Vatersein überhaupt. So erklärt sich, daß Erstgeborene oder Einzelkinder anfälliger für Autismus sind als zweite oder später geborene Kinder.

Eine entsprechende Erklärung gibt es dafür, daß so viele autistische Kinder ganz besonders schön sind; sie haben schöne große Köpfe und sind klug und begabt. Die Wahrscheinlichkeit, daß der Blitz in den höchsten Kirchturm einschlägt, ist groß; ebenso wahrscheinlich trifft begabtere und empfindsamere Kinder die Macht des erwachenden Ichs mit größerer Gewalt. Die Gefahr, daß sich Autismus bei ihnen entwickelt, ist darum größer.

Ich habe nun sehr viel über den frühkindlichen Autismus geschrieben. Wahrscheinlich fühlt man, daß Autismus eine besondere Bedrohung ist, und meint, diesem Leiden mehr als anderen gegenüber verpflichtet zu sein. Vielleicht ist es aber auch ein Zeichen dafür, daß wir über den Autismus beim Kind wenig wissen.

Fassen wir zusammen: Wir haben versucht, Kindheitsautismus als eine Panik-Reaktion auf den Augenblick zu interpretieren, in dem zwischen dem zweiten und dritten Lebensjahr das Ich dem Kind zum erstenmal bewußt wird. Sind die Bedingungen ungünstig, weil spezifische Familienverhältnisse vorhanden sind, weil das Kind konstitutionell verletzbar ist oder weil es krank war, so kann das Ich-Erleben nicht nur stark und erregend sein, sondern auch überwältigend und erschreckend.

Als Folge dieser Panik-Reaktion kann ein Kind völlig vermeiden, sich selbst zu realisieren. Selbstverleugnung und wachsender Widerstand gegen die Ich-Integration können so stark sein, daß das Kind beispielsweise das Pronomen „ich" völlig falsch benützt, als sei es eine Bezeichnung für irgend etwas anderes oder einen anderen Menschen, oder daß es sich selbst mit „du" bezeichnet oder sich mit seinem Namen nennt, als sei es jemand ande-

res. Diese Transposition des Personalpronomens ist vielleicht das treffend-
ste und beste Zeichen für die Panik-Reaktion gegen das Aufkommen des
eigenen Ich-Erlebens. Daß es dem Kind nicht gelingt, dieses Ich-Erleben
im Mittelpunkt seines Wesens zu verankern, ist wahrscheinlich der Kern
des frühkindlichen Autismus.

Wenn wir uns dies klar gemacht haben, wird uns verständlich, warum
das Kind zwischenmenschliche Kontakte vermeidet; man kann ja nur bis
zu dem Grad mit anderen Menschen in Beziehung treten, bis zu dem man
sich selbst als Mensch erkennt und erlebt. Ferner kann man die große Vorliebe, mit der autistische Kinder sich mit der Welt der Dinge und der Technik beschäftigen, als eine Art Flucht ansehen; denn die Dinge erinnern das
Kind in keiner Weise an seine eigene Ich-Natur. Tatsächlich kann es sich
in der unbeseelten Welt entfalten, seine Gaben, Fertigkeiten, seine manuelle Geschicklichkeit und seine Intelligenz frei spielen lassen, ohne daß in
seiner Entwicklung das Problem droht, sich selbst erkennen zu müssen.

Wir können, was uns in Sprache und Bewegung dieser Kinder so sehr
befremdet, auch so deuten: Die intellektuelle und die Bewegungs-Entwick-
lung beginnen sich, ohne die bewußte Führung, die aus dem Ich oder dem
Selbst entspringt, zu integrieren. Das Kind tut etwas einesteils, weil es
Genugtuung verschafft, wenn etwas funktioniert und es seine Kräfte gebraucht, andernteils einfach deshalb, weil es getan werden *kann,* auch
wenn die Entwicklung der Motivierung so stark behindert ist.

Ein autistisches Kind ist aber nicht wirklich glücklich in der Freude, der
Zufriedenheit am bloßen Tun; es überwiegen Angst, Verzweiflung und
tiefe Niedergeschlagenheit aus unerfindlichen Gründen. Man kann dies
besser verstehen, wenn man sich die Panik vor Augen führt, die aus der
Konfrontation mit dem Selbst entsteht, und das ist – metaphorisch gesprochen – der Anlaß für die Vertreibung aus dem Paradies.

Häufig kündigt eine Regressions-Phase den manifesten Autismus an.
Dies ist offensichtlich eine Reaktion, eine Flucht zurück in eine frühere
Phase der Geborgenheit, in der die Ich-Werdung noch nicht drohte und
schreckte. Autistische Kinder sind auffallend davon abhängig, daß ihre
physische Umgebung sich nicht ändert, sie haben eine Sehnsucht nach steti-
ger Gleichmäßigkeit; sie scheinen ein Ritual aus dem Versuch zu machen,
dem menschlichen Sein nur eine mechanische oder geometrische Ordnung
zu geben, das lebendig Menschliche in eine Welt der Dinge zu verwandeln.
Ablehnung und Negation können das Wesen eines autistischen Kindes derart bestimmen, daß sie zu vorherrschenden Eigenschaften werden.

Noch etwas muß man bei einem Kind, das an Autismus leidet, berücksichtigen, nämlich seine Ambivalenz. Es liegt ja im Wesen des Menschen,
daß er sich unter fast allen Umständen gegensätzlich zu verhalten sucht.

Ein autistisches Kind ist wegen seiner zwar meist unterdrückten, aber doch vorhandenen Sehnsucht nach normalen Verhältnissen gezwungen, Zuflucht in einer Unzahl von Tabus und Ritualen zu suchen. Wenn man sich diese Ambivalenz klar macht, wird manches im Benehmen des autistischen Kindes verständlich. Die auffallende Art, in der es sich benimmt oder spricht, ist ein Versuch, eine Art Kommunikation aufzunehmen, die es nicht bindet oder in etwas hineinzieht. Das ist eine janusköpfige Situation: Der dem Kind innewohnende Wunsch nach Normalisierung steht im Widerstreit zu der panischen Angst angesichts der Forderungen, die die Ich-Integration stellt und deren „Vermeidung um jeden Preis". Dieser Konflikt und die qualvolle Situation des autistischen Kindes werden erschütternd deutlich.

Aus dem Vorhergehenden ergibt sich eine klare, spezifische und einfache Methode des Umgangs mit dem autistischen Kind. Eltern und Lehrer bedienen sich dieser Methode oft ganz intuitiv, sie kann aber gezielter und wirksamer werden, wenn unsere Interpretation des frühkindlichen Autismus verstanden wird. Die therapeutische Behandlung besteht darin, ein autistisches Kind niemals direkt mit etwas zu konfrontieren. Wir sollten nie versuchen, ihm in die Augen zu schauen oder es anzusprechen, wie wir andere Menschen anreden. Wir müssen uns mit der Erkenntnis vertraut machen, daß das autistische Kind nicht wirklich „in sich" ist und daß wir es nur erreichen können, wenn wir uns an sein peripheres Selbst wenden, an das, was nicht zu seinem Mittelpunkt geworden ist. Wenn wir also das Kind anreden, so sollten wir in eine andere Richtung sprechen. Wenn wir möchten, daß es zu uns kommt, so sprechen wir in der Richtung, die es einschlagen soll. Unser Sprechen mit ihm sollte sanft, unverbindlich und unbestimmt sein und nicht kraftvoll und sachlich.

Behandelt man ein autistisches Kind auf diese Art, so spürt man seine Erleichterung; es wird eher bereit sein, mitzuarbeiten und das Notwendige zu tun. Ich habe bei leicht autistischen Kindern beobachten können, wie sie sich vollkommen in sich zurückzogen, wenn man mit ihnen zwar herzlich, aber doch kraftvoll und direkt umging; z. B. wenn jemand ein solches Kind bei den Händen nahm, ihm gerade in die Augen blickte und es ermahnte, „schön" mitzumachen und sich ein bißchen Mühe zu geben. Dies mag unter gewissen Voraussetzungen sinnvoll sein, wenn ein Kind in seiner Entwicklung wieder auf den rechten Weg gebracht werden muß – bei einem autistischen Kind aber ist so etwas vollkommen falsch und kann katastrophale Folgen haben. Ich betone mit Nachdruck, daß eine solche Behandlung bei autistischen Kindern unter allen Umständen vermieden werden muß.

(Besonders schwierig wird es, wenn Autismus bei einem Kind in Kombination mit Taubheit auftritt; wenn dem tauben Kind beim Sprechen und bei der Sprache geholfen werden soll, so braucht es die Behandlung von

Angesicht zu Angesicht. Wenn aber Autismus im Spiele ist, wirkt diese Methode geradezu gegensätzlich; bei einem tauben psychotischen oder autistischen Kind kann es kaum zu einer erfolgreichen Sprachtherapie kommen. Und das erschwert die Kommunikationsmöglichkeiten mit einem solchen Kind noch mehr.)

Wenn alle, die mit dem Kind zu tun haben, sich ihm auf die oben beschriebene Art und Weise nähern, so wird es ermuntert, auch das geringste in ihm schlummernde Bedürfnis nach Kontakt zu wecken, und schon das kann zur Verbesserung seiner Entwicklungssituation führen.

Es gibt andere Verhaltensweisen gegenüber dem autistischen Kind, die aber nicht so spezifisch und weniger leicht anzuwenden sind. Ich meine hiermit etwas, das ich schon früher einmal erwähnt habe, nämlich daß die Menschen in der Umgebung eines autistischen Kindes ihre eigenen Lebensformen und -regeln beibehalten sollen, auch wenn das Kind negativ darauf reagiert. Ganz klar und ehrlich muß man unterscheiden zwischen dem, was man glaubt für sich selbst tun zu müssen, und dem, was um des Kindes willen getan werden muß. Das heißt deutlich zu trennen: dies dient dem Wohl des Kindes – dort aber sind die Grenzen meiner Toleranz und Geduld.

Es hat keinen Sinn, einem Kind die fixen Ideen und Zwänge, die ja symptomatisch für frühkindlichen Autismus oder Kindheitspsychose sind und sich unterschiedlich äußern, abgewöhnen zu wollen. Solange sich diese nicht als gefährlich oder schädlich für das Kind erweisen oder für seine Umgebung unerträglich werden, besteht keine Notwendigkeit, sie zu unterbinden. Hat man einem Kind wirklich einmal eine Zwangshandlung abgewöhnt, so ist wahrscheinlich, daß man damit eine neue hervorruft, die möglicherweise schlimmer und gefährlicher ist als die erste.

Wenn eine für das Kind unschädliche fixe Idee seine Mitmenschen aber stark belastet und ihre Geduld auf immer härtere Proben stellt, so kann das ein Grund sein, Mittel und Wege zu suchen, ihm das abzugewöhnen; Voraussetzung aber ist, daß wir uns über die Einzelheiten voll und ganz im klaren sind.

Haben wir jedoch das Wesen des frühkindlichen Autismus verstanden, so werden wir mit sehr viel mehr Geduld und Gleichmut das negative und problematische Benehmen des Kindes ertragen können und uns auf die besondere Situation des Kindes einstellen.

Die wichtigste Aufgabe für Eltern und Lehrer ist, mit dem autistischen Kind positiv und harmonisch zu leben, ohne die normale Umgebung zu ändern, wie sie für ein sich entwickelndes Kind in Familie und Schulalltag üblich ist. Es ist keine Hilfe für das autistische Kind, wenn seine Familie jeder seiner Launen nachgibt und sich ihm anpaßt. Geschieht das, so wird die Umwelt selbst „verrückt", und der wohltuende Einfluß einer normalen Umgebung ist vertan. Weil das Kind Gleichmäßigkeit braucht, wird es auf jeden Wechsel in seiner Umgebung negativ reagieren und fortwährend unerwünschte Situationen heraufbeschwören.

Wenn Eltern aber überzeugt sind, sie müßten eine Veränderung oder einen Wechsel in ihrem Leben vornehmen, so wird ihr autistisches Kind sich um so leichter anpassen, je mehr es die Überzeugung der Eltern spürt.

Familie und Lehrer werden in jedem einzelnen Fall herausfinden müssen, wo man den Bedürfnissen des Kindes nachgeben und wo man die überlieferten Gebräuche der Umgebung aufrechterhalten muß. Die endgültige Entscheidung sollte von Wärme und Verständnis geprägt sein und von Einfühlungsvermögen in das einzelne Kind.

Ob man zu einem annehmbaren Zusammenleben kommen kann, hängt davon ab, ob es den Beteiligten gelingt, daß das Kind sich sicher in ihrer Liebe geborgen fühlt trotz seiner Anpassungsschwierigkeiten, trotz seines seltsamen Benehmens, auch wenn dieses um seinetwillen oder aus Rücksicht auf seine Umgebung oft eingedämmt werden muß.

Dieses Miteinander auf der Basis von Liebe und Mitgefühl können wir weiter ausbauen, wenn wir erkannt haben, daß die Situation eines autistischen Kindes ein fundamentales Problem der kindlichen Entwicklung überhaupt ist, analog dazu aber auch ein Problem der Menschheitsentwicklung, an der wir ja alle teilhaben.

Diese Erkenntnis wird in uns jenes intensive Mitleiden hervorrufen, das wir brauchen, wenn wir mit einem autistischen Kind leben sollen. Hat man um ein solches Kind eine Atmosphäre von Sicherheit geschaffen, so kann man gezieltere therapeutische Maßnahmen ergreifen.

Zweifellos gehört zu den schwersten und quälendsten Symptomen des Kindheitsautismus, daß den Kindern jeglicher Sinn für zwischenmenschliche Beziehungen fehlt und daß sie jeden Kontakt mit anderen meiden. Wir tun gut daran, hierauf unser besonderes Bemühen zu richten. Zum Beispiel können wir – immer in der Erinnerung an das, was wir über das Vermeiden direkter Konfrontation gesagt haben – durch einfaches Spielen wechselseitiges Handeln zwischen dem Kind und dem Therapeuten einüben.

Viele Spiele sind je nach Alter des Kindes geeignet, eine solche gegenseitige Beziehung zu erreichen. Das können Ball- und Ringspiele oder einfache Tänze zu Liedern und Reimen sein. Ist ein Kind noch nicht bereit zu spielen, können Lehrer und Kind gleichzeitig oder wechselweise in die Hände klatschen, oder man kann es noch einfacher mit Finger- oder Zehenspielen versuchen.

Bei diesen ersten und einfachen Spielen ist es günstig, wenn man das

Kind auf den Schoß nimmt, seinen Rücken gegen die Brust des Lehrers. Eine solche Berührung wird selbst ein sehr schwer autistisches Kind akzeptieren oder sogar von sich aus suchen.

Aus Spielen zu zweit, mit dem Ball, mit Ringen und anderem können später Mannschaftsspiele und allgemeine sportliche Betätigungen erwachsen, und schließlich werden sogar solche Spiele wie Tennis und Fechten möglich. Gerade letzteres kann sich für etwas ältere autistische Kinder als sehr hilfreich erweisen. Es gibt hier viele Möglichkeiten, und die Erfolgschancen werden um so größer sein, je mehr individuelle Initiative und Erfindungsgabe der Therapeut entwickelt.

Musik-Therapie ist bei der Behandlung autistischer Kinder von besonderem Wert. Schwer autistische Kinder bringt man manchmal zu einer Art von Zwiegespräch durch ein Duett. Der Therapeut summt die ersten Takte einer Melodie, und das Kind summt sie dann weiter; ohne einander anzusehen, kann auf diese Weise manchmal ein Hin und Her im rein Musikalischen entstehen. Mit manchen sehr schwer gestörten Kindern kann man zu einem ersten Kontakt kommen, indem man mit den Fingern einen Rhythmus auf die Tischplatte, an den Schrank oder die Wand klopft. Vielleicht wird solch ein Klopfen schließlich doch irgendwie beantwortet, als Ausgangspunkt für eine Kommunikation.

Mit Musik-Therapie kann man gezielt noch mehr erreichen. Führt man das Kind in seinem musikalischen Erfassen von der Septime abwärts über die Intervalle bis zur Quart und Terz, so kann dies, mit Sachverstand ausgeführt, viel zur Heilung beitragen.

Man hat auch noch andere therapeutische Methoden ausgearbeitet, die aber nur unter entsprechenden Bedingungen und von kundiger Hand angewendet werden sollten; hierzu gehören Farblichtbehandlungen und Heileurythmie.

Auch ist es sehr wichtig, dem Kind Bereiche für seine Selbstverwirklichung und seine Selbstdarstellung einzuräumen, die seine Möglichkeiten, mit anderen Menschen in direkte Beziehung zu treten, erweitern; das ist besonders notwendig, wenn Kinder künstlerische Begabung zeigen, sei es im Schauspielerischen, Malen, Zeichnen oder anderem. Ihnen sollte jede Hilfe zuteil werden, sich auf dem Gebiet, auf dem ihre besondere Begabung liegt, zu beschäftigen. Haben sie nämlich erst einmal eine gewisse Sicherheit und Geschicklichkeit des Ausdrucks gefunden, so eröffnen sich weitere Möglichkeiten für therapeutische Hilfe.

Sehr viele autistische Kinder sind in Teilbereichen intellektuell besonders begabt, und es ist eine große Hilfe für sie, ihre Fähigkeiten verwirklichen zu können. Wir dürfen aber nicht annehmen, daß ein erfolgreicher Gebrauch der Intelligenz für Heilung und Genesung bei Kindheitsautismus ausreichend sei. Entscheidend sind nicht die Fortschritte, die das Kind auf intellektuellem oder schulischem Gebiet macht, sondern die in der Entwicklung seiner Emotionen und seiner Kontaktfähigkeit. Dafür braucht das Kind ständig entsprechende Hilfen von der Umwelt; auf jede nur mögliche Weise muß seine Persönlichkeit gefördert und gestärkt werden.

Bevor ich nun fortfahre, möchte ich noch auf eine einzigartige Möglichkeit hinweisen, ein autistisches Kind aus seiner Isolation herauszuholen. Es ist das Puppentheater. Auch wenn es sich um ein noch so verschlossenes Kind handelt: in seiner Reaktion auf die Vorführung eines Puppentheaters unterscheidet es sich in nichts von einem normalen Kind, hier kann es an der Dramatik menschlicher Situationen teilnehmen und sie genießen, ohne sich selbst irgendwie zu engagieren. Es ist nicht übertrieben, wenn man sagt, daß eine solche Aufführung geradezu Balsam für die Qual eines autistischen Kindes ist. Wenn sich auch die Erlösung durch das Puppentheater vielleicht nur an der Oberfläche vollzieht, so ist doch der Augenblick völliger Hingabe an das Geschehen auf der Bühne außerordentlich wertvoll.

Besonders gut für ein autistisches Kind ist es, wenn es Umgang hat mit Kindern, die an anderen Behinderungen leiden. Es gibt eine Richtung, die spezielle Zentren und Schulen für autistische und psychotische Kinder bilden will. Aber das autistische Kind erlebt dort die Vervielfältigung und Potenzierung seiner eigenen Probleme. Kann es aber mit Kindern leben, die auf ganz andere Weise behindert sind, so hat das unter Umständen für seine Entwicklung spezifische und oft erstaunlich wohltuende Wirkungen, besonders dann, wenn autistische und mongoloide Kinder beieinander sind. Das mongoloide Kind neigt dazu, liebevoll, offen, voller Schalk und sehr kontaktfreudig zu sein, und besonders günstig ist, daß es sich nicht zurückgestoßen fühlt, wenn es keine Erwiderung findet. Deshalb ist ein mongoloides Kind ein idealer Gefährte für ein autistisches; sein Enthusiasmus kann nicht gedämpft werden, wenn es bei dem autistischen Kind kein Echo findet. Andererseits wird ein autistisches Kind lieber beiseite stehen und nicht willig mitmachen, wenn es beispielsweise an Ringspielen teilnehmen soll. Sieht es aber, wie begeistert sein mongoloider Kamerad bei der Sache ist, sich aber wegen seiner Ungeschicklichkeit nicht an die vorgeschriebenen Regeln hält, so kann es einfach aus seiner Ordnungs- und Formbesessenheit heraus zum Mitspielen gezwungen werden, weil es das mongoloide Kind in die Regeln einweisen möchte.

Wir haben erlebt, wie zahlreiche autistische Kinder gelernt haben, sich in solchen Situationen zum Wohle beider Seiten zu beteiligen. Das ist ein erster, aber unendlich wichtiger Schritt für ihre gesellschaftliche Integration. Das Prinzip, Kinder verschiedener Behinderungen nicht voneinander abzusondern, kann auf alle erdenkliche Weise ausgeführt werden; alle haben die gleiche helfende Wirkung. So gibt es Kinder, die als Folge einer Hyperkalzämie in frühester Kindheit eine hochdifferenzierte und gewandte defensive Sprechweise entwickeln. In Situationen, wenn ihre Ängstlichkeit geweckt wird, fangen sie sehr artikuliert und fließend zu sprechen an. In der Konfrontation mit einem autistischen Kind beginnen sie ein pausenloses einseitiges Gespräch; das gibt dem autistischen Kind Gelegenheit, Sprechen zu erleben, was es ja im allgemeinen nicht will, weil es nicht ertragen kann, daß man es anspricht. Menschen, die mit autistischen Kindern leben, die sich in ihr Schweigen versponnen haben, werden häufig selbst ganz schweigsam, weil sie nie ein Echo bekommen; der Typ des hyperkalzämischen Kindes, von dem wir oben sprachen, läßt sich dadurch nicht abschrecken.

Treffen autistische Kinder mit völlig hilflosen und abhängigen, zum Beispiel gelähmten Kindern zusammen, so wird das autistische Kind häufig aus seiner Isolation gerissen, weil das hilfsbedürftige gelähmte Kind sein Mitleidsgefühl aktiviert. Autistische Kinder haben schon Hilfe und Fürsorge für gelähmte Kinder entwickelt, wie sie das für andere nie tun würden.

Man braucht wohl nicht besonders hervorzuheben, daß eine positive und harmonische Umgebung notwendig ist, wenn das Zusammenleben verschiedenartig behinderter Kinder für alle heilsam sein soll. Darauf sollte man achten, wenn ein Kind in eine Internatsschule gegeben wird. Leichter autistische Kinder können vielleicht in gewöhnliche Schulen mit normalen, gesunden Kindern gehen; es ist aber außerordentlich wichtig, daß sie mit Toleranz behandelt werden und daß die Lehrer mangelhafte Fortschritte im Lernen nicht durch Nachhilfe und Pauken aufholen wollen. Man muß sich darüber im klaren sein, daß das Problem für ein autistisches Kind nicht darin liegt, in der Schule mitzukommen. Seine fundamentale Schwierigkeit liegt darin, zu einem Erwachsenen heranzureifen, der mit anderen Menschen zusammenleben und -arbeiten kann.

Wie weit das gelingt, hängt nicht von der Intelligenz und den Fähigkeiten eines autistischen Kindes ab und auch nicht unbedingt von seinen Kommunikationsmöglichkeiten. Auch schwerst gestörten, zurückgebliebenen Kindern, die zu keinerlei Kommunikation bereit waren, hat man trotz ihrer Eigenart dazu verhelfen können, in einer geschützten und toleranten Gemeinschaft zum Wohl aller Beteiligten zu leben und zu arbeiten.

Wenn das Kind im sechzehnten bis achtzehnten Lebensjahr steht, müssen wir deshalb eine neue therapeutische Haltung einnehmen. Man braucht in diesem Zeitraum die Erlebnisbreite eines Kindes nicht weiter in der Richtung auszudehnen. in der es besonders behindert ist. Man sollte ihm nun lieber helfen, seine fixen Ideen und Komplexe in schöpferischer Weise zu nutzen. Häufig befassen sich schwer gestörte und autistische Kinder, die in einer ihnen angemessenen und heilsamen Umgebung aufgewachsen sind, im Alter zwischen sechzehn und achtzehn mit einem Kunsthandwerk und entwickeln dabei ungewöhnliche Gaben und Geschicklichkeiten. Weben, Töpfern, Holzarbeiten, Sticken, Nähen, ja Glas-Gravieren und andere Handfertigkeiten, die höchste Geschicklichkeit erfordern, können von diesen Kindern und Jugendlichen erstaunlich gut ausgeführt werden. Oft können sie komplizierte handwerkliche Arbeiten verrichten, nachdem sie eine halbe Stunde zugeschaut haben, ohne daß ihnen jemand etwas erklärt oder gezeigt hätte.

Auf Grund solcher Fähigkeiten können diese jungen Leute ihren Platz in einer toleranten Gesellschaft finden und durch ihre geschickte Arbeit einen produktiven Beitrag leisten.

So können sie auch ihren eigenen sozialen Standort finden und vollwertige Mitglieder einer Gemeinschaft werden, auch wenn sie nicht frei oder auch gar nicht an ihr teilzunehmen scheinen. Aber sie werden gut und bescheiden die Ordnung der Dinge aufrechterhalten. Und so können sie durch ihre Arbeit ihre Grenzen und Einschränkungen im Verhältnis zu anderen Menschen ausgleichen.

6. Das blinde Kind

Blindheit ist eines der ältesten Leiden, das der Menschheit bekannt ist. Wir wollen uns hier jedoch nur insofern mit ihr beschäftigen, als sie eine Entwicklungsstörung der Kindheit darstellt. So werden wir in diesem Kapitel hauptsächlich die sogenannte angeborene Blindheit behandeln, das heißt Blindheit oder schwer beeinträchtigtes Sehvermögen, die bereits von Geburt an vorhanden ist. Obgleich später erworbene Blindheit auch Entwicklungsprobleme verursachen kann, werden Art und Grad der Behinderung hauptsächlich davon abhängen, zu welchem Zeitpunkt die Erblindung eingesetzt hat. Das gleiche gilt für die Taubheit. Tritt Erblindung erst später ein und hat das Kind bereits die Welt des Sehens und Hörens erlebt, so hat sich sein Weltbild entsprechend der Zeit gebildet, in der das Kind sehen und hören konnte. Wenn Blindheit ein Kind befällt, bevor es zum erstenmal sein eigenes Ich erlebt hat, also vor dem dritten Lebensjahr, so können die Folgen ähnliche sein wie bei angeborener Blindheit. Je später ein Kind erblindet, desto weniger schwer werden die damit verbundenen Entwicklungsstörungen sein.

Zunächst wollen wir uns über die verschiedenen Grade und Arten des Blindseins, die auf eine körperliche Schädigung zurückgehen, Klarheit verschaffen. Man spricht von „Teilsichtigkeit" bei einer relativen Beeinträchtigung der Sehschärfe, bei der zwar Farbe und Form erfaßt, feinere Einzelheiten aber nicht unterschieden werden können. Mit Farben-Blindheit bezeichnet man einen Zustand, bei dem der Betroffene zwar eigentlich normal sehen, aber einige oder alle Farben nicht erkennen oder unterscheiden kann. Von Blindheit spricht man im allgemeinen von dem Stadium an, in dem das Sehvermögen so stark beeinträchtigt ist, daß Dinge oder Menschen nicht mehr erkannt werden, ohne daß die Wahrnehmung von Formen und Farben schon ganz verloren gegangen ist, über das bloße Unterscheidungsvermögen für hell und dunkel bis zur vollständigen Unempfindlichkeit gegenüber Licht.

Die Arten der Blindheit kann man recht gut entsprechend der Anatomie des Auges und der anatomischen Struktur, die mit dem Seh-Prozeß zusammenhängt, in drei Gruppen einteilen: Die erste Gruppe und deren Störungen bezieht sich auf den geometrisch-optischen Teil des Auges, die Hornhaut, die Linse und den Glaskörper. Entweder können die Brechungseigenschaften dieser Organe geschädigt sein, oder ihre Transparenz ist herabgesetzt, was häufiger vorkommt und eine ernstere Situation darstellt. Ein Katarakt oder eine Trübung der Linse oder Verdichtungen im Glaskörper, der hinter der Linse liegt, verursachen eine Streuung des Lichts, die es unmöglich oder im besten Falle sehr schwer macht, Formen wahrzunehmen. In schwersten Fällen ist der Lichteinfall derart behindert, daß die Wahrnehmung von Farben und schließlich auch von Licht nicht mehr möglich ist. Trübungen oder „beinahe-Trübungen" können so lokalisiert sein, daß eine Beeinträchtigung des Sehens nicht generell auftritt und ein beschränktes, lokalisiertes Sehvermögen erhalten bleibt. Dann muß ein Kind sozusagen aus einer „Ecke" seines Auges sehen; es hält den Kopf schief, damit das Auge in eine Stellung kommt, die es ihm erlaubt, den am wenigsten angegriffenen Teil seines optischen Systems zu gebrauchen.

Sein Sehvermögen wird besser sein, wenn das Licht nicht zu hell ist und eine zu starke Lichtstreuung von den angegriffenen Teilen des Auges ferngehalten wird, damit die potentielle Sehkraft des weniger geschädigten Teiles nicht beeinträchtigt wird.

Die zweite Art der Blindheit bezieht sich auf die licht- und farbempfindlichen Teile des Auges, die Retina und den Sehnerv. Auch hier kann eine Schädigung mehr oder weniger ausgedehnt sein und Retina sowie Sehnerv ganz oder nur teilweise einschließen. Sind nur Teile geschädigt, so ist in den meisten Fällen das Sehfeld eingeschränkt; aber selbst wenn Retina und Sehnerv in toto betroffen sind, ist das Sehvermögen oft nicht total geschädigt, sondern noch in Resten tatsächlich oder potentiell erhalten. Wir werden darauf noch zurückkommen, wenn Therapie und Möglichkeiten der Seh-Erziehung ausführlicher beschrieben werden.

Die dritte und schon seltenere Art der Blindheit ist die sogenannte corticale Blindheit. Sie entsteht durch eine Schädigung jener Gehirnteile, die nicht der Sehwahrnehmung selbst, sondern deren Bewußtwerden dienen. Ein Mensch, der an dieser Form der Blindheit leidet, sieht zwar alles, ist aber nicht imstande zu deuten oder zu verstehen, was er sieht. Er wird beim Gehen nicht an ein Hindernis anstoßen und wird selbst bei schlechter Beleuchtung einen winzigen Gegenstand aufheben können. Es wird ihm aber schwierig, wenn nicht unmöglich, zu erfassen, was er aufhebt, welche Farbe und besonders welche Form der Gegenstand hat. Die corticale Blindheit ist eher eine Behinderung der bewußten Wahrnehmungsverarbeitung als des Sehsinnes und kann in gewisser Weise mit der Aphasie verglichen werden, die im achten Abschnitt beschrieben wird.

Die Entwicklungssituation des von Geburt an blinden Kindes ist durch die Tatsache erschwert, daß „unsere Augen geöffnet sind", das heißt, daß für den normalen Menschen die Welt eine räumlich-sichtbare ist, in der selbst die Zeit nur mit Hilfe des sichtbaren Raumes bewußt wird. Die sichtbare räumliche Welt, in der wir leben und durch die wir so vieles wissen, ist dem blinden Kind verschlossen. Ist unsere Welt eine räumliche, so kann man die Welt des blinden Kindes als eine zeitliche bezeichnen. Während uns die Welt hauptsächlich in Form und Farbe entgegentritt, so erlebt der Blinde seine Welt vorwiegend in Lauten und Tönen, Intervallen und Rhythmen.

Das total blinde Kind zeigt meist keine Neigung, mit den Händen und den Fingern tastend zu erleben und seine Umgebung zu erforschen. Es wird irgendwo sitzen, sich sanft und rhythmisch hin und her wiegen und vielleicht dabei vor sich hinsummen. Wenn ein blindes Kind seine Hände nicht zur Erforschung und Orientierung gebraucht, so kann man dies nicht nur damit erklären, daß es Angst und Sorge hat, sich weh zu tun. Vielmehr hat dieses Phänomen seinen Grund darin, daß das Kind von der Welt keine räumliche Erfahrung hat.

Seine Beziehung zur Welt besteht im Warten auf das, was kommen wird, und in der Erinnerung an das, was gewesen ist. Wenn es den Kopf vorgeneigt, aufmerksam lauschend dasitzt, wie es für blinde Kinder typisch ist, so werden wir an eine Körperhaltung bei der Meditation erinnert. Das Kind nimmt aber dabei verfließende Zeit wahr. Es lauscht sozusagen dem Strömen der Zeit. Wenn wir uns bewußt werden, daß das blinde Kind die Zeit so wahrnimmt, wie wir den Raum, werden wir besser fähig werden, mit völlig blinden Kindern zu leben und ihnen zu helfen, mit der räumlichen und sichtbaren Welt in Beziehung zu treten. Zunächst braucht das blinde Kind Anregungen innerhalb seiner eigenen Welt des Zeiterlebens, um zu differenzierten und artikulierten Erfahrungen zu kommen. Das natürlichste und geeignetste Medium ist die Musik. Die Fähigkeiten eines blinden Kindes übertreffen hier die anderer Menschen bei weitem, und seine Lehrer sollten es als eine Verpflichtung empfinden, dem Kind die Welt der Musik zu öffnen. In dieser Welt fühlt sich das Kind wie selbstverständlich zuhause und kann mit den Sehenden Schritt halten. Ähnliches gilt für die Literatur, die Geschichte und die Geisteswissenschaften.

Es ist offensichtlich, daß das völlig blinde Kind nur dann ganz integriert werden kann, wenn es lernt, auch die räumliche Welt zu erleben wie die hörbare Welt zeitlicher Abläufe. Es bedarf großer Anstrengungen, um ein solches Kind in das Erleben des Raumes und der damit zusammenhängenden Begriffe einzuführen. Selbst so einfache Tätigkeiten wie das tägliche Ankleiden und Waschen erfordern viel Geschicklichkeit und Orientierung im Raum.

Die Bemühungen um ein blindes Kind werden um so mehr von Erfolg sein, wenn ihm Therapeuten und Lehrer mit Verständnis für seine oben geschilderte Welterfahrung entgegentreten und ihm erlauben, seine räumlichen Vorstellungen zunehmend von den zeitlichen abzuleiten. Das Kind kann eher begreifen, was „zuerst" oder „später" bedeutet, als „oben" oder „unten", „links" oder „rechts", und es neigt dazu, auch weiterhin „linear" zu empfinden, so wie sich der Gesunde normalerweise eine zeitliche Abfolge vorstellt. Wir müssen uns bemühen, mit dem Kind einen Weg von dem linearen und eindimensionalen Erleben über das zweidimensionale bis hin zum dreidimensionalen Wahrnehmen des Raumes zu finden. Dabei kann die Erkenntnis hilfreich sein, daß man den dreidimensionalen Raum nicht nur visuell, sondern auch auf Grundlage des Bewegungssinnes und der Wahrnehmung des Körperbildes erleben kann: Die vertikale Dimension verläuft vom Kopf zu den Füßen, die horizontale von links nach rechts über die Brust und die sagittale Dimension von hinten nach vorn.

Das Einüben der Raum-Erfahrung durch deren Wahrnehmung am eigenen Leib ist für das blinde Kind von größter Hilfe. Ebenso wichtig ist die Entwicklung und Differenzierung seines Tastsinns, denn das blinde Kind gebraucht erfahrungsgemäß seine Finger mehr als „Augen" und weniger als Werkzeuge. Selbstverständlich muß man ihm helfen, manuelle Geschicklichkeit zu erwerben; seine Fingerspitzen müssen die größtmögliche Sensitivität ausbilden und behalten.

Soll das Kind lernen, sich frei zu bewegen, so sollte man ihm nicht gleich zumuten, in einem leeren Raum größere Strecken zurücklegen zu müssen, und erwarten, daß es dazu fähig ist; vielmehr sollte man in dem Zimmer des Kindes beginnen, wo Möbel und andere Dinge ihren festen Platz haben und nahe beieinander stehen. Allerdings braucht das Kind auch einen freien und leeren Raum, wo man ihm Mut zum Spielen machen muß und wo es nicht bei jeder kleinsten Bewegung an Dinge und Möbel stoßen kann. Das ist besonders wichtig für ein Kind, das früher sehen konnte. Es hat aus dieser Zeit Raumgefühl und Orientierungssinn behalten, ist aber durch den Verlust des Augenlichts schlecht orientiert und unsicher.

Einem Kind, das von Geburt an völlig blind ist, muß man vor allem helfen, zunächst einmal seinen „eigenen Raum" zu entwickeln: dies beginnt an seinem eigenen Leib – und erweitert sich durch das Verhältnis seines Leibes zu der ihm vertrauten Umgebung der Dinge. Derartige Übungen sind vor allem bei Kindern in Heimen nicht leicht durchzuführen, stellen aber eine primäre therapeutische Maßnahme dar. Das Tastgefühl eines blinden Kindes kann auf verschiedene Weise gefördert werden; hier ist das plastizierende Gestalten von besonderem Wert, wie auch die vielen wohldurchdachten Lernmittel für das blinde Kind förderlich sein können.

Die Behandlung blinder Kinder mit *visuellen* Übungen ist dagegen noch verhältnismäßig wenig erforscht. Es ist zwar bekannt und erprobt, daß auch schwerste Taubheit im Kindesalter durch eine dauernde frühzeitige und intensive Hör-Anregung gebessert und oftmals ein brauchbares Maß an Hörfähigkeit erworben werden kann. Bei blinden Kindern sind aber bisher keine entsprechenden Versuche gemacht worden. Dies ist um so weniger verständlich, weil man sehr wohl weiß, daß der objektive Grad von Blindheit, d. h. die tatsächliche Sehbehinderung, des Kindes oft nicht mit dem Maß vorhandener Sehkraft übereinstimmt. Es gibt Kinder mit einer sehr starken objektiven Sehbehinderung, die einen beträchtlich höheren Grad tatsächlicher Sehkraft haben als andere, deren Behinderung objektiv weniger stark ist.

Daraus kann man schließen, daß Sehen nicht nur ein reiner Sinnesvorgang ist, sondern auch Schauen bedeutet. Sehen ist ja nicht nur ein optischer, photochemischer Prozeß, wie er etwa in einer Photokamera abläuft, sondern ist wesentlich auch ein psychologischer Vorgang. Die Vorstellungen des 19. Jahrhunderts, daß man als erstes Farben und Formen sähe, sind längst überholt. Man weiß heute, daß zuerst Menschen und Dinge in bestimmten Konturen und Farben gesehen werden. Was beim Sehvorgang bewußt wird, sind primär nicht Farben oder Konturen, sondern vertraute wie auch „fremde" Objekte und Menschen, die aber immer als solche erkannt werden. Aus der Entwicklung der Malerei seit dem Beginn unseres Jahrhunderts wissen wir, daß unser Sehvorgang ein beträchtliches Maß an künstlerischer Schulung bedarf, um Farben und Formen primär, d. h. getrennt von Vorstellungsinhalten sinnvoll wahrzunehmen. Die erste Verwirklichung dieser Tatsache ist wohl am deutlichsten im Werk Cézannes, und die folgende Entwicklung der modernen Malerei beruht zum großen Teil auf einer Erziehung und Erweiterung des Seh-Sinnes.

Wenn wir versuchen, uns den tatsächlichen Erlebnisvorgang des Sehens klar zu machen, so wird deutlich, daß Sehen im Grunde ein gezieltes, aktives *Schauen* ist, mit ausgesprochen gezielten motorischen Qualitäten. Lernt ein Mensch, diese Aktivität aus dem Sehen auszuschalten, so kommt er zu einem primären Erleben lebhafter und intensiver Farben und eindrücklicher und ursprünglicher Formen.

Die meisten Menschen brauchen für diese Seh-Schulung eine gewisse Zeit, bis sie sie ganz meistern; wenn man nämlich das *Schauen* vom *Sehen* zu trennen versucht, kommt als weiteres Element der „Blick" hinzu. Beim Blick leuchtet aus dem Auge des Menschen etwas von seiner emotionalen und persönlichen Eigenart hervor. Ein Blick kann deshalb auch „vielsagend" sein, Wesentliches ausdrücken und intensiv als Mittel der Kommunikation erfahren werden.

Blicken wir einem Menschen ins Auge, so studieren wir nicht seine Iris oder einen anderen Teil seines Auges, sondern wir drücken damit eine Beziehung zu ihm aus, in der wir ihm auch in gewisser Weise ausgeliefert sind.

Auch der „Blick" muß ausgeklammert werden, wenn wir zum reinen Sehen, im künstlerischen Sprachgebrauch, kommen wollen. Der Sehvorgang hat also möglicherweise drei Aspekte, die man etwa wie folgt beschreiben kann: Zunächst strömt die Welt als Farbe und Form mit den ihr eigenen Gestaltungskräften ein. Diesen Kräften stellen wir die Aktivität des Schauens entgegen, und die dabei entstehenden optischen Phänomene werden uns als Menschen und Dinge bewußt, die wir in Form und Farbe erleben. Dies ist der zweite Aspekt oder die zweite Komponente des Sehprozesses. In dem dritten Aspekt kommt es zur Harmonie, in der die gesamten mit den vorausgegangenen Erfahrungen gemachten Erlebnisse im Blick zurückgegeben werden.

Die erste Komponente des Sehens beruht hauptsächlich auf der optischen Perfektion der transparenten Teile des Auges. Undurchsichtigkeit oder falsche Strahlenbrechung sind vom Sehenden nur schwer mit eigener Kraft zu korrigieren, auch wenn eine Korrektur bis zu einem gewissen Grade möglich ist. Ist der optische Teil des Auges aber so stark geschädigt, daß Blindheit entsteht, so wird eine Besserung selbst bei ärztlich geleiteter und intensiver visueller Anregung sehr schwierig sein; denn gerade dadurch wird die oben erwähnte Streuung des Lichtes verursacht, ein zunehmend zur Erblindung führender Effekt. Wenn die Schädigung oder die mangelnde Transparenz beinahe total ist, bringt auch die Intensivierung der Lichtreize keine Hilfe mehr. Wie verschieden die Umstände auch sein mögen, so sollte immer alles zur Wiedergewinnung des Sehvermögens versucht werden, da es gelegentlich doch zu einem Erfolg kommen kann.

Ganz anders ist es bei der zweiten Art des Blindseins, die durch Schädigung der Nerven und des lichtempfindlichen Teils des Auges verursacht und damit auf das aktive „Schauen" bezogen ist. Obwohl diese Form der Blindheit eine schwere Beeinträchtigung des Sehens bedeutet, ist sie fast nie total. Es scheint hier eine gewisse Parallele zur Taubheit, die auf einer Schädigung der Hörnerven beruht, vorzuliegen, und das Sehvermögen kann durch sorgfältige Licht- und Farbentherapie oft beträchtlich gebessert werden. Dabei werden unter ärztlicher Aufsicht die Augen blinder Kinder in regelmäßigem Rhythmus mit Licht in den Komplementärfarben bestrahlt. Dadurch haben beinahe völlig erblindete Kinder gelernt, ihren Nystagmus (eine unfreiwillige, rhythmisch-schwingende Bewegung der Augäpfel), zu kontrollieren, ihren Blick dem Licht zuzuwenden, ihn in einem verdunkelten Raum auf stark farbiges Licht zu richten, das auf einen weißen Hintergrund gestrahlt wird, und schließlich mit dem Blick auch sich bewegenden Lichtquellen zu folgen. Durch diese Behandlung wurde die Aktivität des Schauens stimuliert, die, wie wir gesehen haben, im Grunde eine motorische Tätigkeit ist. Durch eine solche intensive Therapie erreichen viele Kinder zum erstenmal ein Unterscheidungsvermögen von Farben und gewinnen dadurch ein erstes Erlebnis von der sichtbaren Welt, auch wenn sie nicht dazu kommen, ein generell brauchbares Sehvermögen zu entwickeln. Der Wert dieser Erfahrung darf nicht unterschätzt werden, öffnet sich damit doch ein Fenster in die sichtbare Welt. Es bleibt dann zu prüfen, ob ein einzelnes Kind noch weiter gefördert werden kann, so daß es einen wenn auch begrenzten Grad des Sehvermögens erreichen kann.

Ein Kind, das an sogenannter corticaler Blindheit leidet, bedarf einer ganz anderen Behandlung. Es sieht alles, weiß aber nicht, was es sieht, und gebraucht seine Augen nicht, um einen anderen Menschen anzuschauen. Das Erlebnis des *Blickens* ist ihm nicht zugänglich, weil Farben und Formen von außen einströmen, ohne daß die damit verbundenen Gestaltungskräfte in innere sinnvolle Gestalterfahrung verwandelt werden können. Eine lange, sorgfältige und geduldige Erziehung ist notwendig, um das Kind dahin zu führen, daß es zunächst Farben unterscheidet und dann die allereinfachsten, deutlichsten und primären Formen wie Kreise, Dreiecke, Rechtecke, Quadrate u. s. w. zu erfassen lernt. Nur langsam und Schritt für Schritt erwerben diese Kinder ihre ersten Erlebnisse des Schauens und Erkennens von Objekten und schließlich auch von Menschen. Hat man das erreicht, so kann auch die Fähigkeit des Blickens im oben angeführten Sinne langsam erworben werden.

Die meisten teilsichtigen Kinder und auch viele völlig blinde Kinder passen sich leicht an. Einige von ihnen, besonders mehrfach behinderte, neigen zu Panik-Reaktionen, die denen autistischer oder psychotischer Kinder ähnlich sind. Sie zeigen Symptome des Sichzurückziehens, wie wir sie im vorigen Kapitel beschrieben haben, leiden unter ausgeprägten Angstgefühlen und oft schweren Schlaf- und Eßstörungen. Sie reagieren jedoch gut auf verständnisvolle Behandlung und Führung, und meistens können die autistischen und psychotischen Symptome in kurzer Zeit überwunden werden.

Die wohl für die Entwicklung der Kinder schwerste Mehrfachbehinderung ist wahrscheinlich die Kombination von Blindheit und Taubheit. Sie tritt oft bei Kindern auf, deren Mutter während der frühen Schwangerschaft Röteln durchgemacht hat. Diese Kinder stellen uns vor ein schwieriges Problem, welches zunächst das Problem unserer Kommunikation mit dem Kind bedeutet. Gegenüber einem solchen Kind zeigt sich die ganze Unzulänglichkeit unseres Kommunikations-Repertoires und die damit verbundene Erfahrung hoffnungsloser Frustrierung. Die Welt des erwachsenen Menschen ist weitgehend visuell und zu einem geringeren Grad auditiv bestimmt, wobei selbstverständlich auf letzterem die Sprache als wesentlichstes Mittel der Kommunikation basiert. Wir empfinden deshalb, daß uns jede Möglichkeit des Kontakts mit dem taub-blinden Kind verschlossen ist. Erinnern wir uns jedoch an die früher gegebene Interpretation des frühen kindlichen Bewußtseins, das, wie gezeigt wurde, zunächst ausgebreitet und noch nicht zentriert ist, so zeichnet sich eine Möglichkeit des Kontakts mit einem so schwer behinderten Kind ab.

Denn diese Kinder nehmen, solange sie noch sehr klein sind, am Erleben ihrer Umwelt teil, und es kann deshalb zu einer gegenseitigen Beziehung und Einstimmung zwischen Mutter und Kind kommen, die Grundlage für die weitere Entwicklung der Kommunikation werden können.

Unter gar keinen Umständen darf man aufhören, im Umgang mit diesen Kindern das gesprochene Wort zu gebrauchen; einerseits kann man immer hoffen, daß die ständige Anregung durch die Sprache doch noch die Hörentwicklung fördert, andererseits, und dies ist noch wichtiger, ist die Art, in der wir uns geben und in der wir uns mitteilen, völlig an die Sprache gebunden. Wir könnten keinen Zugang zu dem vage ausgebreiteten Bewußtsein eines solchen Kindes finden, wenn wir so täten, als seien wir stumm.

Natürlich muß jede sprachliche Annäherung nicht nur durch sichtbare, sondern auch durch taktile Gesten begleitet werden. Das Kind wird dann empfinden lernen, daß wir ihm nahe sind, wird aufmerksam werden, wenn wir uns entfernen, und dabei eine grundlegende Differenzierung räumlicher Beziehungen erleben. Nicht nur der Tastsinn, sondern auch der Wärmesinn muß als Mittel der Kommunikation ausgebildet werden, denn es ist wichtig, daß die ersten Erziehungsversuche auf eine personale Beziehung gerichtet sind – in diesem Fall zum Therapeuten – und nicht auf die bloße Manipulation von Gegenständen. Die spezifische menschliche Wärme ist wesentlich für die Verständigung mit einem so „eingekerkerten" Kind.

Dieser primären menschlichen Beziehung muß allmählich die zu den Gegenständen folgen. Dem Kind muß die Welt der Dinge, ihres Gebrauchs und ihrer Bedeutung eröffnet werden; viele einfache Handgriffe und praktische Fähigkeiten muß das Kind beherrschen lernen. Dafür braucht man Geduld durch lange Zeit hindurch, wobei man sich dessen bewußt sein sollte, daß die Einübung von Geschicklichkeit und praktischem Umgang mit den Dingen nicht das primäre therapeutische Ziel ist, sondern sie sollen das Kind befähigen, mit anderen Menschen und mit einem höchstmöglichen Grad von Unabhängigkeit leben zu lernen. So wichtig die Therapie ist, sollte man doch versuchen, ein solches Kind Schritt für Schritt in das Leben einer Gruppe einzuführen, damit es ein Mitglied dieser Gruppe werden kann, sei es die Familie oder eine Gruppe in der Schule. Das Kind muß bei allen Mahlzeiten, den täglichen Verrichtungen, den Freuden und der Arbeit einbezogen werden, so daß es sich als Teil eines Ganzen fühlt und nicht zur äußersten Isolation verdammt.

Schließlich aber, wenn es wahr ist, daß Therapie auf menschlichen Beziehungen und deren reziproker Natur beruht, dann müssen der Therapeut und alle, die diesen Kindern begegnen, sie als Teil der eigenen Existenz empfinden lernen, trotz der und gegen die Isolation einer schweren Behinderung.

Wenn diejenigen, die mit solchen Kindern leben und arbeiten, bereit sind, sich zu üben, über das von ihrem alltäglichen Bewußtsein diktierte Maß hinaus feinfühlig zu werden – wie ich es im Kapitel über die kindliche Entwicklung kurz dargelegt habe –, so werden sie lernen, mit diesen Kindern in einer erfüllten und sinnvollen Weise zusammenzuleben. Die persönliche Entwicklung in der Erübung neuer Seelenfähigkeiten schafft die Umweltbedingungen, die für die Entfaltung so schwer behinderter Kinder wie der blind-tauben notwendig sind. Im abschließenden Kapitel dieses Buches soll die Bedeutung der Umwelt für die Entwicklung des behinderten Kindes eingehender beschrieben werden.

7. Das hörgeschädigte Kind

Im sechzehnten und siebzehnten Jahrhundert begann man, taubstumme Kinder im Lesen, Schreiben und Sprechen zu unterrichten. Dies ist historisch wohl der Beginn der Sonder- und Heilerziehung. Das taube Kind hatte wohl zu Anfang des vorigen Jahrhunderts eine ähnliche Bedeutung wie heute das zerebralgelähmte oder autistische Kind. Damals hat man entdeckt, daß trotz der schweren Behinderung die Intelligenz tauber Kinder vollkommen intakt und sogar ziemlich hoch sein kann.

Taubheit kann einem Kind als einzige auftretende Schädigung angeboren sein; ein solches Kind lernt gelegentlich von den Lippen zu lesen und so gut zu sprechen, daß seine Taubheit fast unbemerkt bleibt. Leider sind solche Entwicklungen selten. In den letzten zwanzig Jahren hat man jedoch auch immer deutlicher erkannt, daß Kinder selten völlig taub sind und daß deshalb eine frühzeitige Anregung der verbliebenen Hörfähigkeit zu einem beachtlichen Gebrauch des noch verfügbaren Potentials führen kann.

Wir wollen uns im folgenden nur mit den Arten von Taubheit beschäftigen, die für das Kind ein fundamentales und generelles Entwicklungsproblem darstellen. Wenn wir versuchen, uns in den Entwicklungsaspekt der Taubheit einzufühlen, so können uns dabei die Beobachtungen dienen, wie Taubheit sich beim normalen erwachsenen Menschen entwickelt.

Nimmt das Gehör bei einem Erwachsenen ab, so wird er nicht nur zunehmend isoliert, sondern er wird anderen gegenüber auch mißtrauisch. Das ist leicht zu verstehen, wenn wir beobachten, wie ein Tauber immer noch *zu*-hört und immer noch erwartet, etwas zu hören; da er aber immer weniger hört, so versteht er entweder nicht, was er hört, oder er kann nicht mehr hören, was gesagt wird. Auf Grund seiner Intensität des „Lauschens" und der Erwartung, etwas zu hören, glaubt er schließlich Dinge gehört zu haben, die in Wirklichkeit gar nicht gesagt wurden. Es wird uns deutlich, daß es in dem gesamten komplexen Geschehen des Hörens zwei fundamentale Elemente gibt: das eigentliche Hören und das Zu-hören, das Lauschen. Hören ist primär Sinneswahrnehmung, Lauschen jedoch eine aktive menschliche Haltung.

Wenn ein normaler Mensch im vorgeschrittenen Alter allmählich taub wird, so ist die Fähigkeit des Hörens beeinträchtigt, nicht aber die des Lauschens. Die Situation kann aber, wenn man den Entwicklungsprozeß der kindlichen Taubheit betrachtet, ganz anders sein, und zwar je nachdem, ob es sich um eine angeborene oder eine später erworbene Taubheit handelt. Man muß deshalb die Art der Taubheit ganz genau prüfen und die Komponenten, die zum Hören und zum Lauschen gehören, genau voneinander unterscheiden.

Zunächst wird man annehmen, daß die beste Möglichkeit, einem Kind bei seinen Hör-Schwierigkeiten zu helfen, die Verstärkung des Tones durch ein Hörgerät ist. Bei Erwachsenen ist dies in den meisten Fällen eine geeignete Maßnahme, bei einem behinderten Kind führt sie nicht immer zu dem erhofften Erfolg.

Der Gebrauch eines Hörgerätes setzt voraus, daß die Fähigkeit des Lauschens intakt ist, und man muß dabei auch ein beträchtliches Maß an differenzierter Intelligenz besitzen, um einen solchen Apparat sinnvoll benutzen zu können. Viele Kinder mit angeborener Taubheit scheinen diese Fähigkeit nicht in genügendem Maß zu besitzen. Es besteht weiter die begründete Hoffnung, daß eine ausreichende Stimulation des Hörsinnes auch die Fähigkeit zum Lauschen anregt. Aber auch darin wird man oft enttäuscht, und die Frage bleibt offen, welche anderen Mittel angewendet werden können, um das Kind zur Aktivität des Lauschens anzuregen. Man kann leicht der Versuchung erliegen, dies durch visuelle Methoden zu versuchen, und zweifellos können so die Aufmerksamkeit und das Interesse eines Kindes geweckt werden. Aber hier muß man erkennen, daß die „Ehe" zwischen Schauen und Lauschen eine unglückliche ist und daß zwischen diesen beiden eine Art von Konkurrenz besteht.

Blickt man auf etwas hin, so neigt man dazu, weniger intensiv zu lauschen: Das Lauschen wird aber verstärkt, wenn man nicht schaut und dabei die Augen schließt.

Einen Eindruck von der Qualität und Aktivität des Lauschens kann man beispielsweise bekommen, wenn man in einem ruhigen Raum sitzt, in dem eine Uhr tickt, und wenn man sich das Ticken zunächst einmal bewußt macht, dann aber immer weniger bewußt darauf achtet. Man wird erfahren, daß man lernen kann, mit dem Willen zu lenken, ob man das Ticken hört oder nicht, und daß man eine bewußte Kontrolle über die Kraft des Lauschens erwerben kann. Es wird uns dann klar, daß die Aktivität des Lauschens von einer deutlichen Entspannung und Ruhe der gesamten Muskulatur begleitet ist, und alle Aktivität, die sonst in die Gliedmaßen, die Muskeln oder ins Schauen fließt, nun auf das Hörfeld gelenkt wird.

Vielleicht wird uns nun auch deutlich, daß das Entwicklungsproblem eines Kindes, das im Bereich des Lauschens behindert ist, zwei Seiten hat: Entweder besitzt es nicht die notwendige Aktivität und Initiative, die für die konzentrierte Aufmerksamkeit des Lauschens benötigt wird, oder es ist in irgendeiner Weise überaktiv und dadurch unfähig zu der Muskelentspannung, die nötig ist, um Initiative und Aktivität nach innen, auf das Hören und Lauschen zu lenken.

Wir müssen nun zwei Arten von tauben Kindern unterscheiden. Die einen sind immer auf dem Sprung, sie sind übermäßig wißbegierig, ruhelos, fahrig und nervös; die anderen neigen dazu, lethargisch, langsam, ruhig und träge zu sein. Diese beiden Typen sind entweder in sich relativ stark ausgeprägt oder erscheinen in mannigfaltiger Kombination. Manchmal steht die Ruhelosigkeit und Überaktivität tauber Kinder mit einer leichten athetotischen Bewegungsstörung in Zusammenhang. Ein solches Kind hat vielleicht als Neugeborenes eine Gelbsucht durchgemacht mit der Folge einer Schädigung des zentralen Nervensystems, die eine muskuläre Bewegungsunruhe mit den typischen Erscheinungen verursacht hat und dadurch die übliche Ruhelosigkeit des Tauben noch verstärkt. In solchen Fällen ist der Gebrauch eines Hörgerätes nicht nur ohne Erfolg, sondern verstärkt gewöhnlich die Unruhe und die athetotische Bewegungsstörung dieser Kinder und damit ihre Taubheit.

Ein andres Kind, das allem Anschein nach taub ist, leidet in Wirklichkeit an einer Aphasie, was bedeutet, daß zwar sein Hörsinn nicht geschädigt ist, daß aber sein Aufnahmevermögen und Erfassen von gesprochenen Lauten und Worten, d. h. von gesprochener Sprache behindert ist. Dieser Zustand kann in gewisser Weise mit corticaler Blindheit verglichen werden, und wir werden darauf im nächsten Kapitel ausführlich eingehen. In solchen Fällen wird durch die Tonverstärkung über ein Hörgerät zwar die Hörintensität gesteigert, jedoch nicht das Erfassen von Laut und Sprache gebessert. Wir haben im Gegenteil die alarmierende Beobachtung gemacht, daß das Kind dann mißverstehend annimmt, es solle sich an den sonderbaren Tönen und Geräuschen erfreuen, die durch akustische Rückkoppelung im Hörgerät entstehen, und es nimmt dann seine Hörerlebnisse als eine Art elektronischer Musik. Seine Schwierigkeiten im Erfassen der Sprache werden aber dadurch nur verstärkt.

Ich möchte nun keineswegs dahingehend mißverstanden werden, daß ich grundsätzlich gegen den Gebrauch von Hörgeräten bei Kindern plädiere. Im Gegenteil: Wenn bei einem Kind nur ein gewöhnlicher Gehörschaden festgestellt wird und man ihm kein passendes Hörgerät gibt, so kann es sein, daß es überhaupt nicht hören und sprechen lernt, was eine Katastrophe bedeutet. Ein Hörgerät sollte nur dann benutzt werden, wenn eine klare Diagnose gemacht ist, und dann nur mit Sorgfalt und unter genauer Kenntnis von dem, was man erreichen will und kann.

Sind sowohl das Lauschen als auch das Hören behindert, so hat das fundamentale und weitreichende Folgen. Die erste und auffälligste davon ist die Unfähigkeit, Spracherfahrung und -beherrschung zu erlangen, wodurch ein Kind weitgehend von Kommunikation ausgeschlossen ist. Aber auch die Entwicklung der Begriffserfahrung im allgemeinen kann bei Kindern mit angeborener Taubheit grundlegend beeinträchtigt sein.

Das unmittelbare Erkennen von Wörtern und Sprache und das Erfassen von Begriffen auf Grundlage der Sinnestätigkeit werden ausführlich in dem folgenden Kapitel über die aphasischen Störungen behandelt. Hier sollte zunächst nur darauf hingewiesen werden, daß das lebendige Erfassen von Begriffen und besonders von Abstrakta für ein Kind, das hauptsächlich auf visuelle Lernwege angewiesen ist, außerordentlich erschwert ist.

Ich möchte dafür ein Beispiel geben: Man zeigt einem Kind einen Stuhl. Man zeigt ihm das Wort S-t-u-h-l und lehrt es, dieses Wort zu schreiben, nachdem es erkannt hat, daß das Wort und jener Stuhl das gleiche bedeuten. Eines Tages aber sieht das Kind einen anderen, grünen Stuhl und weiß nicht, was das ist. Trotz aller vorausgegangener Mühe ist es in Wirklichkeit nicht in der Lage, den Begriff „Stuhl" zu bilden. Diese einfache typische Erfahrung zeigt die Probleme deutlich.

Ein Kind, das von der Sprach-Kommunikation und infolgedessen auch von dem Erfassen von Ideen und abstrakten Begriffen ausgeschlossen ist, ist in Gefahr, sich ohne selbstkritisches Vermögen seelisch-moralisch ungeordnet zu entwickeln.

Lauschen und Hören sind die Tore zu der kulturellen Existenz des Menschen. Deshalb ist es von größter Wichtigkeit, daß jede nur mögliche Anstrengung gemacht wird, um einem von Geburt an tauben Kind einen wenn auch nur rudimentären Begriff von den Inhalten der Welt zu geben, die sich durch Hören und Lauschen auftun.

Daß es wichtig ist, in Gegenwart dieser Kinder zu sprechen, auch wenn ihr Stummsein nicht zum Sprechen auffordert, habe ich bereits erwähnt. Das Hören eines Menschen ist ja teilweise auch im Sprechen des anderen enthalten, und das gesprochene Wort hat eine gewisse Kraft, Hören und Lauschen im Anderen zu aktivieren. Im Sprechen ist uns also ein Werkzeug gegeben, das wir soviel wie möglich benutzen sollten. Bei der Anregung des Hörens durch die Sprache sollte man, damit das begrenzte Potential des tauben Kindes nicht überfordert wird, zunächst nur einen begrenzten, aber eindeutigen Wortschatz benutzen, der Synonyme und Homonyme vermeidet, so daß die Sprachentwicklung nicht unnötig erschwert wird.

Bei einem schwer tauben Kind vermittelt aber das Sprechen allein noch nicht genügend Anregung für die Entwicklung von Hören und Lauschen. Hier muß eine direkte und gezielte Hörtherapie angewendet werden. Beispielsweise wird ein starker, lauter Ton in das Ohr eines Kindes gesungen. Dann hilft man ihm, den gleichen Ton mit seiner eigenen Stimme zu finden, indem man durch Heben und Senken der Arme die jeweilige Tonhöhe anzeigt. Auf diese Weise kann ein Kind lernen, die Tonhöhen und Intervalle wahrzunehmen, sowohl als Hörerlebnis als auch durch seine eigene stimmliche Leistung. Diese ersten Schritte sind von außerordentlich großem Wert, selbst wenn ein Kind so taub ist, daß es das gesprochene Wort überhaupt nicht hört; sie bilden den ersten Einbruch in den Wall der Taubheit, der das Kind umgibt.

Erste Hörübungen wie diese können eine Grundlage für das Erleben von Kommunikation werden, wenn man eine kleine Gruppe von Kindern mit dem Therapeuten in einem Kreis sitzen läßt. Zunächst singt der Therapeut einen Ton in das Ohr des neben ihm sitzenden Kindes und hilft dann dem Kind, wie oben beschrieben, den Ton wiederzugeben. Das Kind gibt den Ton dann an das nächste Kind weiter, und der Therapeut und das erste Kind können dessen Tonhöhe gemeinsam korrigieren. So macht ein Ton die Runde, bis er wieder beim Therapeuten ankommt. Wenn in einer Gruppe so geübt wird, ist die Anregung des Hörens und die Aufnahmefähigkeit der Kinder nicht nur mit der eigenen Wiedergabe von Tönen verbunden, sondern stellt auch eine erste grundlegende Kommunikation dar, die für die weitere Entwicklung eines tauben Kindes besonders wertvoll ist. Das Hervorbringen von Tönen muß mit vielen unterschiedlichen Hilfsmitteln unterstützt werden; so etwa sollten die Kinder die Kehle des Therapeuten und ihre eigene beim Sprechen und Singen betasten. Die gleichen Grundsätze der oben beschriebenen Gruppenarbeit werden auch angewandt, wenn in späteren Stadien der Therapie eine eigentliche Sprachbildung beginnt. Alle therapeutischen Maßnahmen müssen selbstverständlich von Fachkräften ausgeführt werden; es liegt außerhalb des Rahmens dieses Buches, über die Einzelheiten der Therapie zu berichten.

Man hat heute allgemein erkannt, daß taube Kinder keinem unnötigen und vermeidbaren Lärm ausgesetzt werden sollten; andererseits kann es von großem Wert sein, wenn sie an Konzerten teilnehmen und an einem Platz sitzen können, wo die Akustik in bezug auf Tonvolumen ausreichend ist. Gibt man ihnen richtige und wiederholte Gelegenheit, so lernen diese Kinder häufig Musik zu schätzen.

Bei intensiver Sprachtherapie, die natürlich visuellen und phonetischen Unterricht sowie alle Mittel der Gehörbildung einschließt, ist es wichtig, zusätzlich zur Anregung der Begriffsbildung dem Kind auch ausreichende emotionale und moralische Motivationen zu vermitteln. Das hörgeschädigte Kind mag rasch die oberflächliche Natur eines Gegenstandes und die offenkundigen Erscheinungen der Dinge erfassen, ihr tieferer Sinn und ihre Bedeutung sind jedoch für das Kind zunächst wie ein fremdes Land, in das es mit großer Sorgfalt, Ausdauer und Verständnis geführt werden muß. Seine religiöse und moralische Erziehung ist deshalb auch besonders schwierig.

Theateraufführungen und Puppenspiele können hier viel Gutes tun, sofern sie in erster Linie Essenz und Bedeutung wiedergeben und nicht nur einen äußeren Schein vermitteln. Das Kind kann dabei lernen zu unterscheiden, d. h. zu lieben, was liebenswert ist, und das Abschreckende als solches wirklichkeitsnah zu erleben, wenn es etwa um Recht und Unrecht in dramatischen menschlichen Situationen geht, die schließlich auch für das Kind selbst und seine Handlungen im Leben Wirklichkeit werden. Wie wir oben schon erwähnt haben, ist das von Geburt an taube Kind in seinem emotionalen und moralischen Unterscheidungsvermögen zentral behindert und deshalb besonders gefährdet. Aus diesem Grund ist der gesamte Bereich der Kunst für die Therapie und die Erziehung tauber Kinder von vitaler Bedeutung, nicht nur weil mit den Mitteln der Kunst den Kindern Erfahrungen nahegebracht werden können, die ihnen durch die Sprache nicht vermittelt werden können, sondern vor allem deshalb, weil das Kind Mittel braucht, um sich auszudrücken, und sich dafür die verschiedenen Medien der Kunst anbieten. Manche der schwer gestörten Kinder, besonders mehrfach geschädigte, bei denen Taubheit mit Autismus oder einer Psychose kombiniert ist, zeigen in den visuellen Künsten außerordentliche Begabungen, so wie die künstlerischen Fähigkeiten des blinden Kindes häufig im Musikalischen zum Ausdruck kommen.

Durch den künstlerischen Ausdruck offenbart sich dem hörgeschädigten Kind die Bedeutung der Dinge, und es lernt so, sein Wesen dem anderen aufzuschließen und sich ihm verständlich zu machen.

8. Kinder mit Störungen der Sprache

Blindheit und Taubheit bezeichnen schon durch ihren Namen, was sie bedeuten. Um Sprachstörungen oder „Aphasien" verstehen zu können, bedarf es einer kurzen Erklärung.

Zunächst einmal unterscheiden wir zwei Formen von Aphasie. Bei der sogenannten sensorischen oder rezeptiven Aphasie, einer Unfähigkeit, Gehörtes wahrzunehmen, kann das gesprochene Wort nicht erkannt werden, obwohl das Hörorgan selbst unbeschädigt ist. Die zweite Form ist die exekutive oder motorische Aphasie: hier kann ein Mensch Gesprochenes zwar hören, erkennen und verstehen, aber er kann selbst nicht sprechen. Dabei sind nicht die Sprachwerkzeuge fehlerhaft entwickelt oder beschädigt, wie etwa bei einer Lähmung der Sprechmuskeln, des

Kehlkopfes oder der Stimmbänder, es handelt sich dabei vielmehr um eine grundlegende Unfähigkeit zum Gebrauch der Sprache.

Medizinisch gesehen entstehen solche Zustände nicht durch eine Schädigung des Gehörs oder der Sprechwerkzeuge, sondern durch Störungen bestimmter Bereiche des zentralen Nervensystems. Ähnliche oder verwandte Erscheinungen werden als Agnosien bezeichnet: bei ihnen handelt es sich um die Unfähigkeit, die Bedeutung von Wörtern oder Dingen zu erfassen, obgleich der Verstand im übrigen ganz normal ist. Auch die Agnosie hat ihre Ursache in bestimmten Schädigungen des zentralen Nervensystems.

Um die Ausdrucksformen dieser Störungen nachempfindend deuten zu können, muß man sich ins Gedächtnis zurückrufen, was wir zur Erklärung der verstehenden Wahrnehmung schon beschrieben haben. Denn die Aphasie ist eine fundamentale Störung oder Schädigung der Wahrnehmungs-Information im Bereich der Sprache. Augen werden selbstverständlich zum Sehen und Ohren zum Hören benützt. Es ist aber weniger offenbar, daß der Seh-Akt aus zwei voneinander abgegrenzten Leistungen besteht, die zwei verschiedene Bereiche des Sinnesorgans betreffen. Die eine ist die Eigenschaft, Farbe zu erkennen; sie steht in direkter Beziehung zur Retina. Die andere, das Erkennen von Formen und Gestalten, gehört zu dem Sinnesbereich, der mit der Bewegung der Augenmuskeln und mit einer Reihe von „Verbindungswegen" zum Zentralnervensystem in Zusammenhang steht. Diese Sinnesorgane der Augen sind ganz verschieden von denen, die für die Farbwahrnehmung in Frage kommen.

Man hat sich vielleicht auch noch nicht so ganz klar gemacht, daß man seinen Blick zur gleichen Zeit nur auf einen einzigen Punkt richten und ihn anschauen kann. Blicken wir zum Beispiel in den Spiegel, so können wir nicht gleichzeitig in unsere beiden widergespiegelten Augen sehen, sondern nur in eines. Stellt man die Sehschärfe auf etwas ein, so kann man nur einen einzelnen Punkt aus dem gesamten Sehfeld „anvisieren". Ebenso muß man sich klar machen, daß Form und Gestalt eines Gegenstandes nur dadurch wahrnehmbar werden können, daß sich der Augapfel bewegt und den Linien und Konturen folgt. Dabei spielt sich etwas ganz anderes ab als beim Erkennen von Farben. Es sind also zwei verschiedene Leistungen beim Sinnesvorgang des Sehens unabhängig voneinander beteiligt.

Der sinnliche Vorgang des Hörens kann nicht auf ähnliche Weise verdeutlicht werden. Wenn eine Gruppe von Menschen ein Lied lernt, so werden nach dem ersten Anhören der Melodie die meisten etwas davon im Gedächtnis behalten. Allerdings werden sie sich vielleicht an den Text nicht erinnert haben. Es kann sogar sein, daß sie zunächst die Worte überhaupt nicht gehört haben, sondern nur die Melodie, Töne und Intervalle in einem bestimmten Rhythmus. Das ist eine allgemeine Erfahrung.

Etwas anderes aber wird im allgemeinen nicht so deutlich: Ein Gedicht wird rezitiert. Danach werden die meisten, die es hörten, sich an seinen Sinn erinnern, können aber nicht den Tonfall der Stimme, die das Gedicht gesprochen hat, im Gedächtnis behalten. Noch nach Tagen kann man sich an die Worte erinnern, aber die stimmlichen Eigenheiten des Sprechers wird man aus dem Gedächtnis nicht wiedergeben können.

Aus diesen beiden einfachen Erfahrungen kann man schließen, daß der sinnliche Vorgang des Hörens sich aus zwei Komponenten zusammensetzt: Aus der Wahrnehmung von Melodien oder Ton-Qualitäten und aus der Aufnahme von Sprache und Worten. Das akustische Prinzip, das den Unterschied zwischen beiden ausmacht, liegt in der Verschiedenheit zwischen Tönen und Obertönen. Mit Ausnahme „reiner" elektronisch erzeugter Töne haben alle Töne neben ihrer eigenen Tonhöhe eine Reihe sogenannter Obertöne – obere Teil- oder sekundäre Töne –, die mit dem Grundton schwingen und klingen. Diese Obertöne spielen eine entscheidende Rolle im Aufbau des Sprachklangs.

Obertöne kann man unterscheiden, wenn man den Grundton auf verschiedenen Instrumenten spielt. Ein normaler Mensch kann erkennen, ob ein Ton auf einer Geige, Flöte oder auf dem Klavier gespielt wurde. Es gibt jedoch Menschen, die dabei Schwierigkeiten haben.

Bemerkenswert und bezeichnend ist, daß die meisten Kinder, die an einem Unvermögen, Gehörtes wahrzunehmen (sensorischer Aphasie) leiden, obgleich ihr Gehör an sich ganz normal ist, folgerichtig einen Ton nicht dem Instrument zuordnen können, auf dem er gespielt wurde. Die Fähigkeit, das gesprochene Wort, d. h. die Sprachlaute von anderen Klängen zu unterscheiden, beruht zum großen Teil darauf, nur die Obertöne wahrzunehmen, während die Grundtöne vom Bewußtsein unterdrückt werden. Umgekehrt ist beim Hören von Musik das Erkennen der Grundtöne dominant.

Um aphasische Zustände von der Entwicklung eines Kindes her deuten zu können, sollte man untersuchen, wie sich die Aufnahmefähigkeit für Obertöne beim kleinen Kind entwickelt. Ein normales Kind beginnt sehr früh zu hören. Schon wenige Tage nach der Geburt zeigt ein Säugling deutliche Reaktionen auf Laute und Geräusche. Seine Reaktionen auf das gesprochene Wort unterscheiden sich aber in nichts von denen auf andere Töne und Klänge. Es mag sein, daß es eine Reaktion auf verschiedene Ton-Qualitäten gibt, aber die phonetische Qualität des gesprochenen Wortes kann noch nicht erfaßt werden. Erst mit dem Ende des ersten Lebensjahres entwickelt sich eine neue Wahrnehmungsfähigkeit;

das Kind nimmt zum ersten Mal Sprachlaute als Worte auf und bildet seine ersten eigenen Worte. Was als Sinn am Ende des ersten Lebensjahres erwacht, kann als Wort- oder Sprachsinn bezeichnet werden. Eine neue Sinnestätigkeit ist im Erleben des Kindes entstanden.

Eine weitere Beobachtung, die wir an uns selbst machen können, ist noch bezeichnender, um das Wesen der Agnosie zu erkennen. Nehmen wir an, daß wir einen interessanten Vortrag in einer mehrsprachigen Konferenz gehört haben. Kommen wir nach Hause, so kann der Inhalt des Vortrags ganz und gar in unserem Gedächtnis sein, wir können uns aber nicht erinnern, in welcher Sprache er gehalten wurde. Ebenso wissen wir alle, daß wir uns an den Inhalt einer interessanten Unterhaltung ziemlich genau erinnern können, ohne uns genau der gesprochenen Worte zu erinnern.

Die Verschiedenheiten im Erlebnis des Hörens machen uns darauf aufmerksam, daß unsere Erkenntnisfähigkeit als hörender Mensch sich in einen Bereich für die Wahrnehmung von Sinn, Inhalt und Bedeutung, in einen anderen für das Erkennen der Sprachlaute differenziert. Mit anderen Worten: Der Hörsinn, der uns lautliche Qualifikation überhaupt vermittelt, beinhaltet einerseits über das bloße Hören hinaus die Fähigkeit, Worte und Sprache wahrzunehmen, andererseits Bedeutung und Sinn zu erkennen. Man kann deshalb auch den Hörsinn als Ausgangspunkt für zwei weitere, sozusagen höhere Sinne bezeichnen: den Sinn für das Wort als Lautgebilde und den Sinn für Bedeutung und Begriff des gesprochenen Wortes. Der Sinn für den Wort-Laut entfaltet sich bei einem normalen Kind ungefähr dann, wenn es sich aufrichtet und gehen lernt, also etwa gegen Ende des ersten Lebensjahres; der Sinn für Bedeutung und Begriff beginnt gegen Ende des zweiten Lebensjahres wirksam zu werden, nachdem das Kind sprechen gelernt hat.

Anscheinend ist der Erwerb der Sinneswahrnehmung für das Wort als Laut eine Folge der gelungenen Koordination der Bewegung, die sich im Aufrichten, Stehen und Gehen zeigt; der Sinn für Bewegung und Begriffe dagegen scheint sich erst als Ergebnis der zweiten Bewegungsphase zu entwickeln, wenn die Koordination der Bewegung zur Sprachbewegung wird, die Anfang des Sprechens bedeutet.

Im Kapitel über den frühkindlichen Autismus haben wir gesehen, daß diese beiden großen Entwicklungsschritte Vorläufer jenes geradezu dramatischen Ereignisses sind, wenn das Kind zwischen dem zweiten und dritten Lebensjahr zum erstenmal sein Ich erlebt. Hier erkennt man deutlich die Beziehung zwischen den oben beschriebenen Wahrnehmungsstörungen und der frühkindlichen autistischen Entwicklung. Man versteht dann auch, weshalb die Diagnose des frühkindlichen Autismus oft statt der Diagnose einer Wahrnehmungsstörung im Sinne einer Aphasie oder Agnosie gestellt wird. Außerdem muß man bedenken, daß ein Kind, das an einer schweren Form sensorischer Aphasie oder Agnosie oder an beiden leidet, in eine hinsichtlich der Kommunikation so unerträgliche Situation geraten kann, daß es als Folge die für den frühkindlichen Autismus typische Panikreaktion zeigt. Tatsächlich gibt es unter den an Aphasie oder Agnosie leidenden Kindern viele, welche mit den typischen Symptomen des frühkindlichen Autismus oder kindlicher Psychosen reagieren. Nur wenn man die zugrundeliegenden aphasischen Störungen dieser Kinder frühzeitig erkennt und soweit wie möglich behandelt, kann man ihnen helfen, ihre autistischen oder psychotischen Reaktionen zu überwinden. Es werden uns jetzt auch die diagnostischen Schwierigkeiten deutlich, Taubheit und gewisse Formen von Aphasie voneinander abzugrenzen. Beide Störungen machen es dem Kind schwer oder unmöglich, durch den Hörsinn wahrzunehmen, und beide behindern überdies die Entwicklung des Sinnes für Bedeutung und Begriff des Wortes.

Leider sind entwicklungsbedingte Aphasien und Agnosien nicht immer leicht zu erkennen. Wenn Kinder die eigene Sprache nicht entwickeln, das gesprochene Wort nicht verstehen und keine Begriffe erfassen können, werden sie oft als schwer zurückgeblieben oder geistig behindert betrachtet. Sie erscheinen ruhelos-hyperkinetisch und häufig auch aggressiv und negativ, da sie infolge ihrer zugrundeliegenden Aphasie oder Agnosie in einer hoffnungslosen Situation hinsichtlich der Kommunikation mit der Welt leben.

Da die sogenannte Entwicklungs-Aphasie (developmental aphasia) von bestimmten pathologischen Gehirnveränderungen verursacht ist, kann sie auch von anderen Folgen begleitet sein. Dies führt oft zu einer generalisierenden Diagnose von Schwachsinn, und die Aphasie bleibt unbeachtet. Ebenso häufig werden diese Kinder, wie schon erwähnt, als autistisch oder psychotisch diagnostiziert.

Hat man die Erscheinungen von Aphasie oder Agnosie verstanden und ein Gefühl für deren Verschiedenheit und Mannigfaltigkeit entwickelt, so ist man in der Lage zu unterscheiden, ob ein Kind jede Kommunikation vermeidet, wie es bei autistischen Kindern der Fall ist, oder ob es wie ein aphasisches Kind dazu unfähig ist; auch können wir dann entscheiden, ob wir ein Kind vor uns haben, das trotz seiner angeborenen Intelligenz unfähig ist, Begriffe zu erfassen, oder ob es sich um eine primäre Denkstörung, wie beim zurückgebliebenen Kind, handelt.

Grundsätzlich ist es notwendig, daß wir lernen, unsere eigene Haltung der Art der Behinderung des Kindes anzupassen. Erst dadurch werden die Voraussetzungen für jede weitere therapeutische Behandlung oder heilpädagogische Maßnahme geschaffen. Das überaktive und meist auch destruktive Verhalten eines aphasischen Kindes ruft bei den das Kind umgebenden Menschen eine Abwehrhaltung hervor; sie macht blind für die meist hohe motorische Intelligenz, die sich gerade in diesen destruktiven Handlungen des Kindes äußert.

Wir haben einmal beobachtet, wie ein kleiner Junge seine ganz ungewöhnliche Neugier dadurch zeigte, daß er Damenhandtaschen, Manteltaschen und Schränke öffnete und alles, was darin war, herausnahm. Besonders gern schien er das in Gegenwart anderer zu tun, mit Vorliebe aber vor den Augen derjenigen, denen die Sachen gehörten. So konnte es geschehen, daß er zu einer Dame ging, die gerade eben erst zu Besuch gekommen war, ihre Handtasche öffnete und blitzschnell den Inhalt ausgeleert hatte.

Man kann verstehen, daß ein solches Benehmen zunächst als eine schlechte Gewohnheit, mangelnde Selbstbeherrschung oder auch als Bosheit angesehen wird und die entsprechende Abwehrhaltung hervorruft. Stellt man sich aber mit Einfühlung auf ein solches Verhalten ein, so lernt man es als Ausdruck einer tiefliegenden Kommunikationsstörung erkennen, mit dem das aphasische oder agnostische Kind seine Intelligenz und sein Interesse an seiner Umgebung zeigen möchte.

Andere Kinder mit entwicklungsbedingter Aphasie, die sich sozusagen ganz in sich verkrochen haben, stürzen plötzlich auf einen Menschen los und stoßen dabei scharfe, bellende Laute aus. Monate oder Jahre können darüber vergehen, bis man bemerkt, daß ein solches Kind versucht, das einzige Wort, das es verstehen und wiedergeben kann, zu gebrauchen. Auch hier entsteht unsere Abwehrhaltung aus der Unfähigkeit, dieses Verhalten, in dem das Kind seine Behinderung überwinden will, richtig zu interpretieren. Erst wenn man sich im Umgang mit einem an Aphasie oder Agnosie leidenden Kind über dessen Zustand bewußt wird und die anderen weniger beeinträchtigten Anlagen in den Blick kommen, gehen die hyperkinetischen oder autistischen sekundären Verhaltensformen langsam zurück, und die Grundstörung, an welcher das Kind wirklich leidet, tritt hervor. Erst dann kann eine gezielte Therapie beginnen: Zunächst hilft man dem Kind, übend die Obertöne eines Grundtones voneinander zu unterscheiden, indem es Obertöne der menschlichen Stimme und von ausgewählten Musikinstrumenten differenzieren lernt, wie oben schon erwähnt.

Der nächste Schritt besteht darin, durch sorgfältige phonetische Lautbildung und Lippen-Ablesen das Kind mit Wörtern bekannt zu machen. Von Anfang an werden einzelne Worte, Buchstabe für Buchstabe in phonetischer Wiedergabe, zusammen mit entsprechenden Bildern und Schriftzeichen verwendet. Die jedem Vokal und Konsonanten entsprechenden eurythmischen Gebärden sind unschätzbare Hilfen bei der Entwicklung des Erfassens von Laut und Wort. Diese Maßnahmen bedürfen eines besonders geschulten Therapeuten und müssen über lange Zeit angewendet werden.

Kinder, die völlig unfähig sind, irgendeine Wort-Wahrnehmung über das Gehör in sich aufzunehmen, die also an einer totalen rezeptiven oder sensorischen Aphasie leiden, können im Verlauf von Jahren lernen, einfache Wortbildungen und Sätze zu verstehen und sich, wenn auch mühsam und zögernd, selbst sprachlich zu äußern. Manche dieser Kinder erwerben vielleicht nur die allerersten Ansätze, einige wenige können dagegen ihr Wortverständnis und ihr Sprechen zum normalen täglichen Gebrauch ausweiten.

Gewöhnlich gehen Kinder mit schweren Formen von Aphasie im Lauf der Behandlung durch ausgedehnte Perioden von Enttäuschungen und Aggressionen. Sie haben sich vor Beginn der Behandlung mit ihrer Unfähigkeit einigermaßen abgefunden und erleben jetzt eine neue Verwirrung durch therapeutische Forderungen, auf die sie nicht eingestellt sind. Derartige Situationen erfordern viel Takt und Einfühlungsvermögen seitens der Lehrer und Therapeuten, damit das Kind seine ablehnende Haltung als sinnvoll innerhalb seiner Lebensgeschichte erfahren darf. In jedem Falle müssen die therapeutischen Schritte so bemessen sein, daß das Kind in einem ihm angemessenen Zeitraum zum Erleben eines wenn auch kleinen Erfolges kommen kann.

Man muß wohl nicht besonders erwähnen, daß Theateraufführungen und Puppenspiele, bei denen das gesprochene Wort durch Bewegung, Geste oder Mimik erweitert und verstärkt wird, eine außerordentlich wohltuende und befreiende Wirkung auf aphasische Kinder haben.

Ist die Sprachfähigkeit stärker beeinträchtigt, als man nach dem Grad der Wahrnehmungsstörung der Sprache schließen kann, oder handelt es sich um eine eindeutige exekutive Aphasie, so müssen natürlich andere heilpädagogische Übungen gefunden und angewandt werden.

Im Kapitel über Dominanz und Seitigkeit und das Links-Rechts-Problem zeigten wir, wie eng die motorische Entwicklung der Sprache mit der Ausbildung der Dominanz verknüpft ist. Kinder, deren motorische Sprachentwicklung beeinträchtigt ist, wie es bei exekutiver Aphasie typisch ist, zeigen häufig eine unklare Dominanzentwicklung. Hier sollte man nicht nur bemüht sein, gekreuzte Dominanzen auszugleichen, sondern auch aus einer vorliegenden rhythmischen bilateralen Bewegungsaktivität eine einseitige Dominanz auszubilden. Beim Laufen werden z. B. beide Beine im rhythmischen Wechsel gebraucht – die Tätigkeit ist zweiseitig,

118

bilateral. Während des Laufens aber kann ein langer oder hoher Sprung notwendig sein, bei dem ein Bein das führende, das andere das nachfolgende ist; eindeutige Dominanz wird hier wichtig. Die Entwicklung einseitiger Dominanz aus einer zweiseitigen Bewegung kann durch Laufen, Springen, Ballwurf und Übungen wie Speer- und Diskuswerfen erreicht werden. Die beiden letztgenannten sind für die Entwicklung der Sprache von besonderer Bedeutung; trotzdem sollte man sie nicht mit stärker behinderten oder zurückgebliebenen Kindern ausführen, weil die damit verbundene Technik eine einigermaßen intakte Bewegungskontrolle voraussetzt.

Es gibt Fälle von motorischer und exekutiver Aphasie, bei denen ein Kind eine verhältnismäßig gute Auffassungsgabe für Worte hat, aber selbst nicht sprechen kann, obgleich seine Sprachwerkzeuge keineswegs gelähmt sind. Diese Kinder zeigen auf besonders eindrucksvolle Weise eine mangelhafte Ausbildung der Dominanz: In ihren allgemeinen Bewegungsabläufen herrscht eine ausgesprochene Zweiseitigkeit vor: sie gehen besonders breitbeinig, jedes Bein hat die Tendenz, möglichst weit nach außen zu kommen, die Arme sind dabei häufig ausgebreitet. Man hat den Eindruck, als wollten die Kinder gleichzeitig mit ihrer linken Körperhälfte nach links, mit ihrer rechten nach rechts wandern. Ein solches Kind erinnert in seiner Haltung an einen großen Vogel mit ausgebreiteten Schwingen, dabei ist häufig der Mund weit geöffnet wie zum Versuch zu sprechen. Viele dieser Kinder können Laute hervorbringen, aber keine Wörter artikulieren. Gerade sie können durch die oben beschriebenen Übungen manchmal zu den Anfängen des Sprechens gebracht werden.

Es ist eine dankbare Aufgabe, einem verhältnismäßig normal entwickelten Kind weiterzuhelfen, dessen Sprach- und Wortverständnis beeinträchtigt oder das sprachbehindert ist. Hat man jedoch ein Kind vor sich, dessen gesamte Entwicklung durch eine Aphasie begrenzt und behindert ist, so ist das erste Erleben zuerst bedrückend. Bemerkt man jedoch, welche Chancen für die Entwicklung aufgetan werden können, sobald man die aphasische Anlage erkannt und mit einer gezielten Therapie begonnen hat, so kann sich ein geradezu beglückendes Gefühl im Therapeuten einstellen.

Bei unserem Versuch, die kindliche Entwicklung eingehend darzustellen, können wir jetzt als eines der Ergebnisse festhalten, daß die Ausbildung des Sinnes für den Laut als Wort – die Entwicklung von gehörter, verstandener und gesprochener Sprache – eine der grundlegenden Stufen der Ich-Werdung in der frühen kindlichen Entwicklung ist. Kinder, die diesen Sinn gar nicht ausbilden, also an sogenannter totaler Aphasie leiden, scheitern oft völlig in ihrer Persönlichkeitsentwicklung. Wie schon erwähnt, werden solche Kinder häufig nicht als aphasisch, sondern als geistig „stark zurückgeblieben" diagnostiziert; man gibt ihnen deshalb geringe Chancen für die Entwicklung und keine therapeutischen Hilfen. Auf die autistischen und negativistischen sekundären Symptombildungen, die eine schwere Aphasie begleiten und zu falschen Diagnosen führen können, wurde bereits hingewiesen.

Dennoch zeigt die Erfahrung, daß diese Kinder aus einer beinahe menschenunähnlichen Verbildung ihres Verhaltens für die menschliche Gesellschaft zurückgewonnen werden können, wenn wir ihnen das Erlebnis vermitteln können, zum erstenmal zu ahnen, was es heißt, mit einem Menschen in partnerschaftliche Beziehung zu treten.

Für blinde oder taube Kinder ist es entscheidend, ihnen einen ersten Eindruck von Licht beziehungsweise vom Laut zu ermöglichen, damit sich ihnen die Welten des sichtbaren Raumes und der lebendigen Zeit eröffnen können. Von gleicher existentieller Bedeutung ist für das schwer oder total aphasische Kind das erste Erleben eines Wortes und die Ahnung, welche Bedeutung das Wort für die menschlichen Beziehungen und die Verständigung unter Menschen gewinnen kann. Das Kind erfährt durch das Wort die Begegnung mit dem Menschengeist im eigenen Ich und im Ich des anderen Menschen. Wo es gelingt, ein Kind, das von jeglichem Kontakt ausgeschlossen war, zu dieser Teilhabe an der Welt zu führen, geschieht etwas, was zu dem Beglückendsten gehört, das einem Menschen widerfahren kann.

9. Das emotional und verhaltensgestörte Kind

Über die Kinder und Jugendlichen, denen dieses Kapitel gewidmet ist, ist viel Wichtiges und Nützliches geschrieben worden. Ich möchte hier nur zwei Aspekte behandeln, die, obwohl sie relativ wenig beschrieben worden sind, bei meinen eigenen Erlebnissen mit gestörten und schlecht angepaßten Kindern eine eindrucksvolle Rolle gespielt haben. Einer dieser Aspekte ist physiologisch-psychologischer Natur, der andere bezieht sich auf die Umwelt.

Man wird zunächst meinen, daß bei Kindern, die als „verhaltensgestört" gelten, die allgemeine und intellektuelle Entwicklung verhältnismäßig ungestört verlaufen würde. Dennoch zeigen diese Kinder ungewöhnliche, aggressive und – auch für sie selbst – verletzende Verhaltensformen und Reaktionen.

Inwieweit solche Auffälligkeiten aus einer besonderen Art des Erlebens entspringen, bleibt meist ungeklärt. Die häufig vertretene Auffassung, daß Störungen der emotionalen Reaktion und des Verhaltens umweltbedingt und Folgen einer traumatischen Situation in frühester Kindheit sind, muß durchaus positiv bewertet werden. Sie beinhaltet eine gesellschaftlich und therapeutisch hilfreiche Einstellung, da es im allgemeinen leichter ist, die Umwelt zu beeinflussen, als die Konstitution eines Kindes zu ändern.

Dennoch können wir immer wieder beobachten, daß alle Formen von Entwicklungsstörungen, wie wir sie in den vorhergehenden Kapiteln beschrieben haben, in unterschwelliger Weise Grundlage sein können der eigentümlichen Verletzlichkeit und der besonderen Art der Reaktionen verhaltensgestörter Kinder. Noch spezifischer kann aber ein anderer, bisher noch nicht erwähnter Faktor die Veranlagung eines emotional gestörten oder schlecht angepaßten Kindes beeinflussen. In einem früheren Kapitel dieses Buches haben wir für die kindliche Entwicklung grundlegende Form-Qualitäten oder Form-Polaritäten beschrieben, wie die Großköpfigkeit und Kleinköpfigkeit oder die Integration von links und rechts und von Raum und Zeit. Zusätzlich muß aber noch eine weitere, andersgeartete konstitutionelle Polarität beachtet werden, wenn in der Kindheit emotionale Schwierigkeiten auftreten. Es handelt sich dabei um das Folgende: Ein Mensch kann seinen Leib und dessen Organe als etwas empfinden, das ihn behindert und beschränkt, d. h. eine Art Barriere zwischen ihm und der Welt darstellt. Er selbst wird gegenüber seiner Umgebung empfindungslos sein, jedoch leicht kränkbar und zur Aggressivität neigend, weil er eher mit sich selbst als mit anderen unzufrieden ist. Ein anderer Mensch wiederum fühlt sich „ausgesetzt" und nicht in seinem Leib „zu Hause" und geschützt; er fürchtet sich ständig, von seiner Umgebung verletzt zu werden. Solche Menschen haben das Gefühl, als seien sie wund, als hätten sie nicht genügend Haut. Nicht nur die körperliche Nähe eines Menschen, sondern auch seine Worte gehen ihnen „unter die Haut". Sie sind verletzlich, übersensitiv und ständig reizbar.

Diese beiden Menschentypen kann man besonders unter Kindern sehr gut voneinander unterscheiden. Ein übersensitives Kind reagiert inadäquat auf jeden Wechsel in seiner Umgebung: Kommt es in eine neue Schule oder an einen ihm unbekannten Ort, so wird es sich zurückziehen, aufgeregt und unglücklich sein, und es wird lange dauern, bis es sich angepaßt hat und sich in der neuen Situation wohl fühlt. Bleibt es aber lange genug in der gleichen Umgebung und braucht nicht immer wieder mit Fremden zusammenzutreffen, so wird es sich allmählich anpassen und gute Fortschritte machen.

Ganz anders verhält sich der andere Typus: Diese Kinder sind allem Anschein nach erleichtert, wenn sie an einen neuen Ort kommen, sie scheinen dort verhältnismäßig glücklich zu sein, passen sich schnell an, arbeiten mit und sind meist hilfsbereit. Nach einiger Zeit jedoch, wenn ihnen die neue Umgebung bekannt und gewohnt ist, verlieren die Dinge den Reiz des Neuen und sind nicht länger interessant. Das Kind merkt dann, daß es trotz der neuen Umgebung immer noch es selbst ist; das gerade aber kann es nicht ertragen, damit kann es nicht leben.

Je länger solche Kinder sich am selben Ort befinden, desto schwerer wird es, mit ihnen auszukommen. Ihre Lage erinnert an die Redensart „Neue Besen kehren gut", die sich jedoch bald als ein grundsätzliches Mißverständnis erweist. In Wirklichkeit kann ein solches Verhalten von der Veranlagung hervorgerufen werden, sich in seinem Körper gefangen zu fühlen, an sich selbst gefesselt zu sein. Aus dieser negativen und oft auch selbstzerstörerischen Situation kann ein Kind sich dann nur lösen, wenn ihm von außen genügend entgegengebracht wird, wenn es mit Hilfe von Neuem sich selbst überwinden kann. Dagegen wird sich das übersensitive Kind durch alles, was andere von ihm verlangen, weit überfordert fühlen. Immer wieder wird man von solchen Kindern den Ausruf: „Ich kann nicht" hören.

Dieselben Kinder sind auffallend häufig allgemein und besonders künstlerisch begabt und können sich auf erstaunliche Weise bemerkbar machen, was auf ihre überempfindliche Konstitution zurückzuführen ist. Sie können Situationen nach ihren Wünschen lenken, weil ihre außerordentliche Empfindsamkeit es ihnen erlaubt, die Absichten anderer vorauszuahnen und zu erraten. Sie sind deshalb auch wahre Meister darin, Erwachsene gegeneinander auszuspielen; nicht weil sie bösartig sind, sondern weil sie für die unterschwelligen Beziehungen zwischen Menschen ein feines Gespür haben.

Derartige hysterische Verhaltensformen der Kindheit werden nur verständlich, wenn man sie als Folge der ungewöhnlichen Fähigkeit begreift, Situationen aufgrund einer außerordentlichen Empfindsamkeit hervorzurufen. Eine solche Sensitivität ist meistens organisch begründet, und von der Art, wie wir sie am Anfang dieses Kapitels beschrieben haben.

Bildlich gesprochen ist der Leib im Verhältnis zu dem Drängen und der Größe der Wünsche und Gefühle, mit denen er fertig werden soll, zu schwach. Als Folge davon gibt er schließlich, aber keineswegs widerstandslos, Impulsen nach, die aus dem Bereich der Seele stammen und die er und seine Organe nicht integrieren können. Kinder, bei denen diese Veranlagung ausgeprägt vorliegt, können von einer Stunde zur anderen die verschiedensten akuten Krankheitssymptome zeigen, einschließlich epi-

122

lepsieähnlicher Krämpfe. Es wäre falsch zu denken, daß bloße Simulation vorläge. Vielmehr werden diese Symptome durch die Gefühle gestaltet, die Macht über die organischen Funktionen gewinnen.

Die extremen Fälle, die selten auftreten, wurden hier erwähnt, um auf konstitutionsbedingte Einflüsse bei emotional gestörten Kindern hinzuweisen und die dabei auftretende Symptomatik zu charakterisieren. Man kann diesen Kindern auf verschiedenste Weise helfen. Man sollte sie zum Beispiel prinzipiell so erziehen und behandeln, daß sie zu einem rhythmisch-elastischen Verhältnis zwischen ihren Begierden und Emotionen einerseits und ihrem körperlichen Organismus andererseits kommen. Sehr einfach, aber sehr wirkungsvoll ist es, wenn man diese Kinder so verschiedene Dinge tun läßt wie Schreiben, Gehen, Treppen auf- und absteigen, zunächst langsam, dann immer schneller, schließlich in höchster Geschwindigkeit; ist der Höhepunkt erreicht, so nimmt man die Geschwindigkeit allmählich zurück, bis das langsame Tempo des Anfangs wieder erreicht ist. Wiederholt man solche Übungen immer wieder, so bringt ein Kind unbewußt die Beziehungen zwischen seinem Inneren, seiner Seele und seinem Körper wieder in ein geordnetes rhythmisches Gleichgewicht.

Von ihren Mitmenschen brauchen diese Kinder ein ausgereiftes Willensleben und mitfühlende Wärme. Besonders negativ wirkt die Auffassung, die extremen und erschreckenden Symptome seien simuliert. Der Erwachsene muß sie als wirklich verstehen lernen, denn das Kind leidet tatsächlich an ihnen, auch wenn sie nicht organischen, sondern emotionalen Ursprungs sind. Das muß erkannt sein, wenn man wirksame Hilfe leisten will.

Es ist erstaunlich, wie es gerade dem Arzt schwerfällt, Hysterie nicht als Simulation zu interpretieren. Auch wenn ein fernöstlicher Yogi barfuß über glühende Kohlen geht, so basiert das auf einem Zusammenspiel psychologischer und physiologischer Faktoren ähnlich der Hysterie. Weder die Kohlen noch die Tatsache, daß jemand über sie geht, sind simuliert.

Der andere oben erwähnte anlagebedingte Typus ist dadurch gekennzeichnet, daß ein Kind sich in seinem physischen Organismus gefangen und eingesperrt erlebt. Hier ist Hilfe schwieriger. In extremen Fällen äußert sich diese Konstitution in epileptischen Anfällen. Man kann in ihnen einen Versuch sehen, sich mit Gewalt aus der Einschließung in den Körper – entstanden aus einer pathologischen Veranlagung – freizukämpfen.

Nach einer Schlaf-Periode folgen auf diese Krämpfe merkliche Erlösung und Befreiung, die aber gewöhnlich nicht lange anhalten. Bei diesen Kindern stellt die Aggressivität, die sich eigentlich nicht *gegen* andere, sondern gegen die Gefangenheit im eigenen Leibe richtet, das große Problem dar.

Erkennen wir, daß die Aggression organisch bedingt ist, so können wir sie mit einzelnen Kindern offen diskutieren. Obgleich ihre Situation konstitutionell bedingt ist, müssen sie verantwortungsbewußtes Verhalten lernen. Ein wichtiger Grundsatz für die moralische Erziehung dieser Kinder ist, nie das Kind zu verurteilen, sondern nur seine Handlung, und diese nur, wenn sich das Kind geborgen fühlt in unserer Wärme und Sympathie.

Auch hier gibt es therapeutische Übungen, mit denen man einem Kind die Last seiner Veranlagung erleichtern kann. Die meisten dieser Kinder sind in ihrer Anpassung an das Gravitationsfeld behindert; eine Vielzahl von Gleichgewichtsübungen, Trampolinspringen und gymnastische und andere Übungen zur Raumorientierung können helfen.

Ist bei Kindern der Flüssigkeitshaushalt in Unordnung, beispielsweise wenn sie während ihrer Anfälle erbrechen, oder wenn sie eher zu Krämpfen neigen, nachdem sie viel gegessen und getrunken haben, so sind Schwimmen und Übungen im Wasser von wohltätiger Wirkung. Liegen die Schwierigkeiten mehr im Luft- oder Wärmesystem des Körpers, so sind entsprechende Übungen angezeigt.

Diese beiden polaren Veranlagungen, die Überempfindsamkeit und das Eingeschlossensein im Leib, können häufig an den Händen der Kinder erkannt werden: Beim übersensitiven, zur Hysterie neigenden Kind bilden Handfläche und Fingerspitzen den beherrschenden Teil der Hand und drängen den Handrücken sozusagen in den Hintergrund. Die Hände sind meist feucht und neigen zum Schwitzen. Die Fingerspitzen sind länger als die Fingernägel, die oft weich und kurz sind und häufig abgebissen werden. Bei dem anderen Typus ist das Dorsum, der Rücken der beherrschende Teil der Hand. Sie ist im ganzen fester und härter, die Nägel biegen sich leicht über die Fingerspitzen. Die Hand ist kaum feucht und fühlt sich weniger offen an.

Die Hand ist eine sehr aufschlußreiche, aber natürlich nur *eine* Manifestation für einen allgemeinen konstitutionellen Typus. Hat man ein gewisses Gespür für konstitutionelle Typen – man kann das lernen –, so unterscheidet man gerade diese beiden Typen von Kindern leicht voneinander. Da ist das weiche, offene, irgendwie blühende, vielversprechende, hysterische, übersensitive Kind mit seinem kindlich-weichen Ausdruck als Gegensatz zu der verhärteten, schwerfälligen, enttäuscht blickenden und in sich verschlossenen Erscheinung des „gefangenen" epileptoiden Kindes.

In extremen Fällen dieser beiden Konstitutionen ist ein Kind leicht verwundbar und kann unter ungünstigen Umweltbedingungen völlig versagen. Aber jede Behinderung, die wir bisher behandelt haben, kann ebenso zu emotionalen Störungen bei Kindern führen, wenn sie einer besonderen Umweltbelastung ausgesetzt sind. Man muß sich deshalb immer bemühen zu unterscheiden, ob die schlechte Anpassung umweltbedingt ist oder ob sie sich als Folge einer konstitutionellen Fehlanlage oder einer noch tieferliegenden Schwäche entwickelt hat.

Wenn ein Kind emotional leidet und schlecht angepaßt ist, wird man sich neben allen anderen Maßnahmen immer um seine Umwelt kümmern müssen. Es braucht während vieler Jahre Hilfe durch Sympathie und menschliche Wärme, aber man darf nicht erwarten, daß es diese Gefühle erwidert.

Emotional gestörte Kinder scheinen unter dem Zwang zu stehen, sich selbst zu verleugnen und die Menschen, die sie lieben, verletzen zu müssen. Man kann dieses Verhalten auf traumatische Erlebnisse in der frühen Kindheit zurückführen.

Bei einem ernstlich emotional geschädigten Kind wird man kaum während der Zeit des Heranwachsens vollständige Heilung erreichen können. Wendet man ihm jedoch lange genug Sympathie und Zuneigung zu, vor allem während der schwierigen Zeit der Reife und der ersten Jahre als Erwachsener, so werden sich Anpassung und relative Harmonie schließlich doch noch einstellen. Offensichtlich liegt der Kern des Problems bei emotional und verhaltensgestörten Kindern darin, daß sie nicht lernen zu lieben und deshalb keine Verantwortung übernehmen können.

Die Fähigkeit zu lieben hat seine Wurzeln wahrscheinlich in Erlebnissen während der ganz frühen Kindheit. Manches davon ist im zweiten Kapitel über die kindliche Entwicklung bereits behandelt worden, wir sagten am Schluß dieses Kapitels, daß die Entwicklung der Willensantriebe und die Ursprünge des persönlichen Moralempfindens an frühkindliche Erlebnisse geknüpft sind. Versäumnisse und Fehler in dieser frühen Entwicklungsphase kann man kaum wieder gut machen; die in dieser Zeit geschlagenen Wunden werden kaum wieder heilen. Im vierten Kapitel, im Abschnitt „Die Schule als Umwelt", werden wir uns mit Versuchen befassen, in einer späteren Phase der kindlichen Entwicklung das nachzuholen, was hier versäumt wurde.

Ich möchte mich hier noch mit einem besonderen Zeitpunkt in der Entwicklung eines Kindes beschäftigen, der für die Reifung wichtig ist, damit es wirklich Verantwortung übernehmen kann. Ich meine den lebensgeschichtlichen Augenblick, der in einer idealen Kindheit der Pubertät unmittelbar vorausgeht oder genau mit ihr zusammenfällt. Der Junge beginnt zu fühlen, daß sein Vater doch wohl nicht so ehrfurchtgebietend ist, ja, daß er es im Grunde gar nicht verdient hat, der Vater eines solchen

Sohnes zu sein, wie er es ist. Zur gleichen Zeit merkt er aber auch, daß seine Art des Verhaltens, seine Einstellung zu ihm, den Vater erst in den Stand setzt, diese Qualitäten zu entwickeln; das Kind merkt, daß die Art, wie es mit anderen Menschen umgeht, für deren Existenz wesentlich ist. Das ist eine Erfahrung, die ein Kind nur dann machen kann, wenn es jemanden trifft, der es braucht und dem es, sofern die Umstände ideal oder wenigstens doch günstig sind, helfen kann. So etwas kann sich ereignen zwischen einem älteren und einem jüngeren Kind, zwischen einem Kind und einem gebrechlichen alten Menschen, zwischen einem Jungen und einem Mädchen, besonders aber zwischen einem gesunden und einem behinderten Kind oder einem aufgeweckten und einem schwerfälligen Kind. Das verhaltensgestörte Kind hat nur zu oft den starken Wunsch zu helfen, Erfolg zu haben, etwas geben zu können, der Held zu sein. Kommt es in eine Sonderschule für ausschließlich verhaltensgestörte Kinder, so gibt es fast keine Möglichkeiten für derartige Erlebnisse. Die einzigen, die es dann noch von seinen positiven Wünschen verwirklichen kann, sind: nie einen anderen zu verraten, nicht zu raufen oder zu stehlen, niemanden bei Streichen zu übertreffen.

Es ist bemerkenswert, daß sich der Zustand schwer gestörter Jugendlicher häufig beträchtlich gebessert hat, sobald man sie in psychiatrische Anstalten für Erwachsene eingeliefert hat; vorher waren sie in allen möglichen Umgebungen nicht zu lenken. Diese Tatsache scheint damit in Zusammenhang zu stehen, daß die Jugendlichen den gebrechlichen alten Patienten sinnvolle Hilfe leisten können, besonders dann, wenn, wie üblich, zu wenig Pflegepersonal vorhanden ist. Das erste Mal in ihrem Leben werden sie wirklich gebraucht, und dabei kann es dann sein, daß sie den ersten Schritt zu Selbstverwirklichung und zu Verantwortung tun. Ich erwähne dies nicht deshalb, weil ich nun zu solchen Maßnahmen wie der Einweisung in psychiatrische Anstalten raten will, sondern weil ich eine günstige therapeutische Situation für schlecht angepaßte Kinder illustrieren will. Wenn emotional gestörte und schlecht angepaßte Kinder lernen sollen, zu lieben und Verantwortung zu tragen, so können sie es nirgendwo besser als in einer Umgebung, in der sie mit Kindern aufwachsen, die an anderen Schwierigkeiten oder Behinderungen leiden. Besonders ein körperlich behindertes oder schwer zurückgebliebenes Kind kann für das verhaltensgestörte Kind heilsam sein.

Auf die heilsamen Beziehungen, die zwischen Kindern, die an verschiedenartigen Behinderungen leiden, entstehen können, werden wir in den letzten Abschnitten dieses Buches eingehen.

10. Die Erziehung des entwicklungsgestörten Kindes

Bei manchen Kindern bemerkt man ihre Behinderung erst dann, wenn sie in der Schule keine Fortschritte machen, die denen ihrer Altersgenossen entsprechen, und in ihren Leistungen zurückbleiben. Wir sprechen hier nicht von dem sogenannten lernbehinderten Kind, das normal und gesund ist, in der Schule aber versagt, weil der Lernstoff nach einer durchschnittlichen Intelligenz ausgerichtet ist, während die Intelligenz eines solchen Kindes unter dem Durchschnitt liegt.

In diesem Kapitel wollen wir uns mit denjenigen behinderten Kindern beschäftigen, deren generelle Entwicklung beeinträchtigt oder gestört ist. In der Schule hat der Lehrer gegenüber diesen Kindern zunächst den Eindruck, daß sie dem Unterricht nicht folgen und auf diesem oder jenem Gebiet mit den anderen Schülern nicht Schritt halten können. Er schlägt vielleicht vor, dem Kind Nachhilfestunden geben zu lassen, damit es den Anschluß an die Klasse findet.

So gut solche Vorschläge auch gemeint sind, so erweisen sie sich doch bald als sinnlos und verschärfen die schwierige Situation des Kindes. Zur gleichen Zeit bemerken die Eltern gewöhnlich, daß ihr Kind auf einem bestimmten Gebiet nichts leisten kann, kaum Fortschritte macht und sich in der Schule nicht so entwickelt, wie man erwartet hatte. Das Kind selbst verhält sich meist regressiv, zurückhaltend, reizbar, überfordert und möglicherweise aggressiv. Es kann schwierig und ablehnend werden, furchtsam und depressiv.

Hinter den verschiedenen Ansichten und Vorschlägen von Lehrern und Eltern werden die allgemeinen Probleme der Erziehung von zwei Gesichtspunkten her deutlich: Da ist einmal das eigentliche Lernen, das Aufnehmen von Kenntnissen und der Erwerb von Fähigkeiten und Geschicklichkeiten. Auf der anderen Seite aber steht die Frage nach der Entwicklung und Reifungsmöglichkeit der kindlichen Persönlichkeit, auf die in den modernen Erziehungsprogrammen meist zu wenig Wert gelegt wird. Keineswegs ist beim behinderten Kind immer nur die Lernfähigkeit eingeschränkt. Das Problem besteht viel häufiger darin, daß das Kind heranwachsen und zu einer Persönlichkeit werden soll. Tatsächlich liegt hier der Unterschied zwischen dem normalen, gesunden, aber weniger begabten Kind und dem behinderten Kind, dessen Schwierigkeiten von seiner Entwicklung bestimmt werden. Wir kommen hier wieder auf die in der Einleitung diskutierte Unterscheidung zurück, die gemacht werden muß zwischen Heilpädagogik und einer Sondererziehung auf Grund meßbarer Intelligenz.

Lernen und Reifung hängen natürlich eng miteinander zusammen; wir wollen uns aber ihrem Verständnis zunächst auf getrennten Wegen nähern. Lehr- und Unterrichtsmethoden müssen unter besonderer Berücksichtigung der Behinderung des Kindes entworfen werden. Sie sollen seinen speziellen Möglichkeiten und Fähigkeiten, aber auch der besonderen Art seiner Entwicklungsschwierigkeiten angepaßt sein. Auf diese Forderung komme ich später noch einmal zurück.

Bei der Erziehung eines behinderten Kindes müssen wir unsere besondere Aufmerksamkeit auf den Reifungsprozeß richten, vor allem deshalb, weil die Reifung der Persönlichkeit ein dringenderes, schwereres Problem darstellt als für ein normales Kind, welches auch unter verhältnismäßig ungünstigen Bedingungen folgerichtig nach seinen Entwicklungstendenzen zu leben vermag. Die erste wesentliche Hilfe besteht darin, daß man ein behindertes Kind in eine Klasse Gleichaltriger einschult, in der manche Kinder schneller, andere langsamer vorankommen. Kommt ein Kind wegen seiner Behinderung in eine Klasse jüngerer Mitschüler – was aufgrund des gemessenen sogenannten „Intelligenzalters" leicht geschehen kann –, so wird es im allgemeinen in seiner Entwicklung gehemmt und zusätzlich in seinen Reifungsprozessen behindert. (Man hat jedoch auch die interessante Beobachtung gemacht, daß körperlich unterentwickelte Kinder, die viel zu klein für ihr Alter sind, oft sehr gut reagieren, wenn man sie in eine Klasse viel jüngerer Kinder einschult. Sie holen dann rasch sowohl an Körpergröße als auch hinsichtlich der allgemeinen Entwicklung auf.)

In einer Klasse, die aus gleichaltrigen Kindern mit einer breiten Streuung von Fähigkeiten besteht, kann der Lehrstoff nicht nur für die Gruppe der Kinder ausgewählt werden, die am schnellsten lernen. Er muß vielmehr dem jeweiligen Entwicklungprozeß der Kinder entsprechen, so daß das Unterrichtsprogramm als Erziehungsweg das Kind von der frühen Phantasie- und Bildwelt bis zu der Tatsachen-Welt des Erwachsenen begleiten und führen kann. Im einzelnen hat sich die folgende Stufung bewährt:

Im Kindergartenalter beginnt man mit dem frühesten Erleben des Kindes, in dem es sich als Gestalter und Schöpfer fühlt. Über das Märchen, die Mythen und Legenden wird das Kind dann zu dem archetypischen Geschehen des Alten Testaments geführt. Damit wird das Reich der reinen Phantasie verlassen, und das Kind vermag die Welt der Moralbildung und den Anfang der menschlichen Geschichte zu betreten. Im Alter von zwölf Jahren ist das Kind innerlich so weit, daß man von der griechischen zur römischen Geschichte übergehen und dann Stufe für Stufe den Jugendlichen bis in die Oberklassen zur Erweiterung seines Weltbildes führen kann.

Schwer behinderte Kinder in einer Klasse, die aus Gleichaltrigen zusammengesetzt ist, werden vielleicht nicht begreifen, was man ihnen erzählt. Andere können den Sinn voll erfassen. Hat man sich in der Klasse nun einige Wochen lang mit einem geschichtlichen Thema beschäftigt, so fangen die Kinder an, etwa „Griechen" und „Römer" in ihrer Freizeit zu spielen. Dabei werden auch Kinder, deren Möglichkeiten begrenzt sind, in diese Spiele einbezogen und erleben so durch die fundamentalen Phasen der Menschheitsentwicklung auch die Urbilder ihrer eigenen Entwicklung. Die Geschichte des Mittelalters und der Anbruch der Neuzeit sind als Lehrstoff besonders für die Pubertätszeit geeignet.

Besondere Wissensbereiche und Nebenfächer wird man für den Unterricht entsprechend dem natürlichen Entwicklungsprozeß auswählen. Für den Beginn wissenschaftlicher Erfahrungen sind die Phänomene der Akustik gut geeignet; der Begriff der Proportionen wird etwa in Beziehung zu musikalischen Intervallen gesetzt, wie es schon die Griechen taten. Man führt dann über die Optik schließlich bis zur Mechanik, deren Gesetze um die Zeit der Pubertät erfaßbar werden können. Im schrittweisen „Abstieg" von der imaginativen zur mechanistischen Weltauffassung wird man dem Kind am ehesten gerecht, wenn man nicht nur den Intellekt, sondern vor allem das eigene schöpferische Mit-tun und das intuitiv Anschauende schult. Dadurch wird die Reifung der Persönlichkeit gefördert, die wiederum günstig auf die Lernprozesse zurückwirkt.

Während der ersten sieben Schuljahre sollte das Ästhetische, das Schöne bestimmendes Moment des Unterrichts sein. Erst mit dem Beginn der Pubertät werden Verstehen und Urteil begrifflich eingeführt. Für die moralische Entwicklung ist es überaus wichtig, daß ein Kind von frühester Jugend an bis etwa zum zwölften Lebensjahr zu den Erwachsenen seiner Umgebung aufschauen kann, sie als Vorbilder wahrnimmt, die seiner Begeisterung wert sind und die in ihm den Wunsch erwecken, ihnen nachzueifern. Eltern und Erwachsene, im Grunde alle Menschen, sollten sich dessen bewußt sein, daß sie es sind, die in einem Kind nicht nur Gefühle der Liebe, sondern gleichermaßen Bewunderung, Respekt und Verehrung erwecken sollten; ohne diese Vorbilder bleibt die menschliche Existenz armselig.

In den ersten Lebensjahren sollten Kritik und intellektuelle Unabhängigkeit nicht forciert werden, so daß in der Pubertät, wenn sich diese Eigenschaften auf natürlichem Wege zu entwickeln beginnen, Moralbegriffe bereits konsolidiert und festgelegt sind, um der zur Selbständigkeit heranwachsenden kritischen Intelligenz des Jugendlichen standhalten zu können. Es gehört deshalb zu den verhängnisvollsten und gefährlichsten Tendenzen der modernen Erziehung, daß sie die kritische und intellektuelle Unabhängigkeit der Kinder schon in einem Alter übend bestärkt, in dem sie noch nicht zur selbständigen Verarbeitung in der Lage sind. Einer nach dieser Methodik heranwachsenden aufrührerischen Jugend kann nicht einfach eine neue Autorität auferlegt werden. Dieser Weg ist didaktisch falsch und ist zu einer Quelle ernsthafter Schäden für das Kind und die Gesellschaft geworden. In der frühen Kindheit muß vielmehr ein festes Fundament für Respekt und Verehrung gelegt werden, aus dem später jene kritische Unabhängigkeit erwachsen kann, die nicht destruktiv und im Widerstreit mit der moralischen Entwicklung des jungen Menschen in Erscheinung tritt, sondern ihn für die Stellung auszurüsten vermag, die er später in der Gesellschaft einnehmen muß.

Wenn behinderte Kinder heranwachsen, wird auch das Rüstzeug, das sie für ihre individuelle Entwicklung brauchen, differenzierter. Für viele ist es gut, wenn sie noch bis zum achtzehnten Lebensjahr in die Schule gehen. Für andere ist es notwendig, daß man sie früh an eine praktische Arbeit heranführt oder sie ein Handwerk lernen läßt, um ihre Reifung zu fördern. All dies läßt sich jedoch nicht festlegen, sondern ist von den individuellen Fähigkeiten und Entwicklungsrichtungen abhängig.

Zunächst wollen wir auf den therapeutischen Wert des Handwerks eingehen: Ist, wie in einem früheren Kapitel beschrieben, bei einem Kind die Fähigkeit des Hörens und des Lauschens infolge mangelnder Koordination der Bewegung beeinträchtigt, so wird ihm das Töpfern helfen. Um den sich drehenden Ton sinnvoll zu formen, bedarf es einer ruhigen, aber gut gelenkten Koordination, die, wenn sie geübt wird, wiederum Grundlage für das Hören und Lauschen werden kann. Kinder mit mangelhafter visueller Bewegungskoordination haben vom Weben großen Gewinn. Für ein überempfindliches und großköpfiges Kind ist es gut, Gärtnerei zu lernen. Die Aktivität wird vom Sinnesbereich des Hauptes in die Gliedmaßen verlegt. Für das grobgliedrige, kleinköpfige Kind wird es von großem Nutzen sein, ein Handwerk zu lernen, das größere Geschicklichkeit verlangt.

In der späteren Entwicklung eines behinderten Kindes kommt jedoch immer der Zeitpunkt, wo wir unsere Haltung vollkommen ändern müssen. Es ist dann auch nicht länger sinnvoll und zulässig, Arbeit allgemein oder ein spezielles Handwerk nur als Therapie zu betrachten und anzuwenden. Dieser wichtige Zeitpunkt markiert den Augenblick, da ein Mensch seine Kindheit abgeschlossen hat und ein Erwachsener wird. Dann müssen alle Behinderungen, Beschränkungen und Auffälligkeiten, so pathologisch sie auch erscheinen mögen, als Teil des Wesens eines Menschen akzeptiert werden. Er muß nun in einer größeren Gemeinschaft seinen Platz finden können.

Bei der Entscheidung für Ausbildungsgang und Beruf sind die positiven Seiten der Anlagen zu berücksichtigen, damit der beste Gebrauch von den individuellen Eigenheiten gemacht werden kann; denn es ist wichtig, daß diese Eigenheiten nicht beherrschend werden und anderes verdrängen.

Die erste Stufe der Ausbildung, die nun nicht mehr Therapie ist, sollte weniger dem Erlernen eines bestimmten Gewerbes oder einer bestimmten Arbeit gelten, sondern der allgemeinen Erfahrung, einen ganzen Tag lang zu arbeiten. Ein junger Mensch muß lernen, daß er nun nicht für sein eigenes Wohl und seine eigene Entwicklung etwas lernt, sondern daß er lernt zu arbeiten für etwas, was andere Menschen brauchen. Dieser neue Willensantrieb sollte aber nicht von der Scheinidee des Lohnes motiviert und getragen werden, sondern von einer Erfahrung, die unendlich viel wirklicher ist: daß nämlich aus einer gut geleisteten Arbeit Befriedigung erwächst. Daraus ergibt sich aber auch die Wichtigkeit einer Berufs- oder Arbeitswahl, die den speziellen Behinderungen, den individuellen Grenzen und den Neigungen des jungen Menschen Rechnung trägt.

Es ist eine Freude zu erleben, mit welchem Eifer, mit welcher Begeisterung und Ausdauer behinderte junge Menschen sich auf ihre Arbeit einstellen, besonders wenn Schulzeit und Erziehung mit Verständnis für die Entwicklungsschicksale des Kindes wirksam waren. Natürlich unterscheiden sich Behinderte erheblich im Tempo der Anpassung an einen vollen Arbeitstag. Einige erwerben sich Beharrlichkeit und Ausdauer in wenigen Wochen, andere brauchen Jahre, bis sie einigermaßen reif dafür geworden sind, einen Arbeitstag durchzustehen. Im großen und ganzen kann die Mehrzahl der behinderten Jugendlichen einen vollen Arbeitstag erst mit neunzehn oder zwanzig Jahren ohne Schaden durchhalten; man muß ihnen Zeit lassen.

Wir wollen uns nun dem anderen Aspekt der Heilpädagogik zuwenden: dem Lernen als Erwerb von Wissen, Fertigkeiten und Geschick. Eine grundsätzliche Auffassung der modernen, wissenschaftlich fundierten Erziehung geht dahin, daß Lernprozesse nur individuell ablaufen, und zwar in kleinen Schritten, so daß ein Kind von Erfolg zu Erfolg fortschreitet. In der Heilpädagogik müssen wir die Stufen besonders klein halten und je nach der Entwicklungssituation des behinderten Kindes qualitativ differenzieren.

So sinnvoll es für die Persönlichkeitsentwicklung eines Kindes auch ist, wenn Schulklassen aus Schülern gleichen Alters zusammengesetzt sind, für den heilpädagogischen Unterricht sind zusätzlich fördernde Unterrichtsmethoden notwendig, die den besonderen Bedürfnissen eines einzelnen Kindes entsprechen können. Der Heilpädagoge muß zwei grundlegende Haltungen im Unterricht verwirklichen. Er muß lernen, die Behinderung und die damit verbundenen Grenzen eines Kindes taktvoll zu akzeptieren; er muß aber auch die Fähigkeit erwerben, das Kind mit Energie dahin zu führen, seine Grenzen zu überwinden. Das mag einfach klingen, die Erfahrung zeigt aber, daß die erste Bedingung nur zu oft übersehen wird und der Lehrer dann nur um den Sieg über die Behinderung kämpft.

Da ist etwa ein großköpfiges Kind in einer Klasse: Es ist ihm nur schwer möglich, aufmerksam zu sein, aber es hat eine große Vorliebe für Abstraktionen und Sinnbilder. Beides muß zum Ausgangspunkt des Unterrichts werden, in dem ein solches Kind schrittweise von den Abstraktionen zum gefühlsmäßigen Interesse an den realen Dingen geführt wird. Von hier aus kann man es dann zu Tätigkeiten anregen wie Malen, Zeichnen oder speziellen Übungen der Gliedmaßen.

Ein weiteres Beispiel: Ein kleinköpfiges Kind sucht ständig sich wiederholende Tätigkeiten um des reinen Tuns willen, wobei es sich zunächst nicht genügend bewußt machen kann, was es tut. Ein solches Kind „schreibt" beispielsweise mit großem Eifer, bevor es überhaupt weiß, was die einzelnen Buchstaben bedeuten. Seine Aktivität muß verständnisvoll und schrittweise gewandelt (oder auch reduziert) werden, damit es langsam zur begrifflichen Reflexion kommen kann. Bei diesem Kind muß im Gegensatz zu seinem großköpfigen Mitschüler am entgegengesetzten Punkt pädagogisch angesetzt werden.

Entsprechend den therapeutischen Maßnahmen, die man bei den verschiedenen Behinderungen anwendet – wir haben einige in den vorhergehenden Kapiteln beschrieben –, sind auch die speziellen Lehrmethoden auszuwählen; vor allem müssen grundsätzlich die besonderen Eigenheiten und Behinderungen eines Kindes erkannt sein. Das hört sich wiederum sehr einfach an. In Wirklichkeit muß die Meinung überwunden werden, daß ein Kind sich so verhalte, wie es in Wirklichkeit zu sein wünscht, und man müsse sich deshalb als Lehrer sozusagen in ein heimliches Einverständnis mit seinen Schwächen bringen. Denken wir aber an das wilde, unkontrollierte Bewegungsverhalten und die Anfälle von Selbst-Aggression eines pathologisch unruhigen Kindes, so kann man sicherlich nicht behaupten, es *wolle* so sein; es kann zunächst einfach nicht anders. Wenn es spürt, daß wir sein Leiden mitleidend erkannt haben, wird es erleichtert und langsam auf unsere von Verständnis getragenen Versuche reagieren, es von diesem seinen Leiden zu befreien und ihm zu helfen, seine überschießende Aktivität unter Kontrolle zu bringen.

In einer Atmosphäre mitfühlender, aber auch unwiderstehlicher Liebe besteht für jedes auch noch so schwer gestörte Kind die Möglichkeit, daß die Menschwerdung über seine Not und sein Leiden triumphiert.

11. Das mongoloide Kind

Im ersten Kapitel haben wir schon auf die Unterschiede in der Interpretation des Mongolismus hingewiesen. Wir wollen uns hier noch einmal dem mongoloiden Kinde unter uns zuwenden und uns mit den allgemeinen Phänomenen seiner Entwicklung beschäftigen.

Der mongoloide Säugling ist ein Baby wie alle Babies, nur rundlicher, der ganze Körper scheint weicher konturiert als bei einem normalen Kind. Der runde Kopf ist hinten gewöhnlich abgeflacht, das Gesicht ist noch runder und ein bißchen tellerförmig; Mund und Augen sind ebenfalls rund. (Für Menschen, die kleine Kinder lieben, ist das mongoloide Baby Quelle ständiger Liebe und Fürsorge.)

Wie wir schon früher ausführten, hat jeder menschliche Embryo etwa um den zweiten Monat der Schwangerschaft eine solche Gestalt und ein Aussehen, wie wir es beim mongoloiden Kind nach der Geburt beobachten können. Zwei Monate vorher, zu Beginn der Schwangerschaft, ist er völlig rund, eine winzige Kugel, ein befruchtetes Ei, ein Kosmos voller Verheißung, in dem sich die Zukunft noch nicht entfaltet hat. Das mongoloide Kind behält mehr oder weniger durch sein ganzes Leben hindurch etwas von dieser frühen Gestalt des Rundseins als Zeichen einer undifferenzierten Verheißung. Alle Entwicklungsschritte des mongoloiden Kindes sind verspätet: Spät erst blickt es um sich, spät erst greift es mit den Händen. Spät setzt es sich auf, es steht und läuft spät, und spät erst entwickelt sich die Sprache. Es droht ihm die Gefahr des „Zu spät". Es lernt erst gehen, wenn es schon sprechen sollte, und dann wird es zu spät, das Sprechen zu erlernen. Meistens jedoch erreicht das mongoloide Kind das Beherrschen von Gehen und Sprechen.

Bei einem mongoloiden Kind bleibt die Entwicklung des Bewußtseins im allgemeinen mitten zwischen dem weitgespannten peripherischen Bewußtsein des Kleinkindes und dem zentrierten des reifen Erwachsenen stehen. Es erreicht nie den Grad der Trennung oder der Entfremdung von der Welt, die den modernen Menschen von heute kennzeichnet. Das mongoloide Kind bleibt auf einzigartige Weise mit seiner Umwelt verbunden, besonders aber mit den Menschen, die zu ihm gehören. In jedem sieht es Bruder und Schwester, und es scheint uns, als würde es alle

Menschen, die einer älteren Generation angehören, als Väter, Mütter und Glieder seiner Familie betrachten. Es offenbart sich in diesem Empfinden noch ein Familiengefühl für die ganze Menschheit, und dem mongoloiden Kind ist nicht verständlich, daß jemand ein Fremder sein kann.

Die Fähigkeit nachzuahmen und mitzufühlen bleibt dem mongoloiden Kind erhalten, und es lebt nicht nur *mit* anderen, sondern *in* ihnen. Es hat einen ausgeprägten Sinn für festliche Gelegenheiten und Theater, wobei es nicht nur sich selbst darstellt, sondern auch die ganze Umwelt.

Das mongoloide Kind kann sich dem Mitgefühl hingeben, denn es bleibt vom Zweifel, der durch Wissen entsteht, unberührt. Seine Liebe entsteht nicht aus Kummer, Entbehrung oder der Isolation der Bewußtwerdung. Sie ist ursprünglicher, eine Liebe, die unschuldig ist und unbelastet von Intellektualität. Es ist, als seien „seine Augen noch nicht geöffnet", als lebe die Seele noch in der Aura menschlicher Existenz vor dem Sündenfall. Dagegen hat das mongoloide Kind das Erlebnis der Scham. Sie scheint für diese Kinder ein tiefgreifendes Gefühl zu sein, das im Gegensatz zu den nur schwach auftretenden Angstgefühlen mit einer Gewalt auftreten kann, die das Kind daran hindert, manches zu lernen, was durchaus in seinen Möglichkeiten läge.

Dieses Schamgefühl bezieht sich nicht auf den Leib oder dessen Nacktheit; es ist eine urtümlichere Scham, die Scham der Nacktheit der Geburt, und Scham darüber, mit einem unzureichenden Körperkleid in der Welt zu leben.

Gewöhnlich schützt sich der Mensch – der Erwachsene stärker als das Kind – durch eine Art verhüllender Verstellung. Ein solcher Schutz fehlt dem mongoloiden Kind in seiner ursprünglichen, unverfälschten Naivität. Es ist dem Leben in einer Weise „ausgesetzt" wie kein anderes behindertes Kind, wie schwer auch immer es gezeichnet sein mag. Das mongoloide Kind fühlt sich von seinem Körper ungenügend „bekleidet". Das bewirkt einerseits seine Absonderung, andererseits ruft es bei allen, die es kennen, Sympathie, Mitleid und Hilfsbereitschaft hervor.

Die eigentümliche Verbindung von überströmender Liebe und mangelnder Intellektualität machen sowohl den Charme und die Anziehungskraft des mongoloiden Kindes, aber auch seine Schwäche und sein Verhängnis aus; denn es ist praktisch nicht in der Lage, sich in unserer gegenwärtigen Gesellschaft allein durchzusetzen.

Zu dem Vorangehenden kommt noch, daß ein mongoloider Mensch kaum je sexuelle Aktivität entfaltet. In sehr wenigen Fällen sollen mongoloide Menschen Kinder bekommen haben, jedoch sind die Angaben darüber unsicher.

Wir können uns fragen, welche Bedeutung das Anwachsen der Zahl mongoloider Kinder in den letzten hundertzwanzig Jahren hat. Mongoloide Kinder wurden erstmals nach 1850 beschrieben und wurden damals als Abart einer anderen angeborenen Behinderung, des Kretinismus angesehen. Der sogenannte Kretinismus ist eine Entwicklungsstörung, die so alt ist wie die Menschheit. Kretins wurden ausführlich in der Antike beschrieben, und wahrscheinlich sind einige der Narren in den Dramen Shakespeares kretinoide Typen.

Die frühe Beschreibung des Mongolismus als Abart des Kretinismus ist aufschlußreich, da das Wesen eines Kretins dem des mongoloiden Menschen ganz entgegengesetzt ist: Der Kretin ist ein verhärteter, schlauer Mensch. Er reift früh heran, besitzt einen scharfen Verstand, einen klaren Intellekt und ist in Bezug auf Nachkommen erstaunlich und auffallend produktiv. Im ersten Teil unseres Jahrhunderts konnte man in den Bergtälern der schweizerischen Alpen noch große Kretin-Familien finden, die manchmal bis zu zwanzig Kinder hatten.

Durch die Entdeckung, daß dem Kretinismus eine gestörte Schilddrüsenfunktion zugrundeliegt, die durch Jod-Gaben verhindert werden kann, ist das Auftreten dieser Störung im Laufe unseres Jahrhunderts stark zurückgegangen.

Wir wollen uns jetzt wieder der Situation der mongoloiden Kinder zuwenden. Der heutige Mensch tut so, als seien Sexualität und Intellekt Errungenschaften unseres Jahrhunderts. An jeder Straßenecke, in jeder Reklame, in jedem Kino, jedem Theater und in jeder Zeitung werden wir mit irgendeiner Erscheinung der Sexualität oder des Intellekts konfrontiert. Sex und Intellekt haben die Schulen ergriffen und nehmen eine vordergründige Stellung in unserer Gesellschaft ein, wie dies niemals zuvor der Fall war.

Mitten in dieser Welt erscheint das mongoloide Kind: liebevoll, unschuldig, unintellektuell, hilflos und voller Anziehungskraft. Vielleicht hat der Kretin seit den Anfängen der Geschichte die Menschheit begleitet, als ein Vorläufer unserer Zeit, als eine frühreife Form von Sexualität und Intellekt, der, indem er seine Mission erfüllt hat, wie der Narr bei Shakespeare abtreten kann. Hat vielleicht der mongoloide Mensch auf geheimnisvolle Weise die Aufgabe übernommen, weniger eine Krankheit als ein Heilmittel unserer Zeit zu sein? Ist er nicht ein Hinweis, den wir verstehen lernen, den wir annehmen und lieben sollen zum Heil unserer eigenen Entwicklung als Mensch?

Derartige Gedanken mögen für unsere moderne Zeit vielleicht befremdend erscheinen. Viel merkwürdiger aber ist es, daß ein mongoloides Kind wie eine Erinnerung an den Buddha wirkt, denn es vermag kaum anders zu sitzen als mit untergeschlagenen Beinen in der Buddha-Haltung, so wie jene sitzen, die nicht mit aller äußeren Kraft die Welt verändern, sondern sanft sind und sich selbst ändern wollen. Im häufigen und engen Kontakt mit einem mongoloiden Menschen kann man ihn als eine Art Boten empfinden, der seinen Mitmenschen sagen soll, daß sie trotz aller technischen Fortschritte in der Durchsetzung ihrer Ziele, trotz aller Macht, die Umwelt zu verändern, auch den Auftrag haben, sich selbst zu ändern.

Noch vor einigen hundert Jahren hat der Mensch anerkannt, daß ihm seine Leiblichkeit absolute und unabänderliche Grenzen setzt. Er richtete seinen Drang nach Entfaltung und Fortschritt auf die Veredlung seiner inneren Kräfte. Auch ist es noch nicht lange her, daß man der Überzeugung war, ein Körper, schwerer als Luft, könne nicht fliegen, etwas, das Masse und Volumen hat, könne sich nicht schneller durch die Luft bewegen als der Schall, oder die Materie könne in keine kleineren Teile als in Atome zerlegt werden. Der technische Fortschritt der Neuzeit begann mit der Erkenntnis, daß die gegebenen physikalischen Grenzen überwindbar sind. Diese Erkenntnis wird in der Technologie unseres Jahrhunderts deutlich demonstriert. Wird aber die Überwindung des menschlichen Egoismus erwähnt, so wird mit Sicherheit kopfschüttelnd auf seine Unabänderlichkeit hingewiesen. Dennoch hat unser gewalttätiges und aggressives Jahrhundert gleichzeitig ein Maß von Mitleid, Toleranz und sozialer Verantwortung hervorgebracht wie nie zuvor in der Geschichte der Menschheit.

In der geschichtlichen Evolution des Menschen gibt es deutlich abgegrenzte Phasen, und unsere Zeit ist sicherlich keine Ausnahme. Ist das mongoloide Kind vielleicht der Bote aus einer fernen Zukunft, in der die Werte, die das Leben der Menschen bestimmen, ganz andere sein werden als unsere heutigen?

Der wissenschaftliche Fortschritt wird es bald möglich machen, Abweichungen in der genetischen Struktur zu erkennen und die Geburt von mongoloiden Kindern zu verhindern. Was erreichen wir damit? Werden wir nicht vielmehr ein Heilmittel verwerfen und damit verlieren, bevor wir seine Wohltat ganz erfahren haben?

Mit diesen Gedanken, wenn sie einmal lebendig geworden sind, treten wir dem mongoloiden Kind anders gegenüber. Man sieht dann nicht nur pathologische Symptome. Man begegnet einem neuen Bruder.

Ein mongoloides Kind braucht im allgemeinen keine spezielle Erziehung und keine besondere Therapie. Man sollte es ihm ermöglichen, an allen Einrichtungen, die für andere Kinder geschaffen worden sind, teilzunehmen, nicht nur als Hilfe für es selbst, sondern auch als Hilfe für die anderen Kinder. Es wäre ideal und wünschenswert, wenn jede Klasse einer öffentlichen Schule ein mongoloides Kind aufnehmen würde, das in seiner Menschenwürde von dem Lehrer anerkannt ist und den anderen Kindern helfen könnte, Gefühle von Mitleid und Liebe zu entwickeln. Eine solche Einrichtung könnte zu einem neuen und wirklichen sozialen Fortschritt führen. Genauer gesagt: Es könnte dadurch eine nicht zu unterschätzende Änderung unseres Erziehungssystems bewirkt werden.

Es gibt unter mongoloiden Kindern erhebliche Unterschiede hinsichtlich der Aneignung von schulischem Wissen. Manche Kinder lernen schon recht früh lesen und schreiben; sie können später Bücher lesen und ihren Inhalt verstehen. Nicht wenige entwickeln historische Interessen. Im ganzen sind diese Kinder eher geisteswissenschaftlich als naturwissenschaftlich eingestellt, obwohl auch einige wenige, entgegen den allgemein vorherrschenden Beobachtungsresultaten, die Anfänge der Arithmetik zu beherrschen lernen. Wiederum gibt es andere, die nie schreiben oder lesen lernen, deren Handfertigkeit aber so weit ausgebildet werden kann, daß sie später verantwortungsvolle Tätigkeiten ausüben können, selbst im hauswirtschaftlichen Bereich, in dem man mehr vorausschauend planen muß als bei rein routinemäßiger Montagearbeit in einer Fabrik.

Wo mongoloide Kinder am allgemeinen Leben, an der Erziehung und an der Ausbildung von Kindern, die an anderen Behinderungen leiden, teilnehmen, werden sie zu Helfern und Heilern von unschätzbarem Wert. Sie rufen Liebe, Mitleid und Verantwortungsgefühl gerade bei den Kindern hervor, die größte Schwierigkeiten haben, solche Gefühle zu entwickeln: Besser als alle anderen vermögen sie etwa die Isolation autistischer Kinder aufzulösen, indem sie ausdauernd glücklich und zugewendet bleiben, auch wenn sie kein Echo finden. Sie sind immer bereit zu verzeihen und können durch ihre Einfühlungsgabe selbst schwerst verhaltensgestörten Kindern oft das erste Erlebnis vermitteln, geliebt und erwünscht zu sein.

Diese Erfahrungen und Gedanken sind nicht als Glorifizierung oder Apotheose des mongoloiden Kindes gemeint. Ich wünschte jedem mongoloiden Kind, nicht mongoloid zu sein. Aber wir sollten lernen, mit dem mongoloiden Menschen zu leben, ihn als einen von uns zu akzeptieren, der nur anders ist und uns doch im tiefsten Wesen als ganzer Mensch wie ein Bruder nahe ist.

In einer Umgebung, die von dieser Einstellung geprägt ist, kann das mongoloide Kind zu einer erstaunlichen Reife und Verantwortlichkeit heranwachsen. Schritt für Schritt wird es das Gewissen und das Verständnis für geistige Dinge entwickeln. Wenn dem mongoloiden Kind zunächst jegliches religiöse Gefühl zu fehlen scheint, wenn man meint, es habe kein Gewissen und sei nur voller Schalk und Späße, so hängt diese

Erfahrung damit zusammen, daß das mongoloide Kind das Böse weder in sich noch in der Welt zu entdecken vermag. Es ist deshalb auch wirklich unschuldig.

Diese Unschuld aber muß richtig geführt werden. Erlaubt man ihm, das Leben wie in der frühesten Kindheit weiterhin nur als Spiel zu erfahren, so wird es sich nie als Erwachsener in die Welt der Erwachsenen einfügen können. Anerkennt man aber sein besonderes Schicksal und nimmt man dessen Würde ernst, so wird auch das mongoloide Kind zu Verantwortungsbereitschaft und Vertrauenswürdigkeit heranreifen – zu einem wertvollen Freund für alle, die mit ihm leben.

IV

Die Umwelt behinderter Kinder

Unsere bisherigen Betrachtungen über Behinderungen im Kindesalter gingen von der individuellen Entwicklung aus, die von dem Bemühen eines Kindes geprägt ist, in seine ererbte körperliche Konstitution sein eigenes Selbst zu integrieren und seiner Persönlichkeit durch diese Konstitution Ausdruck zu verleihen.

Erkennbar wird die Behinderung als solche jedoch nur in der Beziehung zur Umwelt. Innerhalb seines eigenen Seins ist ein Kind nicht „behindert", sondern nur in der gesellschaftlichen Lebenssituation, in die es gestellt ist. Denken wir nur an Normen, Gewohnheiten, Werte, die von einer bestimmten Umwelt gesetzt sind – erst in bezug auf diese kann man von Behinderungen sprechen.

Unserer Studie über eine Reihe von Entwicklungsbehinderungen haben wir einen kurzen Überblick über die Grundlagen der kindlichen Entwicklung vorangestellt. Wir wollen uns jetzt aber mit der Rolle beschäftigen, die wir selbst als Teil der Umwelt eines Kindes bei der Entstehung seiner Behinderung spielen.

Dazu müssen wir zunächst unsere eigene Haltung gegenüber dem Kind einer kritischen Prüfung unterziehen, ganz gleich, ob wir als Eltern, Lehrer oder einfach als Mitmenschen dem Kind begegnen. Wir betreten damit ein weites Feld, das in diesem Kapitel keineswegs erschöpfend behandelt werden kann. Wir wollen dabei aber das notwendige Verständnis gewinnen, das uns helfen kann, die Entwicklungsschritte eines behinderten Kindes zu unterstützen. Wir betrachten zunächst die erste Umwelt, die das Kind betritt, die Familie, um uns dann der Schule und schließlich der gesellschaftlichen Umwelt zuzuwenden.

1. Die Familie

Jede Mutter stellt nach der Geburt ihres Kindes die ängstliche Frage: „Ist mein Kind gesund?" Vieles schwingt in dieser Frage mit: die Sorge, ob das Kind das dramatische und möglicherweise traumatische Geschehen der Geburt, durch das Mutter und Kind gemeinsam gegangen sind, ohne Schaden überstanden hat. Eine ähnliche Frage stellen wir, wenn jemand, der uns nahesteht, sich einer Operation unterziehen mußte. Ein chirurgischer Eingriff ist ein ähnlich entscheidendes Ereignis wie die Geburt; er kann zum Guten führen und das Leben sichern, aber er ist ebenso reich an Risiken und Gefahren.

Die erste Frage der Mutter beinhaltet aber auch: „Ist mein Kind normal gebildet? Hat es alle seine Gliedmaßen, sind seine Sinne in Ordnung?" Schließlich bedeutet die Frage auch: „Wird mein Kind leben und normal heranwachsen? Wird es ein normaler Mensch werden, oder wird es behindert sein?"

Vieles hängt davon ab, wie diese ersten ängstlichen Fragen beantwortet werden. Ist das Kind erkennbar behindert, so können durch die Art der Antwort jene unglücklichen Verbindungen von Schuld- und Angstgefühlen entstehen, welche die harmonischen Beziehungen zwischen dem Kind und seiner Umwelt, vor allem aber der Mutter, in nicht wiedergutzumachender Weise belasten.

Derartige Schuldgefühle beherrschen häufig die Eltern und die weitere Familie behinderter Kinder. Oft werden Furcht und Unsicherheit auch von Ärzten und denjenigen Menschen verursacht, die von Berufs wegen mit der Geburt zu tun haben; wir werden später darauf noch zurückkommen müssen.

Schuldgefühle entstehen häufig aus den Gedanken, die sich die Eltern über ihre Erbmasse und die genetische Struktur ihres Kindes machen. So wichtig und grundlegend die genetische Ausstattung für die leibliche Differenzierung auch ist, so muß man sich doch darüber im klaren sein, wie relativ unerforscht und komplex das Feld genetisch festgelegter Entwicklungsbedingungen auch heute noch ist. Es ist deshalb unmöglich, daß eine einzelne Individualität Verantwortung für den Vererbungsstrom übernehmen kann, das heißt für diejenigen genetischen Grundlagen, die sie an ihre Kinder weiter vererbt. Solche Schuldgefühle der Eltern sind daher stets unbegründet.

Ein anderer und wesentlicherer Aspekt ist jedoch zu bedenken: daß zwar die *Konstitution* eines Kindes durch genetische Faktoren bestimmt wird, aber nicht seine *Entwicklung*. Der Leser wird sich an die frühere

Feststellung erinnern, daß jede Entwicklung durch Enttäuschungen und Entbehrungen gehen muß, daß sie nicht dadurch gefördert wird, daß Enttäuschungen vermieden werden, sondern daß sie mit Sinn erfüllt werden. Erst dann können auch die genetischen Bedingungen, die ein Individuum ererbt hat, als eine der grundlegenden begrenzenden „Enttäuschungen" verstanden werden, die von Anfang an akzeptiert werden müssen und die der Mensch mit Sinn erfüllen muß, um dadurch zu einer persönlichen Biographie zu kommen. Auch müssen wir in diesem Zusammenhang bedenken, daß dank der Fortschritte der Medizin und Hygiene und der damit verbundenen größeren Überlebenschancen heute mehr Menschen mit einer geschwächten Konstitution leben – auch diese Tatsache muß als Folge der modernen Zivilisation in Betracht gezogen werden.

Schließlich ist es notwendig zu wissen, daß es unter den wenigen genetisch bedingten Entwicklungsstörungen wiederum nur wenige gibt, die genuin vererbbar sind. Der Mongolismus, dessen genetischen Ursprung wir heute kennen, wird nur sehr selten vererbt, und die Mehrzahl der Fälle von Mongolismus entstehen durch Veränderungen der genetischen Struktur, die noch weitgehend ungeklärt sind.

Schuldgefühle können aber auch mit der Schwangerschaft und der Geburt in Verbindung gebracht werden. Eine Mutter mag glauben, daß sie in der Schwangerschaft Dinge getan oder versäumt hat oder daß ihre besondere Lebenssituation bei der Geburt die Behinderung ihres Kindes verursacht hat. In der Regel sind jedoch derartige Schuldgefühle selten, weil fast jede Mutter instinktiv fühlt, daß während der Schwangerschaft zwischen ihr und dem Kind noch nicht jene Trennung besteht, welche Anlaß für einen zu verantwortenden Einfluß der Mutter auf das sich entwickelnde Kind geben könnte. Die Einheit von Mutter und Kind sowohl während der Embryonalentwicklung als auch in der genetischen Situation, in der Mutter und Kind nicht unterscheidbar sind, findet in altem Volksglauben einen interessanten Ausdruck: Wird zum Beispiel ein Kind mit einer Hasenscharte geboren, so glaubt man, daß die Mutter in den ersten Monaten der Schwangerschaft von einem Hasen erschreckt worden ist. Diese unter der Landbevölkerung tradierte Erklärung beschreibt instinktiv das Folgende: Wenn eine Bauersfrau in den ersten Monaten der Schwangerschaft beim üblichen Füttern ihrer Hasen und Karnickel plötzlich von einem Schreck durchfahren wird, so ist dies ein unbewußtes Erkennen der sich in ihrem Kind entwickelnden Hasenscharte im Anblick der Spaltlippe des Hasen. So phantastisch diese alten volkstümlichen Überlieferungen auch erscheinen mögen, so offenbaren sie die in ihnen enthaltene Wahrheit, wenn man von hunderten von Müttern geschilderten Erlebnisse ernst nimmt und sie als Ausdruck für die genuine Einheit von Mutter und Kind vor der Geburt verstehen lernt.

Die wirklich tiefgreifenden und alles durchdringenden Schuldgefühle entstehen aber nicht aus solchen oberflächlichen Situationen und deren Interpretation; sie haben vielmehr ihren Ursprung in den unbewußten Schichten der Seele. Mancher trägt in seinem Seelenleben ungelöste Probleme mit sich. Die damit verbundene Erfahrung, in der Tiefe uneins mit sich selbst zu sein, kann als Schuldgefühl auf die Situation des behinderten oder mißgebildeten Kindes übertragen werden. Gleichermaßen im Unbewußten werden Fehlentwicklungen des Kindes selbst, wenn sie nicht bewußt gemacht werden, als innere Konflikte erfahren. Sie können die frühen Beziehungen zwischen Mutter und Kind und zwischen Familie und Kind schwer stören und belasten.

Wenn auch diese meist unterschwelligen Situationen nicht immer völlig zu klären sind, so ist es doch oft möglich, die Einstellung der Eltern zu ihrem Kind zu verändern und die Last für beide Teile zu erleichtern, wenn man bei der Mutter und der übrigen Familie Verständnis für die Entwicklungsschritte des Kindes zu wecken vermag.

Es ist die erste Aufgabe für die Eltern, ihr Kind vor allem als ein Versprechen, als ein Potential sehen zu lernen. Kein Kind ist nur das, was man jetzt sieht, sondern *ist* auch, was es in der Zukunft werden wird.

Mit all seinen Gaben ist das Kind, sobald es geboren ist, ein Glied der Familie; es ist nicht für sich allein. Es gehört zu seiner Mutter, seinem Vater und seiner Familie und damit auch zur gesamten Menschheit. Es hat Anteil an ihrer potentiellen Vollkommenheit wie auch an all den offensichtlichen Unvollkommenheiten, die sich generell im Strom der Vererbung und spezifisch in der Lebenssituation der Familie manifestieren. Jedes Kind geht durch eine Phase vollständiger Abhängigkeit und Einheit mit seiner Familie, die seine vertraute erste Umwelt ist. Und doch befindet es sich auf dem Weg zu sich selbst und wird sich auf diesem Wege gegenüber der Familie differenzieren.

Das mag wie eine Selbstverständlichkeit klingen, aber es ist gerade hier so, daß einem Kind wesentlich geholfen werden kann oder aber frühzeitige Enttäuschungen entstehen. Wenn Eltern sich einerseits der familiären Verbundenheit mit ihrem Kind bewußt sind und andererseits die potentielle Einmaligkeit ihres Kindes anerkennen, so wird es für die Entwicklung des Kindes keine echten Hindernisse geben. Besteht aber in einer Familie Unklarheit über diese Polarität – und das ist in Familien mit behinderten Kindern häufig der Fall –, so kann sich die Familie selbst als ein ernstes Hindernis erweisen. Es ist daher wesentlich, daß bei den Eltern über diese grundsätzlichen Zusammenhänge Klarheit besteht.

Wenden wir uns nun der Angst zu, die bei einer Geburt entstehen kann; wir sagten früher, daß sie von medizinischer und anderer professioneller Seite hervorgerufen werden kann. Das betrifft nicht nur die Frage einer Mutter nach ihrem Kind unmittelbar nach der Geburt, sondern gilt für alle Fälle, in denen Eltern bei Fachleuten, besonders bei Ärzten, Rat über ihr Kind einholen. Der Beruf des Arztes ist darauf ausgerichtet, Krankheiten zu heilen oder doch wenigstens zu lindern, Schmerzen zu stillen und das Leben zu verlängern. Ungeheure technische Fortschritte sind in den letzten Dezennien auf dem medizinischen Gebiet gemacht worden. Gegenüber einem nicht normalen Kind, für dessen Zustand keine Heilung oder eindeutige Behandlung bekannt ist, sieht sich aber noch heute die Medizin hilflos, und der Arzt reagiert mit einem Gefühl von Hoffnungslosigkeit. Die Konsultation endet dann etwa damit, daß es keine wesentliche Besserung geben kann, und in den Eltern ensteht das Gefühl einer Endgültigkeit, die Angst oder Verzweiflung erweckt. Trotz der meist mitfühlenden Haltung des Arztes und der Fürsorger teilt sich dieser Ton von Hoffnungslosigkeit den Eltern eines behinderten Kindes mit. Die Erfahrung zeigt, daß diese Situation häufiger ist, als wir gemeinhin denken, denn die Eltern fragen natürlich den Arzt: „Was kann man tun?" Diese Frage ist von der Medizin nur in der ihr eigenen Terminologie zu beantworten, und dabei kommt es zu nur scheinbarem Einvernehmen zwischen Arzt und Eltern und zu Mißverständnissen auf beiden Seiten. Das Mißverstehen beginnt gewöhnlich bei der Tatsache, daß es sich hier gar nicht um eine medizinische Frage der Heilung handelt, sondern um die Förderung der Entwicklung eines behinderten Kindes, die man zunächst miterlebend nicht dadurch unterstützt, daß man das Kind und seinen Zustand ändert, sondern die eigene Haltung der Eltern und das Verständnis der Familie für das Kind. Hier liegt der Sinn und die zwingende Notwendigkeit, die Behinderung eines Kindes nicht von der bloßen Gegebenheit, sondern von den Entwicklungsmöglichkeiten her zu betrachten, die in jedem Falle die Haltung der Umwelt einschließen.

Auch für seine Geschwister mag ein behindertes Neugeborenes Probleme mit sich bringen. Wahrscheinlich wird es einen großen Teil der Zeit und der Aufmerksamkeit der Mutter beanspruchen. Manche behinderte Kinder machen so geringe Fortschritte, daß es fast so ist, als hätte die Mutter ein paar Jahre lang immer wieder neue Babies, obgleich sie doch nur dieses eine zu versorgen hat. Diese Situation kann für alle Beteiligten mühsam werden, und man muß alles tun, so gut wie möglich in der Familie damit fertig zu werden.

Eine weitere bekannte Schwierigkeit in Familien mit Kindern verschiedenen Alters ergibt sich aus den unterschiedlichen Erziehungsmethoden und Haltungen, die man gegenüber den Behinderten und den normalen Kindern einnehmen und anwenden muß. Dabei hängt nach der Erfahrung die Haltung normaler Kinder gegenüber dem behinderten Geschwister ganz und gar von der Einstellung der Eltern ab. Haben Eltern die vernünftige und klare Haltung, die ich oben beschrieb, so finden sie nicht leicht eifrigere und hilfreichere Mitarbeiter als ihre eigenen Kinder. Halten es aber Eltern für ein Unrecht, innerhalb der Familie verschiedene Erziehungsmaßstäbe anwenden zu müssen, für das behinderte Kind und für ihre normalen Kinder, so werden sich letztere natürlich zurückgesetzt und vernachlässigt fühlen.

Bis zum Alter von etwa sieben Jahren nehmen Kinder gewöhnlich an den inneren Konflikten und den Erlebnissen ihrer Eltern teil, ohne daß man mit ihnen darüber sprechen muß. Wenn Eltern lernen, mit der ambivalenten Beziehung zu ihrem behinderten Kind umzugehen, wenn sie lernen, den symbiotischen Zustand zu beherrschen, bei dem die Bedürfnisse des Kindes auch ihre eigenen sind, und wenn sie erkennen, daß alle Anstrengungen, die das Kind macht, Ausdruck des Bemühens sind, eine eigene freie Persönlichkeit zu werden, so werden die anderen Kinder der Familie nicht nur zeigen, daß sie helfen wollen, sondern werden sich als wahre Meister darin erweisen. Ohne jede Schwierigkeit werden sie die besonderen Bedürfnisse ihrer behinderten Geschwister respektieren und sie doch wie ihresgleichen behandeln.

Umgekehrt können sich unbewußte und ungelöste Konflikte der Eltern, die ihre grundsätzliche Einstellung zu ihrem behinderten Kind betreffen, auf die anderen Kinder sehr nachteilig auswirken, auch wenn sie sich vordergründig positiv entschieden haben. Die Kinder werden sich zwar meist nicht aggressiv gegenüber dem behinderten Geschwister verhalten, sondern sich eher zurückziehen. Dabei kann es zu Regressionen, schwerer Nervosität und manchmal sogar zu einem emotionalen Zusammenbruch kommen, besonders dann, wenn die Konstitution der normalen Kinder schwach ist. Die akute Situation einer Krise führt leider zu oft eher dazu, daß das behinderte Kind aus der Familie entfernt wird, anstatt daß die Probleme der Eltern frühzeitig erkannt und gelöst werden.

Wie wir schon in früheren Kapiteln erwähnten, ist es wichtig, daß die Familie, namentlich die Eltern, ihre Bedürfnisse und ihren Lebensstandard nicht dem Niveau ihres behinderten Kindes unterordnen. Nicht nur die Familie verfügt über Mittel, das behinderte Kind zu schädigen, auch das Kind kann eine Familie derart belasten, daß seine Integration schwierig oder unmöglich wird.

Es muß eine Atmosphäre von Gemeinsamkeit angestrebt werden, in der die Bedürfnisse aller Familienmitglieder respektiert und so gut wie möglich in Einklang miteinander gebracht werden.

Ist das behinderte Kind ein Einzelkind, so ist die Familiensituation besonders belastet. Die Eltern werden verführt, ihr Leben ganz nach den Bedürfnissen des Kindes einzurichten; es entsteht, wenn die Erziehung nicht sehr bedachtsam und umsichtig geschieht, eine Atmosphäre, die die Schwierigkeiten des Kindes verstärkt.

Die besonderen Bedürfnisse eines behinderten Kindes sollten deshalb immer in Übereinstimmung mit der ganzen Familie behandelt werden; es ist nicht zu umgehen, daß dafür auf allen Seiten Opfer gebracht werden. Lernt man das Opfer aber als sinnvoll zu erleben, so werden sowohl die Familie als auch das behinderte Kind einen wesentlichen Fortschritt in ihrer gemeinsamen Entwicklung machen.

Ebenso wie es die Mutter schwer belasten kann, daß ihr behindertes Kind sehr lange wie ein Kleinkind behandelt werden muß, so wird die Geduld der ganzen Familie auf eine harte Probe gestellt, wenn die Kleinkindphase mit ihrem Eigensinn, ihrer Unbeherrschtheit und ihrer Lust am Zerstören länger als normal, unter Umständen bis in das Schulalter hinein anhält.

Immer sollte die ganze Familie bei den Überlegungen helfen, wie man klug und besonnen mit dem Kind umgehen kann, ohne es je daran zweifeln zu lassen, daß alle, namentlich die Eltern, es lieben. Selbst wenn durch das behinderte Kind Kränkung oder Schmerz verursacht wird oder wenn es zurechtgewiesen werden muß, soll ihm diese Liebe erhalten bleiben. Körperliche Züchtigungen, die fast immer aus einem Gefühl der Rache und Vergeltung entspringen, sind als Erziehungsmethode in jedem Fall unangebracht.

Wenn es richtig ist, daß das zentrale „Leitmotiv" der Erziehung im Vorschulalter „das Gute" ist, dann sollte das Kind als Folge davon auch die Erfahrung machen, daß manche Dinge, die es tut, Angehörige seiner Familie verletzen. Es ist daher wesentlich, daß die Eltern spontan reagieren, *weil* sie verletzt, geängstigt oder erschreckt wurden, und nicht ihre Reaktionen aus generellen Gerechtigkeits- oder Erziehungsgrundsätzen ableiten. Auch ein behindertes Kind muß spüren, welche Freuden, aber auch welche Schmerzen, welche Enttäuschung und welches Unrecht es durch seine Taten hervorrufen kann, und zwar unmittelbar und nicht erst aus zweiter Hand. Es muß auch die Mißbilligung erfahren, mit der die Familie manche seiner Handlungen betrachtet, gerade wenn es deswegen nicht an den Rand der Familie gedrängt wird.

Ein behindertes Kind soll das Gefühl haben, daß die ganze Familie *unerschütterlich* von seinem *guten Willen* überzeugt ist und fest daran glaubt, daß es liebe-wert sein möchte und das tun will, was seiner Umgebung Freude bereitet. Wenn es dann „ausrutscht" und genau das Gegenteil erreicht, so soll die Familie nicht denken, es habe mit Vorbedacht, absichtlich und böswillig gehandelt, sondern sollte das Geschehene als einen Lapsus, einen „Patzer" betrachten, den das Kind nur zu gern ein zweites Mal vermeiden würde. Die Familie und namentlich die Eltern sollten nicht vergessen, daß man die wahren Absichten der Kinder nicht danach beurteilen kann, ob es ihnen gelingt, eine Handlung zu vollziehen oder sie zu vermeiden. Wie oft ein Kind auch versagen wird und selbst wenn es immer versagt, so können seine Absichten doch positiv sein, wenn auch deren Verwirklichung scheitert.

Jedes heranwachsende Kind und noch mehr das behinderte bedarf einer Atmosphäre, in der niemand Böses vom anderen denkt. Für das Kind im Vorschulalter ist diese Atmosphäre am ehesten in seiner eigenen Familie zu erreichen, und wenn irgend möglich, sollte das behinderte Kind bis zum Schulalter in der Familie bleiben.

2. Die Schule als Umwelt

Schwerer behinderten Kindern kann häufig eine Tagesschule nicht das geben, was sie brauchen, vor allem wenn die Familie nicht in der Lage ist, ihren im Schulalter wachsenden Bedürfnissen gerecht zu werden. Zwar besteht die Aufgabe der Tagesschule nicht nur im Unterrichten, sondern ermöglicht auch der Familie wie dem Kind ein paar Stunden des Abstandes voneinander; jedoch stellt sich nach der Schule die meist vorliegende spannungsreiche Situation wieder ein. Dadurch hemmt die häusliche Lebenssituation wiederum den Fortschritt in der Schule, und es ist dann angezeigt, das Kind in eine spezielle Internatsschule zu geben.

Eine Art von Internat, in England boarding-school genannt, ist lange Zeit charakteristisch für das englische Erziehungssystem normaler Kinder gewesen. Sie setzt, um erfolgreich zu sein, die Spannkraft eines gesunden Kindes voraus und die Fähigkeit, sich dem Komplex von unterschiedlichen inneren Belastungen anzupassen, die das Internatsleben mit sich bringt – in vollem Bewußtsein dessen, welch eine starke charakterbildende und deshalb sinnvolle Wirkung von diesem System ausgeht, auch wenn die Erziehungsforderungen relativ hart sein mögen.

Ein besonderes Internat für behinderte Kinder (residential special school in England, Heimsonderschule in Deutschland genannt) unterscheidet sich wesentlich von einer sogenannten „Boarding-School" für normale Kinder. Sie soll, ja darf keineswegs einen Komplex von Belastungen verursachen, denen mit erhöhter Spannkraft und Anpassungsfähigkeit begegnet werden muß; denn jedes behinderte Kind kommt bereits in eine solche Schule mit seinem ihm eigenen Komplex von enttäuschten Hoffnungen und muß mit der „caritas", der helfenden Liebe und der schützenden Fürsorge der Lehrerschaft rechnen dürfen.

Die Fähigkeit zu Mitleid, Fürsorge und Einfühlungskraft muß bei den Erziehern an solchen Schulen besonders ausgeprägt sein; man ist sich im klaren darüber, daß ein behindertes Kind, das zum ersten Mal seine Familie verläßt, um zur Schule zu gehen, sich meist noch in einer frühen Phase seiner Entwicklung befindet, in der es eigentlich noch der familiären Obhut und Führung bedarf, so mangelhaft sie auch in seinem besonderen Fall in Wirklichkeit sein mag. Das jüngere behinderte Kind, das in eine Heimsonderschule aufgenommen wird, ist deshalb auch besonders verletzbar.

Gewöhnlich und natürlicherweise reagieren die Erzieher auf diese Situation so, daß sie sich bemühen, innerhalb der Schule für das Kind eine neue Art von Familien-Situation zu schaffen. Einer der Erzieher wird dann etwa „Vater" oder „Mutter" für ein Kind und handelt „in loco parentis". So sinnvoll eine solche Haltung in einer Pflegefamilie oder im Falle einer Adoption sein kann, so ist sie es nach meiner Erfahrung nicht in der Schulsituation. Es entstehen dadurch neue Probleme wie etwa die Spannungen zwischen den wirklichen und den Pflege-Eltern wie zwischen diesen und ihren Kollegen.

Es ist deshalb grundsätzlich zu fragen, ob eine Eltern-Kind-Beziehung imitiert, nachvollzogen oder ersetzt werden kann. Niemand anderes als die leiblichen Eltern können Partner der biographisch einmaligen und biologisch-emotional fundierten Eltern-Kind-Symbiose sein, selbst wenn die familiär-häuslichen Umstände noch so unbefriedigend sind. Auch wenn ein Kind seine Eltern früh verloren hat, so kann das biologische Erbe und das emotionale Erleben, wie es für eine Familie eigentümlich ist, nicht ohne Schwierigkeit auf andere Menschen übertragen werden, die für das Kind „andere" sind.

Dennoch gibt es in der Beziehung eines Kindes zu seinen Eltern wirksame seelische Elemente, die über das biologisch-emotionale Verhältnis hinausgehen. Diese müssen berücksichtigt werden. Im Sinne von C. G. Jungs „anima" und Sigmund Freuds „imago" repräsentieren Vater und Mutter mehr als nur sich selbst. An ihren Überzeugungen, ihrem Glauben, ihren Moralbegriffen und Wertvorstellungen wie auch an deren

Fehlen erlebt das Kind zum erstenmal die Welt. Dabei sind die Überzeugungen der Eltern, ihr Glauben und ihre Moralprinzipien weniger entscheidend als die Kraft, mit der sie vertreten werden. Von dieser Überzeugungskraft leitet das Kind seine ersten über biologisch-emotionale Erlebnisse hinausgehenden „religiösen" Erfahrungen ab. Auch Kinder, deren Eltern überzeugte Atheisten sind, werden dank der Festigkeit der Überzeugung ihrer Eltern ein religiöses Welterleben von Vertrauen und Sicherheit haben. Für das kleine Kind repräsentieren deshalb die Eltern nicht nur eine Welt, die das Kind noch nicht kennt, sondern auch eine noch elementarere geistige Mutter- und Vaterschaft. Erst in diesem Zusammenhang hat das Kind ein ursprüngliches Gefühl von Geborgenheit und Sinn-Erfüllung oder die gegenteilige Erfahrung von Verlassenheit und Hoffnungslosigkeit.

Das Kind gewinnt im allgemeinen erst im Verlauf der Pubertät eine individuell-persönliche Beziehung zu seinen Eltern. Dann erst sieht der heranwachsende junge Mensch seine Eltern, wie sie wirklich sind, und wird sich auch mit ihren Schwächen und Eigentümlichkeiten auseinandersetzen müssen. Er ist nicht mehr davon abhängig, daß sein Erleben von Sinnhaftigkeit, Werten und Glauben von den Eltern bestätigt wird. Das muß jetzt, angeregt durch andere Einflüsse, aus ihm selbst erwachsen. Trotz dieser „Emanzipation" aber bleibt für den jungen Menschen die ursprüngliche biologisch-emotionale Beziehung zu seinen Eltern Grundlage seiner Existenz.

Das trifft auch für elternlose zu; denn das Urverlangen nach den Eltern wird nicht dadurch ausgelöscht, daß der Lebenszusammenhang mit ihnen verloren gegangen ist. Man sollte alles versuchen, dem elternlosen Kind zu helfen, sich mit den gegebenen Umständen abzufinden, die man als eine Art biologisch-emotionaler Amputation bezeichnen könnte. Man sollte ihm helfen, dieses Erlebnis als sinnvoll zu empfinden, indem man ihm vor Augen führt, daß jeder Verlust nicht nur eine Verarmung bedeutet, sondern auch eine Herausforderung zu konstruktiver Wandlung und Überwindung.

Wir wollen uns jetzt wieder dem kleinen behinderten Kind zuwenden, das schon früh seine Familie verlassen muß, weil es die Therapie und den heilpädagogischen Unterricht braucht, den nur eine Heimsonderschule vermitteln kann. Dieses Kind wird für einige Jahre fern von seinem Elternhaus sein. Was geschieht mit seinem Bedürfnis, die Welt durch seine Eltern zu erfahren? Wie kann ein solches Kind das Gefühl der Geborgenheit erleben?

Ein behindertes Kind ist einerseits verletzbarer, erscheint aber andererseits auch stumpfer als seine normalen Brüder und Schwestern. Selbst zu Hause, wo es in seinen Familienverband eingebettet ist, kann es das Erleben primärer Sinnzusammenhänge seinen Eltern oder sich selbst gegenüber nicht artikulieren, was aber nicht heißt, daß es etwa diese Erlebnisse nicht hätte. Sie sind jedoch unklar, wenig bewußt, entbehren Form und Gestalt und bleiben deshalb unaussprechbar. Deshalb braucht ein behindertes Kind eine besondere Schul-Umwelt, in der Lernen auch das Finden neuer Möglichkeiten der Kommunikation beinhaltet. Es ist dann die Aufgabe der Schule, diese auf die besondere Behinderung eines Kindes eingestellte Umwelt zu schaffen, in der das Kind zu sich selbst finden und sich in ihr als Persönlichkeit differenzieren kann. Wie ist dies möglich? Ist es überhaupt möglich?

Ich habe Grund, davon überzeugt zu sein, daß dies auf verschiedene Weisen möglich ist, und ich möchte deshalb im folgenden meine Erfahrungen in einer therapeutisch-heilpädagogischen Gemeinschaft beschreiben. Diese Erfahrungen wurden innerhalb von dreißig Jahren in einer Heimsonderschule (residential special school) gesammelt, die als Gemeinschaft lebt und arbeitet. Aus ihr sind viele andere solcher Gemeinschaften hervorgegangen, und sie werden, wie ich hoffe, auch in Zukunft weiter neu entstehen.

Die Gemeinschaft, von der ich berichte, hat in den vielen Jahren ihrer Arbeit etwas Wesentliches gelernt: Man kann eine Gemeinschaft *für* behinderte Kinder haben. Wirkungsvoller und auch erfolgreicher wird sie aber sein, wenn es eine Gemeinschaft *mit* behinderten Kindern ist.

Dieses Prinzip wird heute bereits in einigen psychiatrischen Kliniken angewandt: Die sogenannte „therapeutische Gemeinschaft" setzt sich aus allen Personen zusammen, die in dieser Klinik mitarbeiten, und hat eine besonders heilende Wirkung, wenn zu diesen Personen auch die Patienten gehören.

In einer Schule, die als Gemeinschaft gestaltet wird, gibt es für die behinderten Kinder zwei wichtige Funktionen: Die Beziehungen zwischen den Erwachsenen in einer Gemeinschaft haben eine gewisse Ähnlichkeit mit denen in einer Ehe. In der Ehe besteht ein ständiges lebendiges Wechselspiel der Anpassung zwischen den Partnern; häufig sorgen dafür die Kinder in einem Ausmaß, dem nichts anderes an Wirkung gleichkommt. Ähnlich sorgen Kinder in einer Gemeinschaft wie derjenigen, von der ich berichte, für eine zusätzliche Dimension, die aus der introspektiven, auf sich selbst gerichteten Welt der Erwachsenen heraus in das Offene des Werdens führt – niemand wird bestreiten, daß die Zukunft in unseren Kindern liegt, auch wenn sie behindert sind. Eine der Grundbedingungen für eine harmonische und lebenskräftige Gemeinschaft ist ferner, daß jeder seine Individualität in anderen widergespiegelt finden kann, sich dabei selbst entdeckt und Selbsterkenntnis gewinnt. Jeder einzelne Mensch kann Züge seines eigenen Wesens auch in der allgemeinen pathologischen Entwicklung der Menschheit finden. Es ist keiner unter uns, der nicht auch etwas von dem in sich trägt, was in diesem Buch als Behinderung oder Störung während der Entwicklung in der Kindheit dargestellt wurde; jedoch halten sich bei den meisten von uns die Abweichungen von der Norm und einseitigen Tendenzen einigermaßen in den Grenzen, innerhalb derer ein „normaler" Mensch sein Selbst verwirklicht. Andererseits spiegelt sich „Menschheitspathologie" so klar und so unverfälscht im behinderten Kind wider, daß ein Mensch, der in diesen Spiegel blickt, mehr von dem erkennt, was für ihn und seine Mitmenschen typisch ist, mehr von seiner Verletzbarkeit und seinen Gefahren erfährt und mehr über den Sinn der menschlichen Existenz begreift, als wenn er sich nur im Spiegel der „normalen" Umwelt betrachtet. Dies ist die verbindende Wechselbeziehung, das Geben und Nehmen zwischen den Kindern und dem Erwachsenen, dem das Kind zur Erziehung und zum Unterricht anvertraut ist. *Das Kind begegnet dem Lehrer, um aufzunehmen, was dieser ihm geben kann, und es verhilft gleichzeitig dem Lehrer in behutsamer, weitherziger und unmißverständlicher Art zu Selbsterkenntnis.*

In der Gemeinschaft, von der ich berichte, hat man durch Gespräche, Nachdenken und Erfahrung gelernt, daß man verschiedene Lebensbereiche voneinander unterscheiden und ihnen eigene Wirkungsmöglichkeiten geben muß: Man könnte sagen, Körper, Seele und Geist dienen als eine Art Rahmen, in dem diese Bereiche sich bilden können. Der „Körper" oder „Leib" entspricht der praktischen Arbeit mit ihren ökonomischen Zusammenhängen, „Seele" bezieht sich auf das Zusammenleben verschiedenartiger Menschen, und „Geist" betrifft die Idee oder das Ideal, das als gemeinsames Band wirkt und eine Gemeinschaft leitet – ohne eine solche Idee gibt es nach meiner Erfahrung keine vollkommene Gemeinschaft, sie kann nur partiell sein. In jedem dieser Bereiche kann es Gemeinschaften geben, und es gibt sie auch. Es gibt ökonomische Gemeinschaften oder Gesellschaften, therapeutische Gemeinschaften und religiöse Orden. Man kann aber Gemeinschaft auch so verstehen und leben, daß alle drei Bereiche bewußt zusammen- und miteinander wirken: die Arbeit mit ihren ökonomischen Gegebenheiten, die menschlichen Beziehungen derer, die die Arbeit tun, und die gemeinsame Idee – wenn man will, kann man sie auch den religiösen, philosophischen oder ethischen Hintergrund nennen, oder das Ideal.

Auf der Unterscheidung und Abgrenzung dieser drei Grundbereiche menschlicher Existenz in einer Gemeinschaft basiert die in sich geschlossene und besondere Umwelt, die ein behindertes Kind, das sich nicht in einer biologisch und emotional bestimmten familiären, sondern in einer pädagogischen Situation befindet, für sein Welt-Erleben braucht. Erst in einer solchen Umwelt wird offenbar, was man unter Obhut und Fürsorge in einer Heimsonderschule versteht.

Eine der wichtigsten Fragen in diesem Zusammenhang ist die nach der Bedeutung dessen, was ich mit „Geist" bezeichnet habe, man könnte auch sagen nach Religion und Philosophie. Muß eine Gemeinschaft für behinderte Kinder unbedingt eine religiöse Gemeinschaft mit einem ihr eigenen Ethos sein?

In unserer westlichen Welt kann und sollte eine solche Gemeinschaft meiner Meinung nach eine christliche sein. „Christlich" meine ich nicht unbedingt im Sinne von Konfession, Glauben, Bekenntnis oder Rechtgläubigkeit; sondern ich möchte darunter das kulturelle und geistige Erbe der letzten zweitausend Jahre der westlichen Welt verstehen, in denen Werte, wie sie Christus nach der Überlieferung in den Evangelien gefordert hat, teilweise verwirklicht und bewahrt worden sind – christlich auch in dem Sinne der Suche nach dem, was Toynbee den „Gott der Liebe" oder „Die letzte Wahrheit" nennt. Damit sind Grundfragen unserer Existenz angesprochen, von deren Lösung angesichts der Fortschritte von Technik und Wissenschaft wahrscheinlich die Zukunft unserer westlichen Kultur abhängt.

Ich sagte bereits, daß es weniger darauf ankommt, welchen Glauben die Eltern haben, als auf die Inbrunst und Stärke, mit der sie glauben. Davon wird ihr Lebensweg bestimmt, und dementsprechend die frühe Lebenssicherheit ihrer Kinder.

Ebenso ist es von zweitrangiger Bedeutung, welchen Glauben oder welche Weltanschauung eine heilpädagogische Gemeinschaft hat. Sicherheit der inneren Überzeugung, die Stärke des Glaubens einer Gemeinschaft sind die Wurzeln ihrer geistigen Disziplin und entscheiden über ihren Sinn. Nur wenn der innere Sinn verloren geht, verbreitet sich Unsicherheit; denn ohne Sinngebung wird die Welt gefährlich und bedrohlich. Geistige Disziplin ist ein Teil der Bewahrung gegenüber der Sinnlosigkeit – aber sie ist nur ein Teil. Hinzukommen muß die immer erneute Bemühung um die Erkenntnis der Grundlagen menschlicher Existenz und Gemeinschaftsbildung und die Artikulation dieser Bemühung.

In der Gemeinschaft, die ich erlebt habe, versucht man dies in verschiedener Art und Weise. Der Tag beginnt mit dem sogenannten Morgengebet; die Worte, die es enthält, beziehen sich aber nicht nur auf Gott; sie sind vielmehr eine Aufforderung an die Kinder wie an die Erwachsenen, ihren Sinn auf den kommenden Tag zu richten, ihn mit allen ihren guten Kräften zu erfüllen, so daß nicht einfach nur ein neuer

Tag wird, sondern ein neuer Anfang, ein einmaliges Ereignis: Diesen Tag gab es bis jetzt noch nie. Auch vor den Mahlzeiten wird ein Dankgebet gesprochen, damit man einen Augenblick daran denkt, daß im Essen eine tiefere Bedeutung liegt als im bloßen Stillen des Hungers oder in der Aufnahme von Kalorien. Neigt sich der Tag seinem Ende zu, so ist es Zeit für ein Abendgebet, damit man die Nacht nicht nur als ein Aussetzen des Bewußtseins empfindet, sondern als eine Dimension, die in ihrer eigenen Art, moralische Kräfte zu erneuern, über den Tag hinausführt.

Vor dem Schlaf braucht jedes Kind ein Gespräch mit *seinem* Gott. Bei den meisten Kindern vollzieht sich das in der Form, wie die Glaubenshaltung seiner Familie es gelehrt hat. Andere Kinder brauchen für ihre innersten Gedanken eine andere Ausdrucksmöglichkeit. Wenn ein Elternteil gestorben ist, so wird das Zwiegespräch mit seinem persönlichen Gott für das Kind zu einer zwingenden Notwendigkeit, und man muß ihm dafür genug Zeit lassen. Höhepunkt der Woche ist dann der sonntägliche Gottesdienst, eine nicht konfessionell gebundene Handlung, die für die jüngeren Kinder, ältere Kinder und Erwachsene in verschiedener und altersentsprechender Form abgehalten wird. Durch die innere Aktivität, mit der das Kind am Gottesdienst teilnimmt, erlebt es für einen Augenblick die ihm innewohnenden Möglichkeiten geistig gegenwärtig. Der Außenstehende oder ein Besucher nimmt bei einem Gottesdienst kaum irgendeine Abnormalität bei den Kindern wahr, obgleich grundsätzlich alle Kinder ohne Rücksicht auf ihre Behinderung oder ihren seelisch-geistigen Entwicklungsstand teilnehmen. Er erlebt vielmehr die Würde und ernsthafte Aufmerksamkeit der Kinder. Diese einzigartige Ruhe im Verhalten einer größeren Gruppe behinderter, psychotischer, hyperkinetischer und anderer gestörter Kinder hat man häufig mit der übertriebenen autoritären, womöglich altväterischen Art ihrer Lehrer erklärt. Ich meine jedoch, daß die so auffällige Würde und das „Bei-der-Sache-Sein" der Kinder in solchen Situationen nicht auf diese Weise erklärbar sind. Eher hat man den Eindruck, daß hier das alte Sprichwort gilt: „Man kann ein Pferd zwar zur Quelle führen, es aber nicht zum Trinken zwingen". Selbstverständlich muß ein Kind diszipliniert zum sonntäglichen Gottesdienst geführt werden. Doch erst das ihm eingeborene menschliche Bedürfnis, die letzten Wahrheiten zu erfahren, wird es ihm ermöglichen, wirklich teilzunehmen.

Am Ende der Woche haben alle Kinder ihre Religionsstunde. Die Lehrer versuchen, diese Stunde ganz undoktrinär zu gestalten. Sie bemühen sich, die Nöte und Bedürfnisse einer Gruppe von Kindern anzusprechen und auf anschauliche Art durch Parabeln, Legenden oder ähn-

liches Ideale zu vermitteln, mit denen sich die Kinder identifizieren können. So stärken sie bei den Kindern Zuversicht, Hilfsbereitschaft, Mitleid,
Abscheu vor Unrecht und ähnliche Gefühle. In den Urbildern der Geschichten des Alten Testamentes beispielsweise erleben die Kinder die
Evolution der Menschheit, an der sie selbst teilhaben. Das Buch Hiob ist
nicht nur eine Schilderung großer Mühsal!

Ältere Kinder, die beginnen, ihre Situation als behinderte Menschen
immer mehr zu erkennen, werden gerade in diesen Religionsstunden auch
über ihre Ängste sprechen, über die Frage, weshalb sie so und nicht
anders sind, über ihre Furcht vor dem Leben und vor dem Tod. Als
Lehrer kann man solche Fragen nicht abstrakt oder dogmatisch beantworten, sondern nur, indem man seine eigenen Quellen — so gering sie auch
sein mögen — den Kindern vermittelt und ihnen als ein Helfer im sokrati-
schen Sinne dient: als einer, der Wahrheiten auszulegen vermag. In den
Religionsstunden erwacht bei älteren Kindern oft das Bedürfnis, mit einem Lehrer ein individuelles Gespräch über persönliche Schwierigkeiten,
Unsicherheiten, Ängste, das „Versagen" gegenüber den Eltern und über
sexuelle Fragen zu führen. Hier muß ein Lehrer furchtlos sein, aber
nicht unbarmherzig, warmherzig, aber nicht sentimental. Er muß die
Überzeugungen und Erfahrungen ausstrahlen können, von denen die
Gemeinschaft getragen wird.

Das tägliche Morgen- und Abendgebet und die sonntäglichen Gottes-
dienste sind in den Kreislauf der jahreszeitlichen Feste eingebettet, die
im kulturellen Leben der Gemeinschaft eine große Rolle spielen. Auf
natürliche Weise werden die überlieferten spirituellen Inhalte des Weih-
nachts- und Osterfestes, Pfingsten, der Sommersonnenwende, Michaeli,
Advent dargestellt; die ganze Gemeinschaft, Kinder und Erwachsene
zusammen, feiern diese Feste mit Spielen, Aufführungen, musikalischen
Darbietungen oder einem festlichen Mahl. Jedes Fest hat seine eigene
Form. Manches wird von den Erwachsenen für die Kinder, anderes von
den Kindern für die Erwachsenen gestaltet — vieles aber von Erwachsenen
und Kindern gemeinsam.

In der Erlebniswelt der Kinder während ihrer Schulzeit, aber auch im
späteren Rückblick sind diese Feste Markierungen im Zeitenlauf; sie
verweisen die Kinder auf geistige Zusammenhänge und sind — so
könnte man sagen — wie Meilensteine auf dem Weg zu ihrem eigenen
Selbst. Im Lauf der Zeit haben auch die Eltern immer stärker den
Wunsch, an den jahreszeitlichen Festen der Gemeinschaft teilzunehmen;
oft kommen sie von weither dazu angereist. Nimmt man an einem Weih-
nachtsfest teil, bei dem die Gemeinschaft Eltern und andere Besucher
einschließt, dann erlebt man die einzigartige Verknüpfung der beiden

Pole von Elternschaft mit, den biologisch-emotionalen und den geistigen, die ihren Ausdruck in der Gott-Vaterschaft des weihnachtlichen Geschehens findet.

Das religiöse Leben der Gemeinschaft, gefördert von den Künsten, bildet den geistigen Mutterboden, auf dem ein Kind schrittweise zu seiner eigenen Bedeutung und Identität findet. Es wird heranwachsen und in die „Welt" zurückkehren, es wird innerhalb seiner Möglichkeiten Halt in religiösen Erfahrungen finden können; viele behinderte Menschen haben danach ein ausgesprochenes Bedürfnis. Was das Kind in der Schule gelernt hat, wird ihm die Richtung weisen und ihm eine gewisse Sicherheit geben, sich im Leben behaupten zu können.

Etwas noch über die Lehrer, besonders über die jüngeren, die nur für kürzere Zeit in der Gemeinschaft leben. In einer solchen Gemeinschaft gibt es Traditionalisten und Neuerer, Fromme und Ungläubige; es gibt Suchende und im Geistigen Unbeschwerte. Alle diese Menschen sind aber verbunden durch den Drang, etwas zu tun – nicht für ihr eigenes Fortkommen, sondern für andere; in unserem Fall für die Kinder, die der Gemeinschaft anvertraut sind und die die Gemeinschaft in ihre liebevolle Obhut nimmt. Der Versuch dieser Gemeinschaft, dem Sinn des Seins Ausdruck zu geben, beruht auf dem guten Willen von Menschen, und nur durch guten Willen kann dieser Versuch gelingen.

Selbstverständlich gibt es Gelegenheiten, bei denen sich die Erzieher über dieses alles aussprechen können. Die wichtigste ist der allwöchentliche sogenannte Bibelabend, an dem die einzelnen Hausgemeinschaften ein bescheidenes, doch festliches Abendessen miteinander einnehmen, an das sich die Lesung des Textes aus dem Neuen Testament anschließt, der für den Gottesdienst der Kinder am folgenden Sonntag bestimmt ist. Es kommt dabei zum Austausch von Erfahrungen, Fragen und Problemen und zu Gesprächen, die durch den Bibel-Text angeregt werden; viele Menschen der verschiedensten Glaubensrichtungen haben im Lauf der Zeit mit Gewinn an dieser Veranstaltung teilgenommen. Die wöchentlichen Bibelabende wurden so gestaltet, daß gelegentlich auch ältere Kinder teilnehmen können.

So viel zur Sphäre dessen, was ich den „Geist" oder das „Ideal" dieser Gemeinschaft genannt habe. Wenden wir uns nun dem Bereich des „Seelischen" zu, dem Zusammenleben von Menschen in der Gemeinschaft, von der ich hier berichte. Ein Bereich betrifft das Zusammenleben von Kindern mit Erwachsenen und von Kindern mit Kindern, der andere das Zusammenleben von Erwachsenen miteinander. Der erstgenannte Bereich ist unkomplizierter und außerordentlich abwechslungsreich; der zweite ist schwieriger und findet seine Grenzen darin, daß ein Mensch in Widerstreit mit sich selbst geraten kann oder in Kollision mit den Interessen der anderen. Wir wollen uns zunächst mit dem ersten Bereich beschäftigen.

Eine Schulgemeinschaft sollte nicht so klein sein, daß sie nicht alle Altersstufen, sagen wir, vom fünften bis zum achtzehnten Lebensjahr umfassen könnte. Es sollte auch möglich sein, Kinder mit allen nur möglichen verschiedenen Behinderungen und Störungen aufzunehmen. Die größte Vielfalt gibt auch hier ein Bild der menschlichen Möglichkeiten in ihrer Gesamtheit. Sind zu viele Kinder mit der gleichen Behinderung oder Störung zusammen, so verstärkt diese Einseitigkeit die Behinderung, hilft aber nicht der einzelnen Individualität. Die Erzieher haben es dann nur mit „Mongolismus" oder mit „Autismus" zu tun, d. h. mit jedem möglichen „Ismus", aber nicht mit einer Gruppe heranwachsender Kinder. Die Kinder sehen sich unter solchen Umständen auf allen Seiten der Vervielfältigung ihrer eigenen Schwierigkeiten gegenüber. Autismus wird dann zum Vorbild für das autistische, Mongolismus für das mongoloide Kind, und die Kinder werden erfahrungsgemäß in ihren eigenen Problemen wie in einer Falle gefangen.

Eine Gemeinschaft sollte aber auch nicht so groß sein, daß sich Erzieher und Kinder nicht mehr gegenseitig kennenlernen können. Das Verhältnis von einem Erzieher für zwei behinderte Kinder ist ideal. Ein Mehr oder Weniger kann auf beiden Seiten zu Schwierigkeiten führen.

In einer Gemeinschaft, die so groß ist, daß sie aus hundert bis vierhundert Menschen besteht, fällt dem einzelnen die Anpassung leichter, wenn sie nicht nach strengen Regeln organisiert ist; ebenso ist es aber nicht förderlich, wenn man zu kleine Gruppen bildet oder Hausgemeinschaften zahlenmäßig standardisiert. Wie die Erfahrung zeigt, drohen sehr große Einheiten im Institutionalismus zu erstarren; zu kleine Gruppen neigen zu dem anderen Extrem der Isolierung des einzelnen und seiner Interessen von denen der größeren Gemeinschaft. In der Gruppierung von Wohnhäusern als Hausgemeinschaften scheinen mir zwei große Häuser sowie einige andere von verschiedener Größe bis hinunter zu ganz kleinen Häusern für nur wenige Kinder ideal. Es gibt Kinder und Erwachsene, die in größeren Gruppen besser leben können; andere dagegen haben ein ausgesprochenes Bedürfnis, einer kleinen Gruppe anzugehören, und viele andere fühlen sich in einer mittelgroßen Gruppe am wohlsten. Manchmal ist für ein Kind auch ein Wechsel von einer Gruppe zur anderen hilfreich, entsprechend den Phasen, in denen sich sein Leben in der Gemeinschaft entwickelt, und seinem Gesundheitszustand – man sollte verschiedene Möglichkeiten zur Verfügung haben.

Innerhalb einer Hausgemeinschaft sollten möglichst Kinder verschiedenen Alters, verschiedenster Behinderungen und natürlich beider Geschlechter leben. Die Kinder schlafen in kleinen Schlafräumen von drei bis fünf Betten, gelegentlich auch in Einzel- oder Doppelbettzimmern, und das Zimmer für den Betreuer ist, wenn möglich, nebenan. Die Mitarbeiterschaft besteht aus den Hauseltern und jüngeren Helfern; Lehrer, Therapeuten, Ärzte und Gärtner sind den Hausgemeinschaften zugeordnet.

Erzieher und Kinder nehmen alle Mahlzeiten gemeinsam ein; sie teilen sich in das Tischdecken und das Abräumen nach dem Essen; ebenso halten sie gemeinsam das Haus und das dazugehörende Grundstück sauber und in Ordnung. Jeder, auch der Leiter der Gemeinschaft, wird mit seinem Vornamen angeredet. – Soweit die „häusliche" Seite des Lebens in der Gemeinschaft.

Am Morgen gehen die Kinder in die Schule, und zwar in einen für sich gelegenen Schultrakt. Er ist oft so weit von den Wohnhäusern entfernt, daß man die Kinder dorthin fahren muß. So bekommt ein Kind auch einen Begriff davon, wie groß das Gebiet der Gemeinschaft ist. Jedes Kind gehört ohne Ausnahme zu einer Klasse seines tatsächlichen Alters. Die Gruppe von Jungen und Mädchen, in der es seine Schulzeit verbringt, ist ganz anders zusammengesetzt als die, mit der es zusammen wohnt. So können sich Schulfreundschaften bilden, und die Kinder erleben gemeinsam mit ihren Klassenkameraden die Vielfalt der Dinge im Praktischen wie im Theoretischen. Sie besuchen interessante Einrichtungen in der Umgebung, wie Mühlen, Steinbrüche, Fabriken, je nach der derzeitigen Unterrichtsepoche. In den Kunst-Fächern und bei der Gruppentherapie trifft ein Kind wiederum mit anderen Kindern und anderen Erwachsenen zusammen, und so dehnt es seine verschiedenen Beziehungen wie ein Netz über die ganze Gemeinschaft aus. Dadurch paßt sich ein Kind ganz selbstverständlich an und hat das Gefühl der Zugehörigkeit, wenn die ganze Gemeinschaft sich bei besonderen Ereignissen in dem Gemeinschaftsraum der Schule versammelt oder zu Konzerten und Theateraufführungen in die Stadt fährt. Im Lauf der Zeit wird ein Kind jeden, ob groß oder klein, in der Gemeinschaft kennenlernen.

Die Erfahrungen des Zusammenlebens dürfen aber nicht allein auf die Gemeinschaft beschränkt bleiben. Schon in der Schulzeit sollte man behinderte Kinder behutsam auf das Zusammenleben im weitesten Sinne, d. h. über die Gemeinschaft hinaus vorbereiten. Man ermutigt deshalb die Kinder, Interessen außerhalb der Gemeinschaft zu entwickeln, und viele, auch jüngere, nehmen an Treffen von Mädchen und Jungen der benachbarten Pfadfinderjugend teil. Dort werden sie von den normalen, außerhalb der Gemeinschaft lebenden Kindern nicht nur toleriert, sondern meistens ins Herz geschlossen. Die Gemeinschaft ist ständig auf der Suche nach Möglichkeiten, wie man die Beziehungen zu der Umwelt erweitern und vertiefen kann.

Im Laufe der Zeit hat die Gemeinschaft die einzigartige Hilfe erkannt, die ein Kind dem anderen geben kann, und fördert die dazu notwendigen Situationen, wo immer es möglich ist. Wir haben bemerkt, in welch einem hohen Maß das mongoloide Kind dem autistischen helfen kann und umgekehrt, wieviel gegenseitige Unterstützung sich milieugeschädigte und körperlich behinderte Kinder geben können. Diese Hilfe entsteht oft spontaner und instinktiver, als der Erwachsene gemeinhin denkt. Läßt man ihr Raum, so erwächst daraus eine schöpferische und therapeutische Kraft für das Ganze. Den Kindern wird nicht „gepredigt", daß sie sich gegenseitig helfen sollen, auch wird ihre Hilfsbereitschaft nicht einfach ausgenützt, wenn nichts anderes mehr helfen will. Aber man sollte das Bedürfnis der Kinder, diese Hilfe zu geben, beachten und nicht enttäuschen, denn oft ist der spontane Drang, für ein anderes Kind die Verantwortung zu übernehmen, ein erstes Zeichen dafür, daß eine Persönlichkeit anfängt, sich zu erkennen und zu behaupten.

Wenn alle Möglichkeiten ausgeschöpft werden und nichts nur rein zufällig geschieht, gewinnt das Kind schon während seiner Schulzeit ein Maß von sozialer Erfahrung, das wesentlich zu seiner Förderung beiträgt. Bei einem blinden Kind etwa können Reste von Sehfähigkeit, bei einem tauben Reste von Hörfähigkeit erhalten sein, die darauf warten, angeregt zu werden; in gleicher Weise könnte man sagen, daß das behinderte und gestörte Kind „Reste" von sozialen Fähigkeiten, sozialem Interesse und von Verantwortungsbewußtsein in sich trägt. Werden sie geweckt und gepflegt, so gewinnt das Kind eine gute Ausgangsposition, ein brauchbares Mitglied jenes Teils der menschlichen Gesellschaft zu werden, in dem es später einmal leben wird.

In einer Gemeinschaft wie der, von der ich berichtet habe, ist das Kommen und Gehen von Studenten und Helfern, die nur kurze Zeit bleiben, unvermeidlich und ebenso, daß sich Erzieher auf einem bestimmten Gebiet spezialisieren. Trotzdem muß man Beständigkeit anstreben. Diese wird zweifellos durch die Hauseltern der Wohngemeinschaft repräsentiert, in der die Kinder leben; hier gibt es nur dann einen Wechsel, wenn ein Kind von einem Haus in ein anderes umzieht. So wird es von den ersten Hauseltern beispielsweise durch die ersten Schuljahre begleitet, später von anderen.

Beständigkeit vermittelt auch der Leiter der Gemeinschaft sowie Ärzte, Therapeuten, Schwestern und viele andere, die die ständige Mitarbeiterschaft bilden. Am wenigsten Beständigkeit gibt es im allgemeinen bei den

„Gruppen-Eltern", denn sie sind meistens Studenten oder junge Menschen, die nur für eine begrenzte Zeit zu der Gemeinschaft gehören. Wir haben darin nicht einen Nachteil für die Kinder gesehen, sondern eher eine Herausforderung an ihre Anpassungsfähigkeit, vorausgesetzt, daß die Kontinuität der Gemeinschaft im Ganzen bewahrt ist. Die Situation müßte natürlich anders beurteilt werden, wenn eine ständige Mitarbeiterschaft nicht vorhanden wäre.

Die Begegnung der Kinder mit Gruppen-„Müttern" oder -„Vätern", die nur auf eine begrenzte Zeit mitarbeiten, wirkt sich oft günstig aus, da es dann zwischen Erwachsenen und Kind nicht so leicht zu einer Art von „Besitz"-Verhältnis kommt. Denn es gibt in jeder therapeutischen Gemeinschaft Situationen, in denen die Gruppen-„Mutter" ganz von einem Kind in Anspruch genommen wird und umgekehrt. Dadurch wird aber ein unechtes Eltern-Kind-Verhältnis geschaffen mit allen negativen sozialen Folgen für eine Gemeinschaft. Ein freies, warmherziges gegenseitiges Verhältnis zwischen der ganzen Gruppe und den Gruppen-„Eltern" muß angestrebt werden.

Selbst wenn das Verhältnis zwischen der Gruppe und dem Erwachsenen zu Zeiten weniger frei und herzlich ist, können für beide Teile sinnvolle positive Erfahrungen damit verbunden sein, solange das Gefühl der Bezogenheit auf die ganze Gemeinschaft lebendig bleibt.

In der Gemeinschaft, von der ich berichte, ist der Klassenlehrer für das Kind das wichtigste Element von Beständigkeit; entsprechend den Erziehungsmethoden der Gemeinschaft behält er seine Klasse vom ersten bis zum letzten Schuljahr. Dies bedeutet, daß ein Kind, das mit sechs Jahren in die Schule kommt und sie mit sechzehn Jahren verläßt, während seiner zehn Schuljahre denselben Lehrer haben kann. Selbstverständlich ist diese Situation anders, wenn ein Kind erst später in die Schule eintritt. Es wird dann in eine Klasse eingeschult, die mit ihrem Lehrer bereits zusammengewachsen ist, so daß das Kind in ein eng gewobenes Gefüge von auf lange Zeit angelegten menschlichen Beziehungen eintritt.

Der Klassenlehrer hat die Aufgabe, die Persönlichkeit seines Schülers zu bilden. Im Gegensatz zu der Leibeserfahrung ist die Erfahrung der Persönlichkeit als eines geistgetragenen Wesens am nächsten dem Erlebnis der eigenen Identität. Der Weg dorthin ist für ein behindertes Kind lang und beschwerlich, jedoch von größter Wichtigkeit. Daß ihm dabei *ein* ständiger, ihm wohlbekannter und vertrauter Mensch als Führer zur Verfügung steht, ist von unendlichem Wert.

Bevor wir uns mit Fragen des Zusammenlebens der Mitarbeiter befassen, wollen wir noch etwas über die Verwaltung und die Führung einer

solchen Gemeinschaft sagen: In der ganzen Welt besteht heute ein deutlicher Zug weg von den hierarchisch strukturierten gesellschaftlichen Formen zu Gemeinschaften von Partnerschaft und Mitverantwortung, wenn
auch diese Bemühungen zweifellos noch ganz in ihren Anfängen sind.

Im engeren Bereich der Psychiatrie und der psychiatrischen Kliniken
sind heute schon Bestrebungen zu gemeinschaftlicher Verwaltung im
Gange, wobei die alte Vater-Figur des ärztlichen Leiters einem neuen
Führungsstil durch die Gruppe Platz gemacht hat.

Der Übergang von der gesellschaftlichen Hierarchie zur Gemeinschaft
gehört zu den wichtigsten Problemen unserer Zeit. Das Problem steht,
wie ich glaube, in tieferem Zusammenhang mit der Umwälzung, die sich
im Verhältnis des Menschen zu seinem Gott vollzieht. Trotz einer zwei-
tausendjährigen christlichen Überlieferung beginnt erst der Mensch des
20. Jahrhunderts, die Worte Christi zu erleben und zu verwirklichen
– selbst wenn dieser Mensch sich nicht als Christ bekennt: „Ich und der
Vater sind eins", das heißt aber auch: Der Mensch und sein Gott sind
eins. Früher repräsentierten die gekrönten Häupter der Nationen und
kirchliche Würdenträger Gott gegenüber dem Volk. In der gegenwärtigen
Weltsituation kann jeder, welcher Schicht der Gesellschaft er auch ange-
hört, Gott repräsentieren; mit anderen Worten, die menschliche Gemeinschaft repräsentiert Gott. Die Stellvertretung des Allmächtigen ist nicht
mehr die Sache Auserwählter.

Es mag dem Leser erscheinen, als hätte ich hier zu weit ausgegriffen,
um die Formen der Verwaltung einer kleinen Gemeinschaft zu beschreiben; jedoch ist im Mikrokosmos die Dynamik des Makrokosmos enthalten und offenbar. In der Gemeinschaft, von der ich berichte, ist das größte
der verschiedenen Gremien dasjenige, welches die Richtung, die „Politik"
der Gemeinschaft bestimmt. Es schließt alle diejenigen ein, die sich selbst
als verantwortliche und aktive Träger der Gemeinschaft erleben. Es gibt
in diesem Gremium deshalb auch keine Trennung zwischen alten und
jungen Mitgliedern, denn es kann sein, daß ein junger Student sich im
Zeitraum seiner Mitarbeit sehr verantwortlich fühlt, während ein älteres
Mitglied sich unter Umständen nicht in der Lage fühlt, weiter Verantwortung zu tragen.

Innerhalb dieses Gremiums gibt es Ausschüsse für die Aufnahme der
Kinder, die Einstellung und Verteilung von Mitarbeitern, für die heil-
pädagogische Ausbildung von Studenten, Ausschüsse für Kulturelles, für
Finanzen, Besucher und Bauplanungen. Alle diese differenzierten Gruppen
sind dem größeren Gemeinschafts-Gremium gegenüber verantwortlich.
Die offiziellen Kontakte mit der Außenwelt nehmen Repräsentanten des
Gemeinschafts-Gremiums wahr.

159

Die Ausschüsse haben die Vollmacht, auf ihrem Gebiet im Namen aller zu handeln; die Vollmacht bedarf aber immer wieder der Bestätigung durch das Vertrauen und die Zusammenarbeit mit allen anderen. Jeder Ausschuß ist bemüht, seinen Aufgabenbereich nicht zu überschreiten. Angelegenheiten, die über Verwaltungs- und Routinefragen hinausgehen, werden dem Gemeinschafts-Gremium vorgetragen. Entscheidungen werden nicht durch Abstimmung oder durch Angleichung an die von der Mehrheit vertretene Meinung getroffen, sondern erst wenn ein gemeinsamer „consensus" erreicht ist. In einer Gemeinschaft zählen Ansichten weniger als der gute Wille. Ebenso ist es für den einzelnen wesentlicher, daß er sich für eine Entscheidung mit all seinem guten Willen einsetzen kann, auch wenn sie unter Umständen seiner Ansicht nicht entspricht. Hält er seinen guten Willen zurück und bleibt er bei seiner Meinung, so versäumt er möglicherweise die Gelegenheit einer notwendigen lehrreichen Erfahrung. Die Verwaltung hat ferner eine Reihe von Verzweigungen wie etwa die einzelnen Hausgemeinschaften, die ihre eigenen Angelegenheiten in Verbindung mit dem Ganzen selbst regeln.

Dann gibt es drei „Kollegien": Das *Lehrer-Kollegium* ist nicht nur für alle schulischen Veranstaltungen verantwortlich, sondern auch für die Lebendigkeit der Methoden. Das *child-guidance-Kollegium* ist verantwortlich für die Entwicklung des Kindes als Person, für seine Reifung und seine soziale Integration. Das *Therapie-Kollegium* ist zuständig für alle Behandlungsmethoden in der Einzel- oder Gruppentherapie mit den Kindern. Schließlich gibt es die Gruppe der Ärzte und Schwestern, deren Verantwortungsbereich nicht eigens erklärt werden muß.

Die Vielfalt dieser Gruppen hält die Arbeit der Gemeinschaft in lebendigem Fluß. Wesentlich erhält sich dieses Leben durch gegenseitige Verständigung und gegenseitiges Interesse. Schließlich müssen wir uns der schwierigsten Frage zuwenden, von deren Beantwortung das Sein oder Nicht-Sein jeder Gemeinschaft abhängt: den Formen des Zusammenlebens der Mitarbeiter.

Man kann beobachten, daß eine Gruppe von Erwachsenen sich entschließt, mit all ihrer Mitleidsfähigkeit und all ihrer Einfühlungskraft sich den Kindern zu widmen, aber nicht bereit oder fähig ist, sich untereinander ebenso zu verhalten. Dies ist zweifellos richtig, denn die Gruppe muß voraussetzen, daß ihre Mitglieder fähig sind und nicht des therapeutischen Verständnisses bedürfen wie die Kinder, mit denen sie lebt und arbeitet. Sie nimmt deshalb mit Berechtigung die Haltung ein: Wir sind nicht für unser eigenes Wohl hier, sondern für die Kinder; laßt uns also in dieser Haltung unsere Arbeit tun.

Nach dieser Formel ist aber in einem zunehmend therapeutisch einge-
stellten, toleranten und freizügigen Zeitalter nicht ganz so einfach zu
leben. Der Übergang von der Religion zur Psychologie, um mit C. G. Jung
zu reden, hat seine Folgen gezeigt. Selbstverleugnung und Entsagung
um einer Idee willen, wie sie etwa im Leben des Franz von Assisi ver-
körpert waren, sind heute in Wirklichkeit nicht mehr möglich. Die Kräfte
der Psychoanalyse und der Psychologie haben den heutigen Menschen
von der Enge und Begrenztheit seines Unbewußten befreit, und es ist
dieser Mensch, der heute seine Ansprüche auf Trost, Verständnis und
Liebe stellt, um fähig zu sein, andere zu trösten, zu verstehen und zu
lieben. An die Stelle der Selbstverleugnung ist die Suche nach sich selbst
getreten.

Für die Kunst des Zusammenlebens von Erwachsenen ist deshalb mehr
Geschick und therapeutischer Wille nötig als für das Leben mit behinder-
ten Kindern, die so unmittelbar unser Mitleid und unseren therapeutischen
Enthusiasmus ansprechen.

Es ist wesentlich, daß der einzelne in einer Gemeinschaft vermeiden
lernt, auf den anderen entsprechend dessen Konstitution zu reagieren.
Sonst entstünde ein circulus vitiosus menschlicher Beziehungen. Man muß
lernen, sich in die Tatsache einzufühlen, daß die körperliche und seelische
Konstitution des anderen nicht nur seine Umwelt belasten kann, sondern
in weit höherem, existentiellem Maß ihn selbst. Dabei vermögen wir die
nie endende Bemühung des Menschen wahrzunehmen, den Zwiespalt
und die Einsicht, daß all dem, was wir wirklich sind oder glauben sein
zu können, die Last unserer physischen, emotionalen und in gewissem
Sinne auch geistigen Konstitution entgegensteht.

Wenn nur die körperlich-seelische Konstitution des einen auf die körperlich-seelische Konstitution eines anderen trifft, so sind beide im Netz
der gegebenen Umstände gefangen. Beide versperren sich den Ausblick
auf die wesentlichen Möglichkeiten des anderen, die in seltenen Augenblicken erkannt und erlebt werden können. Wir werden sie aber kaum
je in uns selber erkennen.

Als beim Pfingstfest der Heilige Geist über die Jünger kam, sah keiner
von ihnen die kleine Feuerflamme über seinem eigenen Haupt; aber jeder
sah sie über den Häuptern der anderen. Das ist die eiserne Regel, die dem
Leben einer Gemeinschaft zugrunde liegen muß: der dauernde und immer
neu herzustellende Bezug zu dem spirituellen Potential des anderen
Menschen, auch wenn es verborgen bleibt. Denn es muß die Frage
gestellt werden: Sehe ich dieses Potential nicht, weil der andere Mensch
keines hat oder weil er es verbirgt, oder: Ist es meine eigene Blindheit,
die es mir nicht erlaubt, das Potential des anderen zu erkennen?

Die Methoden und Techniken des Zusammenlebens, die heute in Gemeinschaften definiert und praktiziert werden, führen allein nicht über den psychologisch verstehbaren Horizont menschlicher Existenz hinaus. Dies hängt damit zusammen, daß wir im Grunde der Seele Furcht davor haben, die geistigen Möglichkeiten des anderen Menschen wirklich anzuerkennen. Könnten wir das spirituelle Potential des anderen vorbehaltlos lieben, so würden wir das Paradies zurückgewinnen, und das Leben auf dieser heimgesuchten, herrlichen, schrecklichen und geliebten Erde verlöre seine Aufgabe. Unsere gegenseitigen Antipathien, Empfindlichkeiten, Mißverständnisse und Verdächtigungen sind die Zeichen unserer Bitte an das Schicksal, uns noch etwas mehr Zeit zu geben.

Wir brauchen nicht zu befürchten, daß wir in unserem Verhältnis zu behinderten Kindern vollkommen werden. Wir sind froh, wenn wir befähigt sind, ein wenig von dem Leben zu bessern, das beschädigt ist. Menschliches Leiden macht uns zu Realisten. Aber die Kräfte des Menschen sind beunruhigend. Wir brauchen nichts mehr als sie, aber wir fürchten sie gleichzeitig und bezweifeln und zerstören sie deshalb bei anderen, indem wir uns zäh an das konstitutionelle Verhalten des anderen klammern. Wenn ein Mensch sich innerlich einer Gemeinschaft verpflichtet hat, so kann er weder die Verantwortung für die anderen Menschen der Gemeinschaft von sich weisen, noch dem anderen das Gefühl der Verantwortlichkeit versagen, das dieser ihm gegenüber entwickelt. Man muß immer wieder in der Lage sein, die Individualität als Persönlichkeit von derjenigen zu unterscheiden, wie sie sich als Mitglied einer Gruppe offenbart. Keine Gemeinschaft kann für alle Zeiten gültig gebildet werden; sie muß jeden Tag neu geschaffen werden. Die Bausteine dafür sind die Bemühungen des einzelnen, diejenigen Ideale real und wirksam zu machen, die der Gemeinschaft gemeinsam sind.

Wir können jetzt den dritten Bereich des Lebens in einer Gemeinschaft beschreiben, ihren „Körper", dem ich die Arbeit und deren ökonomische Bedingungen zugeordnet habe. Dazu möchte ich als Beispiel über ein Experiment berichten, das die Gemeinschaft, von der wir sprechen, seit ihrer Gründung vor mehr als dreißig Jahren durchführt. Dieses Experiment ging aus dem Wissen hervor, daß die ökonomische Seite des Gemeinschaftslebens eine wichtige und auch faszinierende Aufgabe ist, die jedoch erst dann ihre volle Bedeutung haben wird, wenn die Welt zu der Erkenntnis fortgeschritten ist, welche menschlichen, sozialen und spirituellen Kräfte im Wirtschaftsleben zusammenwirken. Das Experiment dieser kleinen Gemeinschaft sieht so aus: Ihre Mitglieder beanspruchen keine Entlohnung für sich selbst und versuchen so den Grundsatz Rudolf Steiners zu verwirklichen, der besagt, daß das Wohl einer Gemeinschaft um so größer ist, je mehr der einzelne auf eine Bezahlung für seine eigene Arbeit verzichtet, seine Bedürfnisse aber durch die Arbeit der anderen gedeckt werden.

Individuelle Bedürfnisse sind erfahrungsgemäß von Mensch zu Mensch verschieden und ändern sich mit dem Lebensalter. So braucht ein junges, noch unerfahrenes Ehepaar, dessen Familie wächst, mehr für seinen Unterhalt als ein erfahrenes älteres Paar, dessen Kinder herangewachsen und selbständig sind. Ein älteres Mitglied der Gemeinschaft wird erkennen, daß seine persönlichen Bedürfnisse geringer werden, je älter er wird. Er wird aber als Sprecher der Gemeinschaft oder als Dozent begehrt, und es wachsen deshalb seine Ausgaben für Reisen, die er für andere unternimmt. Der persönliche Bedarf eines jüngeren Mitarbeiters dagegen wird höher sein, sein „öffentlich-gesellschaftlicher" Aufwand aber geringer. Ferner sind die Bedürfnisse der einzelnen je nach Temperament, Neigung, Lebensweise und Wertbegriffen sehr verschieden. Selbstverständlich kann man all dies nicht berücksichtigen, wenn man gestaffelte Tarife aufstellt. In einer Gemeinschaft, in der es keine Gehälter gibt, hat das Geld deshalb auch eine andere Bedeutung: der einzelne kann nicht alles bekommen, was er möchte, vielmehr muß er unterscheiden lernen zwischen dem, was er *wünscht,* und dem, was er *braucht,* und muß sich darüber hinaus in den Grenzen bewegen, die durch die allgemeine Situation der Gemeinschaft gegeben sind.

Einnahmen – in diesem Fall Unterbringungs- und Schulkosten, die von den Eltern und den örtlichen Behörden für jedes Kind bezahlt werden – werden auf ein zentrales Konto eingezahlt, von dem die Verteilung für jede Hausgemeinschaft auf Grund eines von ihr vorgelegten Budgets vorgenommen wird. Die Hausgemeinschaften bestreiten die Ausgaben für die persönlichen Bedürfnisse ihrer Mitarbeiter, für die laufenden Unterhaltskosten der Kinder und der Mitarbeiter in dem betreffenden Haus und die Aufwendungen für Instandhaltung, Urlaub und alles übrige.

Ein bestimmter Prozentsatz der Gesamteinnahmen wird für allgemeine Unkosten sowie für die weiteren baulichen Entwicklungsmaßnahmen zurückbehalten. Die Gemeinschaft in Schottland erhält außer den Schulgeldern keine Zuschüsse von öffentlicher Hand und hat deshalb ihren finanziellen Rückhalt nur in den Schulgeldern der Kinder und den Spenden, die durch die Initiative der Eltern aufgebracht werden. Das beachtliche Entwicklungsprogramm der letzten Jahre ist größtenteils durch die Einnahmen der Schulgelder finanziert worden. Die Gemeinschaft ist offiziell als gemeinnützige Einrichtung anerkannt, die keine Einkommensteuer und keine Sozialversicherung entrichtet, da ihre Mitglieder kein persönliches Einkommen haben. Aus diesem Grund erhalten die ständigen

Mitglieder auch keine Altersversorgung. Es gibt also kein Pensionsalter; alte oder gesundheitlich schwache Mitglieder tragen zur Arbeit mit den ihnen zur Verfügung stehenden Kräften bei, und ihre Bedürfnisse werden wie die der anderen Mitarbeiter von der Gemeinschaft gedeckt.

Es ist häufig argumentiert worden, daß die Menschen dieser Gemeinschaft in einem falschen Paradies, fern von den Realitäten der Welt leben, wo man sich auf Steuern, Renten, Versicherungen und ähnliche Verpflichtungen einstellen muß. Die Antwort auf diese Argumentation liegt in der Teilhabe und in der Verantwortung, die jedes Mitglied für die Gemeinschaft hat; das bedeutet, daß jeder einzelne sein Bewußtsein dem Geld gegenüber mindestens über seine Hausgemeinschaft ausdehnen muß, und zwar mit nicht weniger Interesse als gegenüber den finanziellen Verpflichtungen, die er für sich und seine Angehörigen zu tragen hätte, stünde er in einem bezahlten Beruf außerhalb der Gemeinschaft. Ohne Zweifel besteht in einer solchen Gemeinschaft die Gefahr, daß der einzelne gleichgültig wird und sein Interesse für das Wohl der Gemeinschaft erlahmt. Er mag sagen, die Gemeinschaft besteht ja doch weiter, ob nun der eine oder andere sich engagiert oder nicht. Eine solche Haltung hätte sicherlich in einem bezahlten Beruf die Folgen, daß dieser Mensch seine Arbeit verlöre. Die Bildung und Erhaltung einer Gemeinschaft zeigt sich in allen Ebenen als eine Herausforderung an die, die ihr angehören, und man kann nicht erwarten, daß ein Versuch dieser Art von selbst und für alle Zeiten funktioniert. Es ist vielmehr ein hartes Stück Arbeit.

Mit der Rechnungsführung bis zur Erstellung der Bilanz ist in jeder Hausgemeinschaft derjenige beauftragt, der auch für die Finanzen verantwortlich ist; er bespricht mit seinen Mitarbeitern regelmäßig die finanzielle Situation. Die einzelnen Mitglieder verfügen über bestimmte Beträge, um notwendige Ausgaben für Persönliches und den Haushalt bestreiten zu können, und rechnen darüber ab.

Studenten des heilpädagogischen Seminars erwarten manchmal ein höheres Taschengeld; von wenigen Ausnahmen abgesehen, ordnen sie sich aber in die finanziellen Gepflogenheiten der Gemeinschaft ein. Durch das enge Zusammenleben mit den Kindern löst sich die Frage nach Dienststunden und Schichtarbeit von selbst. Freizeit und Urlaub werden von Fall zu Fall individuell geregelt. Teilhabe und Verantwortlichkeit sind prinzipiell unbeschränkt und können nur schwer in Gehaltsstufen ausgedrückt werden.

All dies meint nicht, daß die Mitglieder dieser Gemeinschaft mehr Selbstaufopferung aufbringen und mehr verpflichtet sind als diejenigen, die unter anderen Umständen für behinderte Kinder arbeiten. Es bedeutet vielmehr, daß, zieht man alle Konsequenzen des Lebens einer Gemeinschaft in Betracht, das Ergebnis zwingend auf den Versuch hinweist, im Wirtschaftsleben eine Korrespondenz zum Gemeinschaftsleben zu schaffen. Ein solcher Versuch stammt nicht aus einer vereinfachten „Nachfolge Christi", sondern ist als ein soziales – und nicht einmal neues – Experiment auf Grund der Erkenntnis zu betrachten, daß das bestehende Lohnsystem Folge der historischen Entwicklung unserer Zivilisation ist und sich weiterentwickeln muß. Anzeichen dieser Entwicklung sind bereits zu erkennen, indem sich die Wertmaßstäbe zunehmend vom Materiellen zum Essentiell-Menschlichen hin verlagern.

Wenn eine Gemeinschaft wie die, von der ich hier berichte, ihre differenzierte und sinnvolle Struktur beibehalten will, um ausführen zu können, was sie als ihre Mission empfindet, so muß sie verstehen, ihre therapeutischen, sozialen und individuellen Grundlagen immer wieder zu erneuern und jung zu erhalten. Sie muß wissen, woher sie neue Anregungen nehmen kann, und neue Herausforderungen erkennen. Sie darf sich nicht von der Welt zurückziehen; aber sie muß wache Sorge tragen, daß ihre Integrität weder verdunkelt noch verwässert wird. Das erfordert Studium, Selbstprüfung, Wirklichkeitssinn und Ausdauer.

Zum Abschluß möchte ich mich noch einmal den Kindern zuwenden, für die und mit denen die Gemeinschaft arbeitet. In vielem wurden sie die Lehrer ihrer Lehrer, die Therapeuten ihrer Therapeuten. Sie haben den Weg für ein neues Gemeinschaftsleben gewiesen. Nicht nur das behinderte Kind reift an der Erfahrung, anderen helfen zu können. Auch wir müssen die Möglichkeit haben, anderen sinnvoll zu helfen, wenn wir die Erfüllung eines eigenen reifen Daseins finden wollen. Eine Schule für entwicklungsbehinderte Kinder sollte deshalb auf dem Prinzip gegenseitiger Hilfe aufgebaut sein unter Vermeidung jeglicher Einteilung nach Altersgruppen, Arten von Behinderungen oder nach Kindern und Mitarbeitern. Das Zusammenleben soll ein Geben und Nehmen sein; der Lehrer ist sich bewußt, daß er nur Lehrer sein kann, weil es Kinder gibt, die noch lernen können, der Arzt muß sich klar machen, daß er nur heilen kann, weil andere krank sind; jeder Erwachsene muß wissen, daß ihm sein innerer Fortschritt und seine Reifung aus der relativen Entwicklung und dem Erfolg bei dem behinderten Kind, das ihm anvertraut ist, zuwachsen.

3. Gemeinschaften für Erwachsene

Das Leben der erwachsenen Behinderten ist auch heute noch ein ernstes und nicht gelöstes Problem, das sich schon von früher Kindheit an stellt. Selbst wenn die Eltern eine tolerante Schule finden, die ihr behindertes Kind während des Heranwachsens aufnimmt, gibt es keine Garantie dafür, daß es das Leben als Erwachsener meistert, ohne totale Obhut in Anspruch nehmen zu müssen, die für „geistig nicht Normale" vorgesehen ist. Aus dieser Sorge entsteht bei Eltern und Ärzten oft das Gefühl, daß es doch besser sei, ein behindertes Kind gleich in eine beschützende Umgebung zu geben, aus der es nicht wieder entlassen werden muß, wenn es erwachsen ist – besser jedenfalls, als es mit Mühe durch die Schule zu bringen, um dann vor der Frage zu stehen: „Was nun?"

Angst und Unsicherheit sind charakteristische Merkmale unserer Zeit, aus denen der intensive Drang entsteht, „Vorsorge" zu treffen oder „endgültige Lösungen" für behinderte Menschen zu finden. Aber das Leben selbst vereitelt solche Hoffnungen, denn es wandelt und entwickelt sich ständig und kennt keine endgültigen Lösungen, es sei denn, man betrachtet den Tod als eine solche Lösung.

Der Wunsch nach endgültigen Lösungen hat „Anstalten" für Behinderte zu Plätzen des lebendigen Todes gemacht. Jedoch das Verständnis für die Probleme der behinderten Erwachsenen und die Einstellung ihnen gegenüber beginnen sich zu wandeln, und in diesem Wandel werden neue Möglichkeiten gesucht und gefunden. Es steht außer Zweifel, daß nur eine verhältnismäßig kleine Anzahl der schwer behinderten und gestörten Kinder, die eine Sonderschule besuchen, später einmal fähig ist, mit dem Leben als Erwachsener selbständig fertig zu werden. Die Mehrzahl von ihnen wird die Hilfe einer verständnisvollen Umgebung brauchen, die auf die speziellen Bedürfnisse eines erwachsenen behinderten Menschen Rücksicht nimmt. Hier kann eine therapeutische Gemeinschaft große Hilfe leisten. Ich werde darauf später noch zurückkommen.

Von den behinderten Schulabgängern können bis zu 20 Prozent nicht einmal in solchen beschützenden Werkstätten mitarbeiten, wie sie nun mehr und mehr von verschiedenen Organisationen eingerichtet werden. Sie brauchen die dauernde Fürsorge, wie sie nur eine Familie oder, wo diese fehlt, eine spezielle Einrichtung für schwerer Behinderte leisten kann. Aber auch dann muß man sich darüber im klaren sein, daß keine dieser Lösungen eine endgültige ist oder sein muß.

Es ereignet sich immer wieder, daß ein behinderter Mensch, der einige Jahre in einer therapeutischen beschützenden Gemeinschaft gearbeitet hat, sich irgendwann einmal entschließt, sie zu verlassen, und eine Beschäftigung auf dem freien Arbeitsmarkt findet. Die Entscheidung kann verschiedene Gründe haben. Wenn zum Beispiel das ganze Land sich in einer Periode des Mangels an Arbeitskräften befindet, sind die Chancen für einen Behinderten größer, Arbeit zu finden. Ferner braucht ein behinderter Mensch, der sich einmal etabliert hat, nicht mehr ein solches Maß an Toleranz und Schutz, wie er es anfänglich benötigte, und hat nun den Willen, für sich selbst zu sorgen. Es kann auch sein, daß sich innerhalb der therapeutischen Gemeinschaft eine Änderung vollzieht und daß man es für notwendiger hält, sich schwerer behinderter und gestörter Menschen anzunehmen, so daß sich ein weniger schwer behinderter fehl am Platz fühlt.

Andererseits kann es vorkommen, daß ein behinderter Mensch, der einen Beruf wie jeder andere ausübte und für sich selbst sorgte, in eine Phase gerät, in der er für eine gewisse Zeit den größeren Schutz, den eine therapeutische Gemeinschaft geben kann, benötigt. Ein anderer, der in einer psychiatrischen Klinik aufgenommen war, ist nun soweit normalisiert, daß er bis auf weiteres in einer therapeutischen Gemeinschaft leben kann. Aber auch das Umgekehrte wird immer wieder eintreten. Im Leben eines einzelnen Menschen kann es zu einem öfteren Wechsel zwischen therapeutischer Gemeinschaft und psychiatrischer Klinik kommen.

Ich glaube, es ist außerordentlich wichtig, daß man gegenüber der Situation behinderter Erwachsener immer offen bleibt. Wir fügen einem behinderten Erwachsenen das größte und wahrscheinlich unverzeihliche Unrecht zu, wenn wir seinen Fall als gegeben, endgültig und als nicht mehr zu ändern hinnehmen. Das ist gleichbedeutend mit Mord.

Man kann es als einen beachtlichen Durchbruch bezeichnen, daß einzelne Psychiater und psychiatrische Kliniken immer mehr dazu übergehen, ihre Patienten möglichst bald so weit wieder herzustellen, daß sie in einer größeren Gemeinschaft leben können. Nur in viel geringerem Maße sind solche Versuche auch für geistig Behinderte durchgeführt worden.

Ich möchte nun von einer therapeutischen Gemeinschaft für behinderte Erwachsene berichten, die seit einer Reihe von Jahren besteht. Bei ihrer Planung war mitentscheidend, daß eine allgemeine Bevölkerungsbewegung vom Land in städtische Gegenden beobachtet werden konnte. So bot sich ein Landsitz in einem sich langsam entvölkernden Hochtal an. Ein größeres Landhaus mit mehreren verlassenen Bauernhöfen schien für eine therapeutische Gemeinschaft sehr günstig. Selbstverständlich spielte in einem fast verlassenen, abgelegenen ländlichen Gebiet die Landwirtschaft von Anfang an für diese Gemeinschaft eine beherrschende Rolle. Sie war aber

nicht als eine Art psychiatrische Klinik gedacht, die nur Behinderte aufnimmt, sondern vielmehr als eine offene ländliche Siedlung mit all dem
Drum und Dran, das ein Dorfleben mit sich bringt. Obwohl die Entwicklung
noch nicht abgeschlossen ist, will ich sie als Dorfgemeinschaft bezeichnen
und nicht als therapeutische Gemeinschaft, um die ihr zugrunde liegenden
Absichten zu unterstreichen. Ich möchte hinzufügen, daß dies nicht die
einzige Dorfgemeinschaft dieser Art ist, aber doch eine Art Prototyp darstellt.

Zuerst sollte etwas über die Aufnahme in eine solche Dorfgemeinschaft
gesagt werden. Häufig tragen die Eltern die Namen ihrer Kinder auf
einer Warteliste ein, lange bevor diese das Erwachsenenalter erreicht
haben. Das heißt aber nicht, daß die Dorfgemeinschaft verpflichtet ist,
jemanden aufzunehmen, dessen Name schon so und so lange auf der
Warteliste steht, denn die Gemeinschaft betrachtet es als einen entscheidenden Faktor, ob ein junger Mensch selbst in der Gemeinschaft leben
und mitarbeiten möchte. Ohne eine solche eigene Entscheidung wird er
notwendigerweise als Patient betrachtet. Die Tatsache, daß Eltern den Namen
ihres Kindes auf die Warteliste der Dorfgemeinschaft setzen, entsteht
aus dem verständlichen Wunsch, die Zukunft ihres Kindes zu sichern.
Aber die Entwicklung eines heranwachsenden Kindes nimmt oft eine ganz
andere Richtung, als die Eltern erwartet oder erhofft haben. Ein junger
behinderter Mensch kann beim Verlassen der Schule wohl imstande sein,
eine relativ verantwortungsvolle Beschäftigung auszuüben; es kann aber
sein, daß seine Umgebung ihm keine geeignete Tätigkeit zu bieten vermag, oder er wird in seinem Bemühen, sich der „normalen" Gesellschaft
anzupassen, von der Angst der Eltern um die Zukunft derart belastet,
daß es zu einem Zusammenbruch kommt, der zur Behandlung in einer
psychiatrischen Klinik führt.

Wenn ein solcher Mensch dann in eine Dorfgemeinschaft aufgenommen werden soll, hat er bereits viele Rückschläge und Enttäuschungen
erlebt. Es wird ihm möglich sein, sich seine eigene Meinung darüber zu
bilden, ob er versuchen will, in der Gemeinschaft zu leben oder nicht.
Behinderte junge Menschen, die die Schule verlassen, haben über ihre
Fähigkeiten häufig recht illusionäre Vorstellungen, in denen sie manchmal
von ihren Eltern noch bestärkt werden. Es ist aber wichtig, daß sie den
Illusionen und Enttäuschungen, die vor ihnen liegen, ins Auge sehen,
denn nur so können sie zu einer realistischen Einschätzung ihrer eigenen
Möglichkeiten zu Hause und im Bereich der Arbeit kommen. Es ist wichtig zu erkennen, daß Illusionen nicht nur ein Vorrecht der „Normalen"
sind, sondern auch einen verhängnisvollen und hinderlichen Faktor für
die Integration des behinderten Menschen darstellen. Auch ein autistischer junger Mensch, der nicht spricht und von dem niemand erwartet,

daß er ein selbständiges Leben führen kann, muß erkennen, wie schwierig es für seine Umgebung ist, ihn als einen erwachsenen Menschen mit seinen Eigenheiten zu sehen. Dies alles ist als Erfahrung für den behinderten Menschen wie für seine Familie notwendig; denn erst dadurch kann er reif werden, selbst zu entscheiden, ob er in einer Dorfgemeinschaft leben will oder nicht. Deshalb sind auch diese Dorfgemeinschaften keine bloße Fortsetzung der Einrichtungen für behinderte Kinder.

Wenn sich ein behinderter Erwachsener zum Eintritt in eine Dorfgemeinschaft entschließt, so bedeutet das auch, daß er bereit ist, in der Gemeinschaft mitzuarbeiten. Ein fähiger und geschickter Mensch von verhältnismäßig hoher Selbständigkeit kann in einer Dorfgemeinschaft wegen seiner antisozialen und negativen Einstellung völlig scheitern. Dagegen kann ein körperlich stark Behinderter, der nur wenig arbeiten kann, ein sehr wertvolles Mitglied der Gemeinschaft werden, weil er Gefühl für soziale Verantwortung hat. Die sozialen Fähigkeiten jedoch können sich in einem einzelnen Menschen auch wandeln; ein Behinderter, der durch eine Phase von Negativismus geht, muß vielleicht die Gemeinschaft deshalb für einige Zeit verlassen, sofern sie keine Möglichkeit sieht, ihn durch diese Phase durchzutragen.

Ich erwähne dies, um zu zeigen, daß die Dorfgemeinschaft in keiner Weise eine endgültige Lösung darstellt, obwohl sie in bezug auf Grad und Art der Behinderungen nicht spezialisiert ist.

Für das Leben in der Gemeinschaft muß nicht bezahlt werden. Jeder Behinderte trägt nach seinen Kräften zur Erhaltung der ganzen Gemeinschaft bei, und sie gibt ihm dafür, was er braucht.

Einem behinderten Menschen fällt es schwer, in der offenen, auf dem Wettbewerb beruhenden Gesellschaft zu leben – aber nicht vor allem deshalb, weil er nicht geschickt genug arbeiten kann, sondern weil er nicht fähig ist, mit Lohn und persönlichen Verpflichtungen umzugehen. Aus diesem Grund war es für das Arbeitsministerium in England auch so außerordentlich schwer, die Behinderten in sein sonst sehr brauchbares Versorgungssystem Erwerbsunfähiger einzugliedern. Eine Lösung dieses Problems kann die Dorfgemeinschaft anbieten, da in ihr jeder, auch der Betreuer, ohne Gehalt lebt. Das Einkommen wird je nach Bedürfnissen der einzelnen Haushaltungen geteilt, und es entsteht dadurch ein soziales Zusammengehörigkeitsgefühl, das eine unterschiedliche Behandlung von Betreuern und Behinderten ausschließt. Deshalb kann die Gemeinschaft so geführt werden, daß alle Mitglieder je nach ihren Fähigkeiten und ihren sozialen Bedürfnissen an ihr teilhaben. Der einzelne Behinderte muß sich nicht um „seine" Lohntüte kümmern (viele Behinderte messen ihr wenig Wert bei und schenken sie anderen), sondern er ist Teil eines größeren lebendigeren sozio-ökonomischen Komplexes, in dem er eine partnerschaftliche Rolle spielt.

Das Ministerium für Arbeit (Ministry of Employment) anerkennt die Dorfgemeinschaften als beschützende Werkstätten innerhalb seines Versorgungssystems für Behinderte und zahlt einen Zuschuß (Deficiency Grant) für die Mehrzahl der behinderten Erwachsenen. Diejenigen, für die das Ministerium keine finanzielle Verpflichtung übernimmt, werden von der Gemeinschaft erhalten. Darüber hinaus gibt es eine beachtliche Anzahl freiwilliger Aktivitäten zu Gunsten der Dorfgemeinschaft, deren Erlöse hauptsächlich für Entwicklung und Bauten verwendet werden.

Eine andere Einnahmequelle ist die Produktion der Werkstätten, aus der, zusammen mit den Zuschüssen, die laufenden Ausgaben der Dorfgemeinschaft bestritten werden. Die Bauernhöfe haben einen guten und zuverlässigen Produktionsstand erreicht, der Milchwirtschaft und Schweinezucht einschließt. Daneben gibt es viele kleine Betriebe, wie Bäckerei, Weberei, Holzbearbeitung, Töpferei, die Herstellung von Stoff-Spielzeug, Glasgravierung, Schmuck- und Emailarbeiten, Batikarbeit, Korbflechten, Kerzenherstellung und ähnliches. Wo es möglich ist, wird in den Werkstätten mit Arbeitsteilung gearbeitet, um einerseits Arbeitsgänge zu schaffen, die so einfach sind, daß sie auch von schwerer Behinderten ausgeführt werden können, und um andererseits die Produktivität zu erhöhen.

Es wird ein hoher Qualitätsstandard angestrebt und auch erreicht. In der Öffentlichkeit sind die von der Dorfgemeinschaft hergestellten Waren sehr begehrt. Firmen und Geschäfte in größeren Städten machen umfangreiche feste Bestellungen, die regelmäßig erfüllt werden müssen. So herrscht eine intensive Arbeitsatmosphäre, mit festgesetzten Arbeitszeiten und einer strengen Arbeitsdisziplin.

In den einzelnen Werkstätten sind die Behinderten an der Herstellung eines Artikels vom Rohzustand bis zur Fertigstellung beteiligt. Sie wissen, wer ihre Produkte haben will und wohin sie gehen. Die grundlegende Motivation in den Werkstatt-Gruppen ist das Erlebnis, daß man arbeitet, um die Bedürfnisse anderer zu befriedigen, und dadurch ein Gefühl der Erfüllung haben kann, wenn etwas Schönes und Brauchbares hergestellt ist. Die Motivation von Selbsterhaltung und Gewinn spielt kaum eine Rolle.

Grundsätzlich arbeitet der Mensch auch nicht, um seinen Lebensunterhalt zu verdienen. Er arbeitet, weil er die Arbeit als Ausdrucksmöglichkeit und Selbst-Erfüllung braucht. Unsere heutige Gesellschaft erkennt nicht, welche fundamentale Bedeutung dieses Motiv der Arbeit für den Menschen hat, und erklärt die Motivation erschöpfend mit dem Streben nach Gewinn und Reichtum. Ein behinderter Mensch findet darin keinen Lebensraum, er muß den existentiellen Sinn der Arbeit erleben, wenn er sich als eigenständige Persönlichkeit entwickeln soll.

Damit zusammenhängende Fragen werden in den Werkstattgruppen gemeinsam und regelmäßig durchgesprochen; es ist erstaunlich, wie sich gerade dadurch die Leistungsfähigkeit des behinderten Menschen erhöht.

In diesem Zusammenhang ist eine weitere Erfahrung zu erwähnen: In den Dorf-Werkstätten „normalisiert" oder „rationalisiert" sich weithin die oft bemerkenswerte Geschicklichkeit und Begabung autistischer oder psychotischer Menschen; ihre Veranlagung verliert immer mehr den Charakter der Besessenheit oder der fixen Idee und wird zu einem Gewinn für die Produktion. Dies ist keine konstruierte Rechtfertigung dafür, daß man sich der Geschicklichkeit psychotischer Menschen bedient; vielmehr verspüren sie eine innere Befreiung, wenn aus ihrem besessenen Getriebensein etwas Nützliches entsteht. Es ist eine bemerkenswerte Tatsache, daß ein Mensch, der als Kind ganz zurückgezogen oder psychotisch war, als Erwachsener oft ein besonderes soziales Element in eine arbeitende Gemeinschaft bringen kann. Er fühlt sich für Pünktlichkeit, Gewissenhaftigkeit und Exaktheit bei der Arbeit verantwortlich, und oft ist gerade er es, der – zusammen mit dem Meister – die Werkstatt zusammenhält.

Die soziale Seite ist für eine Dorfgemeinschaft fast wichtiger als die sozio-ökonomische. In einer Gemeinschaft für behinderte Kinder gibt es den natürlichen Unterschied zwischen Kindern und Erwachsenen; die einen sind Schüler und Patienten, die anderen Lehrer und Therapeuten. Dieser Unterschied verschwindet in der Dorfgemeinschaft und mit ihm die letzten Spuren von pädagogischen und heilpädagogischen Maßnahmen. Mit anderen Worten: Behinderte Erwachsene werden in dem Dorf nicht länger „erzogen", und es werden deshalb auch keine „Fall-Besprechungen" mehr veranstaltet, die in der Arbeit mit den Kindern eine zentrale Bedeutung haben. Der Erwachsene muß genommen werden, wie er ist; seine Würde als eine gewordene Person muß wahrgenommen werden. Er weiß, daß er behindert ist; denn er arbeitet in einer Dorfgemeinschaft mit, deren Zielsetzung offenbar ist, und er akzeptiert diese Situation mit überraschender Reife und Offenheit.

Wie ich bereits erwähnt habe, wird kein Unterschied zwischen Betreuern und „Patienten" gemacht; alle sind Erwachsene, einige behindert und eigenartiger als andere, die zusammen in einer therapeutisch orientierten Gemeinschaft leben und arbeiten. Ich habe auf diese Partnerschaft so nachdrücklich hingewiesen, da sie bedeutet, daß die Betreuer *alles* mit den behinderten Erwachsenen teilen müssen, mit denen sie zusammenleben; das erfordert Takt und Realismus, die man nicht um einer guten Idee willen erzwingen oder erheucheln kann. Der gleiche wirtschaftliche Status aller Bewohner der Dorfgemeinschaft ist eine sichere und brauchbare Grundlage für die Gemeinsamkeit in Bereichen mehr persönlicher Natur, wie etwa die Urlaubszeiten. Die vielen Verwaltungsgruppen für die Produktion, die Finanzen, das kulturelle Leben und ähnliches sind aus Betreuern und Behinderten zusammengesetzt, entsprechend dem Beitrag, den jeder leisten kann. Einige wichtige Tätigkeiten und „öffentliche Dienste" in der Dorfgemeinschaft werden von Behinderten allein wahrgenommen, von denen einige sehr gut wissen, was für das praktische tägliche Leben einer Gemeinschaft notwendig ist.

Wenn die Frage der Heirat zweier behinderter Menschen auftaucht, wird natürlich das Prinzip der Partnerschaft zwischen Betreuern und Behinderten einer besonderen Probe unterzogen. Es gab im Laufe der Zeit einige Eheschließungen, und die Kinder aus diesen Ehen wachsen mit denen der Betreuer auf und gehen in die kleine Dorfschule, die für die Kinder in der Dorfgemeinschaft eingerichtet wurde. Wenn die Frage einer Heirat auftritt, wird sie mit den Beteiligten gründlich und in aller Offenheit besprochen, ohne Illusion darüber, was auf dem Spiel steht.

Das kulturelle Leben in der Dorfgemeinschaft ist vielfältig. Vorträge, Aussprachen, Studien- und Theatergruppen, Chor und Volkstanz stehen regelmäßig auf dem Wochenprogramm des Gemeinschaftszentrums. Diese Aktivitäten werden nicht „angesetzt", sondern entstehen als lebendiger Ausdruck des Gemeinschaftslebens. Schließlich haben die Arbeit und das kulturelle Leben ihren spirituellen Mittelpunkt in der Kapelle des Dorfes.

Dorfgemeinschaften wie diese, die ich hier als Prototyp beschrieben habe, ziehen zahlreiche Menschen an, die an den unterschiedlichsten Entwicklungsstörungen leiden; auch hochintelligente Menschen mit Neurosen oder Geisteskrankheiten suchen hier Schutz und tolerante Partnerschaft. Zunehmend werden auf die Dorfgemeinschaften junge Leute aufmerksam, die nach neuen Möglichkeiten des Gemeinschaftsleben und sozialen Aufgaben suchen. Ältere Menschen setzen sich nach einem erfüllten Leben gerne in den Dörfern zur Ruhe und stellen ihre Lebenserfahrung in den Dienst der Gemeinschaft.

Die Dorfgemeinschaften haben zu den therapeutischen Gemeinschaften in psychiatrischen Kliniken zum beiderseitigen Vorteil lebendige Kontakte aufgenommen. So wie die Dorfgemeinschaften ihre Hilfe auf den Bereich der Psychiatrie ausgedehnt haben, werden sie eines Tages auch die Schwerstbehinderten, die jetzt noch in psychiatrischen Kliniken und Anstalten versorgt werden müssen, in ihr Leben einbeziehen. Viele Behinderte sind hervorragende Krankenpfleger und sind befähigt, denen zu helfen, die mehr behindert sind als sie selbst.

Da die Toleranz gegenüber der menschlichen Unzulänglichkeit im Wachsen ist, sehen wir in nicht allzu ferner Zukunft eine Zeit ab, in der solche therapeutischen oder Dorfgemeinschaften eine Reihe von sozialen, spirituellen und ökonomischen Erkrankungen unseres heutigen Lebens heilen können. Es sind ernsthafte Vorschläge gemacht worden, daß Menschen, die nicht mit dem auf Wettbewerb ausgerichteten modernen Leben Schritt halten können, sich in Gemeinschaften zusammenfinden, die Inseln im breiten Strom der menschlichen Zivilisation bilden und Keime für eine zukünftige Kultur werden.

In diesem Zusammenhang möchte ich auf eine immer dringlicher werdende Not hinweisen: Ich meine die vielen verlassenen ländlichen Gegenden in fast allen Industrieländern, die darauf warten, wieder mit Leben angefüllt und kultiviert zu werden. Wenn Dorfgemeinschaften für Behinderte und therapeutische Gemeinschaften für psychisch Kranke Hand in Hand mit Fachleuten der Forstwirtschaft und des Landschaftsschutzes und anderen zusammenarbeiten würden, so könnten einige dieser verödeten Gegenden zu einer neuen Blüte geführt werden.

Wir müssen uns bewußt machen, daß Entwicklungsstörungen und Behinderungen nicht nur die Folgen von Krankheit und Unglück sind. Sie sind auch Auswirkung des Fortschritts und der Triumphe auf den Gebieten der Medizin, Naturwissenschaft und Technik, aber auch der wachsenden Toleranz des modernen Menschen. Behinderungen hat es immer gegeben; früher jedoch haben die betroffenen Kinder die Geburt selten überlebt. Diejenigen, die überlebten, hat man aus dem Blickfeld der Gesellschaft entfernt.

Wissenschaftliche und soziale Entwicklungen haben den Behinderten an das Tageslicht gerufen. Wie Lazarus, der aus dem Grabe erstand, sind behinderte Kinder in unsere Mitte getreten. Vielleicht können auch sie uns zu einem neuen Leben führen.

Literatur

Die Werke Rudolf Steiners werden durchgehend nach der Gesamtausgabe (GA) zitiert, die im Rudolf Steiner Verlag, Dornach/Schweiz, erscheint.

Kapitel I

Clarke, A. D. B.: Recent Advances in the Study of Subnormality. Nat. Assoc. for Mental Health 1966.
Clarke, A. D. B., and Clarke, A. M.: Mental Deficiency in the Changing Outlook. London: Methuen 1958.
Craft, M., and Miles, L.: Patterns of Care for Subnormal. Pergamon 1967.
Degenaar, A. G. (Ed.): Zur Heilpädagogik. Basel 1938.
Faber, N. W.: The Retarded Child. New York: Crown 1968.
Furneaux, B.: The Special Child. Penguin Ed. Spec. 1969.
Geuter, I.: Adventure in Curative Education. New Knowledge Books 1962.
König, K.: Heilpädagogik im Kindesalter. In: Aspekte der Heilpädagogik. Stuttgart 1969.
Korczak, J.: Wie man ein Kind lieben soll. Göttingen 1967.
Lewis, M. M.: Language, Thought and Personality in Infancy and Childhood. Harrap 1963.
Masland, R. L., Sarason, S. B., and Gladwin, T.: Mental Subnormality. New York: Basic Books 1958.
Ministry of Education: The Health of the Schoolchild. H.M.S.O. 1954.
Pache, W. (Ed.): Heilende Erziehung. Stuttgart 1972.
Pietzner, C. (Ed.): Aspekte der Heilpädagogik. Stuttgart 1969.
Rudel, J.: "The Challenge of the Handicapped Child". In: The Faithful Thinker, Hodder and Stoughton 1961.
Segal, S. N.: No Child is Ineducable. Pergamon 1967.
St. Christopher's School: In Need of Special Care. Bristol 1967.
Steiner, R.: Heilpädagogischer Kurs. GA 317.
Stevens, and Heber: Mental Retardation. University of Chicago 1964.

Kapitel II

Asperger, H.: Heilpädagogik. Wien 1956.
Bowlby, J.: Maternal Care and Mental Health. W.H.O. Monograph No. 2.
Carmichael, L. (Ed.): Manual of Child Psychology. Chapman and Hall 1954.

Erikson, E. H.: Childhood and Society. London: Imago 1951.
Falkner, F. (Ed.): Human Development. Saunders 1966.
Freud, A.: Normality and Pathology in Childhood. Hogarth Press 1965.
Frommer, E. A.: Voyage Through Childhood into the Adult World. Pergamon 1969.
Garrison, Kingston, Bernard: The Psychology of Childhood. Staple Press 1967.
Gesell, A. (Ed.): The First Five Years of Life: A guide to the study of the pre-school child. Methuen 1954.
Gesell, A., and Ilg, F. G.: The Child from Five to Ten. Hamish Hamilton 1946.
Howells, J. G. (Ed.): Modern Perspectives in Child Psychiatry. Oliver & Boyd 1965.
Illingworth, R. S.: The Development of the Infant Young Child; normal and subnormal. Livingstone 1966.
Jacobi, J.: The Psychology of C. G. Jung. Routledge and Kegan Paul 1968.
Kahn, J. H.: Human Growth and the Development of Personality. Pergamon Press 1965.
König, K.: Die ersten drei Jahre des Kindes. Stuttgart 1968.
König, K.: Brüder und Schwestern. Göttingen 1972.
Lutz, J.: Kinderpsychiatrie. Zürich 1964.
Merleau Ponty: Primacy of Perception. Edie (Ed.) North-west University Press 1964.
Merleau Ponty: Phenomenology of Perception. Routledge and Kegan Paul 1962.
Moor, P.: Heilpädagogische Psychologie. Bern 1951.
Nitschke, A.: Das verwaisteste Kind der Natur. Tübingen 1962.
Piaget, L., and Inhelder, B.: The Psychology of the Child. Routledge and Kegan Paul 1969.
Soddy, K.: Clinical Child Psychiatry. Baillière, Tindall and Cox 1960.
Spitz, R. A.: The First Year of Life. A Psychoanalytical Study of Normal and Deviant Development of Object Relations. New York: International University Press 1965.
Steiner, R.: Die Erziehung des Kindes vom Gesichtspunkte der Geisteswissenschaft. Dornach 1973 (in GA 34 enthalten).
Steiner, R.: Allgemeine Menschenkunde als Grundlage der Pädagogik. GA 293.
Steiner, R.: Die Kunst des Erziehens aus dem Erfassen der Menschenwesenheit. GA 311.
Stern, W.: Psychologie der frühen Kindheit. Leipzig 1928.
Tanner, J. M., and Inhelder, B.: Discussions of Child Development. Geneva 1953/4/5/6. Tavistock Publ. 1963.
Wegman, I.: Principles of Curative Education. Anthroposophical Publishing Co., 1942.
Werner, and Kaplan: Symbol Formation. New York: J. Wiley & Sons 1963.
Winnicot, D. W.: The Family and Individual Development. Tavistock Publ. 1965.
Wolff, S.: Children under Stress. Allen Lane 1969.
Zulliger, H.: Bausteine zur Kinderpsychotherapie. Bern 1966.

Kapitel III

1

König, K.: Grundlegende Fragen der heilpädagogischen Diagnostik und Therapie. In: Aspekte der Heilpädagogik. Stuttgart 1969.

Masland, R. L.: "The Prevention of Mental Subnormality". In: Masland, Sarason and Gladwin: Mental Subnormality. New York: Basic Books 1958.

Mautner, H.: Mental Retardation, its Care, Treatment and Physiological Base. New York: Pergamon Press 1959.

Steiner, R.: Allgemeine Menschenkunde als Grundlage der Pädagogik, GA 293.

Weihs, T. J.: Die Differentialdiagnose bei behinderten Kindern. In: Aspekte der Heilpädagogik. Stuttgart 1969.

2

Delcato, C. H.: Treatment and Prevention of Reading Problems. Illinois: Thomas 1959.

Hallgren, B.: "Specific Dyslexia". Acta Psychiatrica and Neurol., Supplement 65, Stockholm 1950.

Ludwig, W.: Das Rechts-Links-Problem im Tierreich und beim Menschen. Berlin 1932.

Meer, H. C. van der: Die Links-Rechts-Polarisation des phänomenalen Raumes. Groningen: Walters 1959.

Money, J. (Ed.): Reading Disability. Baltimore: John Hopkins Press 1962.

Pearce, R. A. H.: Crossed Laterality. Archives of Disease in Childhood. Vol 28, 1953.

Weihs, T. J.: Die Differentialdiagnose bei behinderten Kindern. In: Aspekte der Heilpädagogik. Stuttgart 1969.

Zangwill, O. L.: Current Status of Cerebral Dominance in Disorders of Communication. (Eds. Rioch and Weinstein). Baltimore: Williams & Williams 1964.

3

Andre-Thomas, and Antgaerden, S.: Locomotion from Pre- to Post-Natal Life. Clinics in Developmental Medicine No. 24. Spastic Society and W. Heinemann Med. Books 1966.

Benda, C. E.: Development Disorders of Mentation and Cerebral Palsies. New York: Grune and Stratton 1952.

Bobath, K., and Bobath, B.: "A Treatment of Cerebral Palsy". British Journal Phys. Med. 15.

Dubovitz, V.: The Floppy Infant. Clinics in Developmental Medicine, No. 31. Heinemann Med. Books 1969.

Hemiplegic Palsy in Children and Adults. Clinics in Developmental Medicine, No. 4. National Spastic Society 1961.

Henderson, J. L.: Cerebral Palsy in Childhood and Adolescence. Livingstone 1961.

König, K.: "Some Aspects on the Treatment of Cerebral Palsy". British Journal Physiotherapy.

König, K.: „Dauerlähmungen nach Poliomyelitis und Umweltschädigung". In: Das Seelenpflege-bedürftige Kind. II, 2, 1957.

Sahlmann, L.: Beiträge zu einer Psychologie gehirngelähmter Kinder. In: Aspekte der Heilpädagogik. Stuttgart 1969.

4

Asperger, H.: Heilpädagogik. Wien 1956.
Bettelheim, B.: Love is not Enough. The Treatment of Emotionally Disturbed Children. Illinois: Free Press 1950.
Birch, H. G. (Ed.): Brain Damage in Children. New York: Williams and Wilkins 1964.
Davenport, R. K. Jr., and Berkson, G.: "Stereotyped of Mental Defectives". American Journal Mental Deficiency, 67, 879, 1963.
Engel, König, Müller-Wiedemann: Über schwere Kontaktstörungen im Kindesalter und deren Behandlung mit der Substanz Thalamus. Stuttgart: Arbeitsgem. Anthrop. Ärzte, 1956.
Engel, P.: Mental and Associated other Sequela of Encephalitis in Infancy and Early Childhood. n.p. 1957.
Müller-Wiedemann, H.: Das frühkindliche post-enzephalitische Syndrom. In: Aspekte der Heilpädagogik. Stuttgart 1969.
Strauss, and Lethinen: Psychopathology and Education of the Brain Injured Child. New York: Grune and Stratton 1951.

5

Anthony, J.: "An Experimental Approach to the Psychopathology of Childhood Autism". British Journal Med. Psych., 31, 1958.
Benda, C. E.: "Childhood Schizophrenia, Autism and Heller's Disease". In: Bowman and Mounters: Mental Retardation. New York: Grune and Stratton 1960.
Bender, L.: "Autism in Children with Mental Deficiency". American Journal Mental Deficiency, 63, 1960.
Bettelheim, B.: The Empty Fortress. Canada: Collier-MacMillan 1967.
Bosch, G.: Der frühkindliche Autismus. Berlin 1962.
Cameron, K.: "Psychosis in Infancy and Early Childhood". Medical Press 234, 3, 1955.
Creak, M.: "Schizophrenic Syndrome in Childhood". Developmental Medicine and Child Neurology, 4, 530, 1964.
Creak, M. et. al.: "Schizophrenic Syndrome in Children". British Medical Journal, 2, 889, 1961.
Goldfarb, W.: Childhood Schizophrenia. Harvard University Press 1961.
Harms, E.: Essentials of Abnormal Child Psychology. New York: Julian Press 1953.
Kanner, L.: Child Psychiatry. Third Edition. Springfield: Thomas 1957.
Reed, G. F.: "Elective Mutism in Children". Journal Child Psychol. Psychiatry, 4, 99, 1963.
Rimland: Infantile Autism. Methuen 1965.
Rutter, M.: "The Influence of Organic and Emotional Factors on the Origins, Nature and Outcome of Child Psychosis", Developmental Medicine and Child Neurology, 7, 518, 1965.
Sahlmann, L.: "Autism or Aphasia". Developmental Medicine and Child Neurology, 11, 443—448, 1969.
Stroh, G.: Psychosis in Childhood. Public Health 77, 21, 1962.

Taft, L. T., and Goldfarb, W.: "Pre-natal and Perinatal Factors in Childhood Schizophrenia". Developmental Medicine and Child Neurology, 6, 32, 1964.
Tramer, M.: „Elektiver Mutismus bei Kindern". Z. Kinderpsychiatrie I, 30, 1934.
Weihs, T. J.: Psychotische Kinder. In: Aspekte der Heilpädagogik. Stuttgart 1969.
Wing, J. K. (Ed.): Early Childhood Autism. Pergamon Press, 1966.

6

Blank, H. R., and Rothman, R.: "The Congenitally Blind Child". In: Proceedings Inst. Soc. Serv. Org. New York: Guild Jewish Blind 1952.
Farrel, G.: The Story of Blindness. Cambridge: Harvard University Press 1956.
Gardiner, Mackeith, and Smith: Aspects of Developmental and Paediatric Ophthalmology. Spastics Med. Publ. 1969.
"Guidance and Treatment of Blind Children". In: Aspects of Curative Education (Ed. Pietzner), pp. 240—249. Aberdeen University Press 1966 (in der deutschen Übersetzung nicht enthalten).
Loevenfeld, B.: Our Blind Children. C. C. Thomas 1956.
Loevenfeld, B. (Ed.): The Blind Pre-School Child. New York: American Foundation for the Blind 1947.
Norris, Spalding, and Brodie. Blindness in Children. University of Chicago 1957.
Pringle, M. L. K.: The Educational and Social Adjustments of Blind Children. N.F.E.R. Publ. No. 10, 1964.
Schumann, H.: Träume der Blinden. Basel 1959.
Steinberg, W.: Vom Innenleben der Blinden. München 1955.

7

Arnold, T.: Education of Deaf-Mutes. London: Wertheimer 1888.
Browd, V.: New Way to Better Hearing. Faber and Faber 1953.
Ewing, A. and E.: Teaching Deaf Children to Talk. Manchester: University Press 1964.
Ewing, I. and A.: Opportunity and the Deaf Child. University London Press 1947.
Hodgson, K. W.: The Deaf and their Problems. Watts & Co. 1953.
Kern, E.: Ganzheitlicher Sprachunterricht für das gehörgeschädigte Kind. Freiburg 1958.
König, K.: Zur Musiktherapie in der Heilpädagogik. In: Aspekte der Heilpädagogik. Stuttgart 1969.
Müller-Wiedemann, S.: „Aus der Arbeit mit tauben Kindern". In: Das Seelenpflege-bedürftige Kind. I. 2, 1955.
Myklebust, H. R.: Auditory Disorders in Children. New York: Grune and Stratton 1954.
Whitnall, E., and Fry, D. B.: The Deaf Child. Heinemann Med. Books 1964.

8

Brain, Lord: Speech Disorders. London: Butterworth 1965.
Critchley, M.: Developmental Dyslexia. Heinemann 1964.
Crosby, R. M. N.: Reading and the Dyslexic Child. Souvenir Press 1968.
Frankein, A. W.: Children with Communication Problems. Pitman 1965.
Head, H.: Aphasia and Kindred Disorders of Speech. Cambridge University Press 1926.

Hoch, P. H., and Zubin, J. (Ed.): Psychopathology of Communication. New York: Grune and Stratton 1958.
König, K.: Die ersten drei Jahre des Kindes. Stuttgart 1968.
Mason, S. (Ed.): Signs, Signals, Symbols. Methuen 1963.
Morley, M. S.: Development and Disorders of Speech in Childhood. Livingstone 1965.
Orton, S. T.: Reading, Writing and Speech Problems in Children. New York: Norton & Co. 1937.
Parrel, S.: Speech Disorders. Pergamon 1965.
Reuck, and O'Connor. Disorders of Language. (Ciba Foundation Symp.) London: Churchill Ltd. 1964.
Rioch, D., and Weinstein, E. (Ed.): Disorders of Communication. Baltimore: Williams and Williams 1964.
Sahlmann, L.: "Autism or Aphasia". Developmental Medicine and Child Neurology, 11, 443—448, 1969.
Steiner, R.: Anthroposophie, Psychosophie, Pneumatosophie. GA 115.

9

Andry, R.: Delinquency and Parental Pathology. Methuen 1960.
Bettelheim, B.: Love is not Enough. The Treatment of Emotionally Disturbed Children. Illinois: Free Press 1950.
Bettelheim, B.: Truants from Life. The Rehabilitation of Emotionally Disturbed Children. Illinois: Free Press 1955.
Bowle, J.: Child Care and the Growth of Love. Pelican Books 1951.
Bridge, E. M.: Epilepsy and Convulsive Disorders in Children. New York: McGraw & Hill 1949.
Caplan, G.: Prevention of Mental Disorders in Children. Tavistock Publ. 1961.
Craft, M. J.: "Delinquency, Mental Disorder and Dullness". British J. Criminal, 5, 55, 1962.
Ferguson, T.: The Young Delinquent in his Social Setting. Oxford University Press 1952.
Glove, E.: The Roots of Crime. London: Imago 1960.
Harms, E.: Essentials of Abnormal Child Psychiatry. New York: Julian Press 1953.
Harms, E. (Ed.): School-Psychopathology and Classroom-Psychotherapy. The Nervous Child, Vol. 10, No. 3—4. New York: Child Care Publ. 1954.
Heymann, K.: Infantilismus. Psych. Praxis 16. Basel 1955.
Hoch, P. H., and Knight, R. P. (Eds.): Epilepsy. Psychiatric Aspects of Convulsive Disorders. Heinemann 1948.
Home Office: The Child, the Family and the Young Offender. H.M.S.O. 1965.
Jantz, D.: Die Epilepsie. Stuttgart 1969.
Lewis, M.: Deprived Children. Oxford University Press 1954.
Makarenko, A.: The Road to Life. Moscow: Foreign Publ. House 1955.
Ministry of Education: Report of the Committee on Maladjusted Children H.M.S.O. 1955.
Steiner, R.: Heilpädagogischer Kurs. GA 317.
Stott, D. H.: Studies of Troublesome Children. Tavistock Publ. 1966.
Winnicot, D. W.: The Child, the Family and the Outside World. Tavistock 1964.
Wolff, S.: Children under Stress. Allen Lane 1969.
Woodward, M.: Low Intelligence and Delinquency. London: Inst. for Sci. Treatment of Delinquency 1955.

10

Burt, C.: The Causes and Treatment of Backwardness. University London Press 1953.
Burt, C.: The Subnormal Mind. Oxford University Press 1955.
Clarke, A. D. B.: Recent Advances in the Study of Subnormality. Nat. Assoc. for Mental Health, 1966.
Edmunds, L. F.: Rudolf Steiner Education. Rudolf Steiner Press 1962.
Gallagher, J. J.: The Tutoring of Brain Injured Mentally Retarded Children. Illinois: C. C. Thomas 1960.
Harwood, A. C.: Recovery of Man in Childhood. Hodder and Stoughton 1958.
Heymann, K.: Heilpädagogisches Lernen. Psychol. Praxis 26. Basel 1960.
Kirchoff und Pietrowicz (Eds.): Konzentrationsschwache Kinder. Psychol. Praxis, 24. Basel 1959.
Kloss, H.: Waldorf-Pädagogik und Staatschulwesen. Stuttgart 1955.
Leys, D.: The Needs of Mentally Handicapped Children. London: S. E. Metropolitan Hospital Board 1962.
Lunie, A.: The Mentally Retarded Child. Pergamon Press 1963.
Pritchard, D. G.: Education and the Mentally Handicapped. Routledge and Kegan Paul 1963.
Pietzner, C. (Ed.): "Education of Handicapped and Disturbed Children. A Report". In: Aspects of Curative Education. Aberdeen University Press 1966 (in der deutschen Übersetzung nicht enthalten).
Steiner, R.: Die Kunst des Erziehens aus dem Erfassen der Menschenwesenheit. GA 311.
Steiner, R.: Die Methodik des Lehrens und die Lebensbedingungen des Erziehers. GA 308.
Steiner, R.: Gegenwärtiges Geistesleben und Erziehung. GA 307.
Steven, M.: Observing Children who are Severely Subnormal. E. Arnold 1968.
Weston, P. T. B.: Some Approaches to Teaching Autistic Children. Pergamon Press 1965.

11

Benda, C. E.: The Child with Mongolism. New York: Grune and Stratton 1960.
Carter, C. O. et. al.: "Chromosome Translocation as a Cause of Familial Mongolism". Lancet, Vol. 2, 678—680, 1960.
Ingells, T. H.: "Etiology of Mongolism". American Journal Dis. Children. Vol. 74, 147—165, 1947.
König, K.: Der Mongolismus. Stuttgart 1959.
Mautner, H.: Mental Retardation: Its Care Treatment and Physiological Base. New York: Pergamon 1960.
Penrose, L. S.: "Maternal Age in Familial Mongolism". Journal Mental Science, Vol. 97, 738—747, 1951.
Penrose, L. S.: "Observation on the Aetiology in Mongolism". Lancet, Vol. I, pp. 505—509, 1954.
Penrose, L. S.: "Chromosomal Translocation in Mongolism and in Normal Defectives". Lancet, Vol. II, pp. 409—410, 1960.
Wolstenholme and Porter (Eds.): Mongolism. Ciba Foundation No. 25. J. & A. Churchill 1967.

Kapitel IV

Bowlby, J.: Maternal Care and Mental Health. W.H.O. Monograph Series No. 2.

Erikson, E. H.: Childhood and Society. Imago, 1951.

Ferguson, T., and Kerr, A. W.: Handicapped Youth. Oxford University Press, 1961.

Gärtner, M.: Geistig Behinderte — Rufer der Menschheit. In: Aspekte der Heilpädagogik. Stuttgart 1969.

O'Connor, N., and Tizard, J.: The Social Problem of Mental Deficiency. Pergamon Press 1956.

Steiner, R.: Geisteswissenschaft und soziale Frage. Dornach 1957 (in GA 34 enthalten).

Tizard, J., and Grad, J. C.: The Mentally Handicapped and their Families. Oxford University Press 1961.

Weihs, T. J.: "Family of the Handicapped". In: Mental Health, Spring 1969.

Weihs, T. J.: Superintendent's Report. The Camphill-Rudolf-Steiner-Schools, Aberdeen, Schottland, 1955—62.

Aspekte der Heilpädagogik

322 Seiten, zahlreiche Abbildungen, gebunden.

Aus der Arbeit der Camphill-Bewegung. Mit Beiträgen von: Karl König / Thomas Weihs / Susanne und Hans Müller-Wiedemann / Mark Gärtner / Lotte Sahlmann / Georg von Arnim / Elisabeth Löwe / Ilse Rascher / Morwenna Bucknall. Herausgegeben von Carlo Pietzner. (Neuauflage 1981)
„Diese Aufsätze sind für alle, die sich für die Fragen des körperlich und geistig geschädigten Kindes interessieren, besonders für Lehrer an den Sonderschulen, aber auch für Eltern solcher Kinder, ganz hervorragend geeignet, sich in die Psychologie dieser Kinder einzuleben, hineinzudenken, und dadurch diesen Behinderten weiterzuhelfen, körperlich und geistig."

Natürliche Heilweisen

Heilende Erziehung

Vom Wesen Seelenpflege-bedürftiger Kinder und deren heilpädagogischer Förderung.

3. Auflage der Taschenbuch-Ausgabe, 334 Seiten.

Mit Beiträgen von René Maikowski, Werner Pache, Julia Bort, Walter Holtzapfel, Franz Löffler, Hermann Kirchner, Edmund Pracht.
„Das Buch gibt für den Erzieher und für den Arzt, der sich mit Schwererziehbaren beschäftigt, einen Einblick in alle Therapiemöglichkeiten und Grundlagen, welche die Anthroposophie dafür zur Verfügung stellt."

Medizin heute

Sinnesentwicklung und Leiberfahrung

Heilpädagogische Gesichtspunkte zur Sinneslehre Rudolf Steiners.
Von Karl König
Herausgegeben und mit einem Aufsatz von Georg von Arnim: „Körperschema und Leibessinne".

124 Seiten, kartoniert.

„Interessant, welch kraftvolle Gedankenwelt auch über den Tod Rudolf Steiners weiterentwickelt und in seiner Gemeinde konkretisiert wird. Die Rudolf-Steiner-Schulen legen ein beredtes Zeugnis davon ab. Der Zweck der vorliegenden Schrift ist es, eine heilpädagogisch orientierte Sinneslehre zu entwickeln."

Schweizerische Erziehungsrundschau

VERLAG FREIES GEISTESLEBEN STUTTGART

Mitte der Kindheit

Das neunte bis zwölfte Lebensjahr. Eine biographische Phänomenologie der kindlichen Entwicklung.

Von Hans Müller-Wiedemann
2. Auflage, 341 Seiten, Paperback.

„Mit großer Subtilität und einem außerordentlichen Einfühlungsvermögen gelingt es H. Müller-Wiedemann, wie er es beabsichtigt, biographische Besinnung und Gedankenarbeit in Erziehern anzuregen ... bietet die Möglichkeit, anthroposophisch begründete Psychologie und erzieherische Grundeinstellung in zeitgenössischer und kluger Interpretation kennenzulernen."

Neue Züricher Zeitung

Heilende Erziehung aus dem Menschenbild der Anthroposophie

Leben, Lernen und Arbeiten mit Seelenpflege-bedürftigen Kindern und Erwachsenen. Herausgegeben von der Vereinigung der Heil- und Erziehungsinstitute für Seelenpflege-bedürftige Kinder und Sozial-Therapeutische Werkgemeinschaft e. V.; Gestaltung und Bildredaktion: W. Roggenkamp; Textredaktion: B. Fischer.
231 Seiten mit ca. 200 Abbildungen, kartoniert.

„Das Buch erschließt uns neu eine Seite aus der Jahrhundertwirkung Rudolf Steiners, es läßt uns ahnen, wie groß, wie umfassend, wie im tiefsten Sinn heilend für unsere Menschheitsepoche sein Wirken ist. Diese Bilder sind selbst ein Beitrag, das heilende Menschenbild den Gefährdungen dieses Jahrhunderts entgegenzustellen."

Erziehungskunst

Mein Geheimnis gehört mir

Begegnungen mit Seelenpflege-bedürftigen Kindern und Erwachsenen in der Dichtung. Herausgegeben von Bernhard Fischer.

290 Seiten, Leinen.

Prosatexte und Gedichte von Max Brod, Pearl S. Buck, Carl Jacob Burckhardt, Charles Dickens, Fjodor M. Dostojewski, Johann Wolfgang v. Goethe, Gerhart Hauptmann, Juan Ramón Jiménez, Hermann Jülich, Christine Lavant, Herman Melville, Conrad Ferdinand Meyer, Joachim Ringelnatz, Nelly Sachs, John Steinbeck, Adalbert Stifter, Theodor Storm, Dylan Thomas, Johannes Urzidil, Franz Werfel.

VERLAG FREIES GEISTESLEBEN STUTTGART